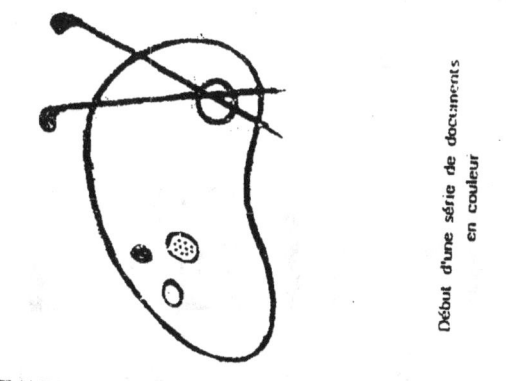

Début d'une série de documents en couleur

RELIURE SERREE
Absence de marges intérieures

VALABLE POUR TOUT OU PARTIE
DU DOCUMENT REPRODUIT

1 fr. 25 le volume

ŒUVRES COMPLÈTES D'HECTOR MALOT

MARICHETTE

TOME PREMIER

PARIS
LIBRAIRIE MARPON & FLAMMARION
E. FLAMMARION, SUCC**
26, RUE RACINE, PRÈS L'ODÉON

EN VENTE A LA MÊME LIBRAIRIE

ŒUVRES COMPLÈTES D'HECTOR MALOT

à 1 fr. 25 le volume

POUR PARAITRE SUCCESSIVEMENT DANS CETTE COLLECTION

LE LIEUTENANT BONNET
Un volume.

SUZANNE
Un volume.

MISS CLIFTON
Un volume.

CLOTILDE MARTORY
Un volume.

POMPON
Un volume.

UN CURÉ DE PROVINCE
Un volume.

UN MIRACLE
Un volume.

ROMAIN KALBRIS
Un volume.

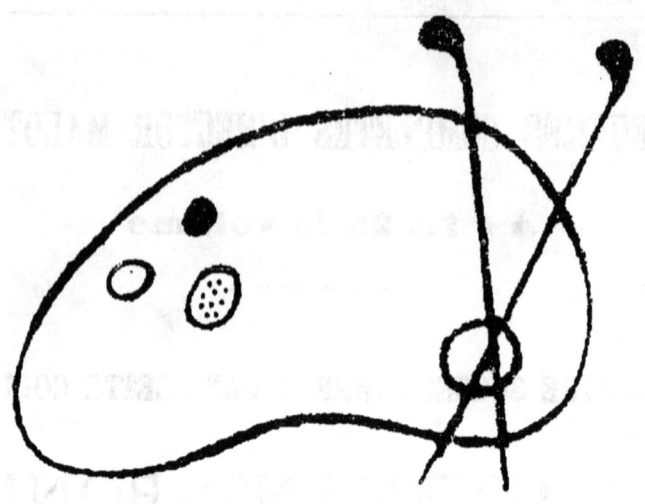

Fin d'une série de documents en couleur

MARICHETTE

I

Ouvrages de HECTOR MALOT

COLLECTION GRAND IN-18 JÉSUS

LES VICTIMES D'AMOUR : LES AMANTS, LES ÉPOUX, LES ENFANTS.	2 vol.
LES AMOURS DE JACQUES	1 —
ROMAIN KALBRIS	1 —
UN BEAU-FRÈRE	1 —
MADAME OBERNIN	1 —
UNE BONNE AFFAIRE	1 —
UN CURÉ DE PROVINCE	1 —
UN MIRACLE	1 —
SOUVENIRS D'UN BLESSÉ. — SUZANNE	1 —
— — MISS CLIFTON	1 —
LA BELLE MADAME DONIS	1 —
CLOTILDE MARTORY	1 —
LE MARIAGE DE JULIETTE	1 —
UNE BELLE-MÈRE	1 —
LE MARI DE CHARLOTTE	1 —
L'HÉRITAGE D'ARTHUR	1 —
L'AUBERGE DU MONDE : LE COLONEL CHAMBERLAIN, LA MARQUISE DE LUCILLIÈRE	1 —
— — IDA ET CARMELITA, THÉRÈSE,	1 —
LES BATAILLES DU MARIAGE : UN BON JEUNE HOMME	1 —
— — COMTE DU PAPE	1 —
— — MARIÉ PAR LES PRÊTRES	1 —
CARA	1 —
SANS FAMILLE	2 —
LE DOCTEUR CLAUDE	1 —
LA BOHÊME TAPAGEUSE	2 —
UNE FEMME D'ARGENT	1 —
POMPON	1 —
SÉDUCTION	1 —
LES MILLIONS HONTEUX	1 —
LA PETITE SŒUR	2 —
PAULETTE	1 —
LES BESOIGNEUX	2 —
MARICHETTE	2 —
MICHELINE	1 —
LE SANG BLEU	1 —
LE LIEUTENANT BONNET	1 —
BACCARA	1 —
ZYTE	1 —
VICES FRANÇAIS	1 —
GHISLAINE	1 —
CONSCIENCE	1 —
MONDAINE	1 —
JUSTICE	1 —
MARIAGE RICHE	1 —
MÈRE	1 —

Mme HECTOR MALOT

FOLIE D'AMOUR	1 —

MARICHETTE

PAR

HECTOR MALOT

TOME PREMIER

PARIS
LIBRAIRIE MARPON ET FLAMMARION
E. FLAMMARION, SUCCʳ
26, RUE RACINE, PRÈS L'ODÉON

Tous droits réservés

AVERTISSEMENT

M. Hector Malot qui a fait paraître, le 20 mai 1859, son premier roman « LES AMANTS », va donner en octobre prochain son soixantième volume « COMPLICES »; le moment est donc venu de réunir cette œuvre considérable en une collection complète, qui par son format, les soins de son tirage, le choix de son papier, puisse prendre place dans une bibliothèque, et par son prix modique soit accessible à toutes les bourses, même les petites.

Pendant cette période de plus de trente années, Hector Malot a touché à toutes les questions de son temps ; sans se limiter à l'avance dans un certain nombre de sujets ou de tableaux qui l'auraient borné, il a promené le miroir du romancier sur tout ce qui mérite d'être étudié, allant des petits aux grands, des heureux aux misérables, de Paris à la Province, de la France à l'Étranger, traversant tous les mondes, celui de la politique, du clergé, de l'armée, de la magistrature, de l'art, de la science, de l'industrie. méritant que le poète Théodore de Banville écrivît de lui « que ceux qui voudraient reconstituer l'histoire intime de notre époque devraient l'étudier dans son œuvre ».

Il nous a paru utile que cette œuvre étendue, qui va du plus dramatique au plus aimable, tantôt douce ou tendre, tantôt passionnée ou justicière, mais toujours forte, toujours sincère, soit expliquée, et qu'il lui soit même ajouté une clé quand il en est besoin. C'est pourquoi nous avons demandé à l'auteur d'écrire sur chaque roman une notice que nous placerons à la fin du volume. Quand il ne prendra pas la parole lui-même, nous remplacerons cette notice par un article critique sur le roman publié au moment où il a paru, et qui nous paraîtra caractériser le mieux le livre ou l'auteur.

Jusqu'à l'achèvement de cette collection, un volume sera mis en vente tous les mois.

L'éditeur,

E. F.

MARICHETTE

PREMIÈRE PARTIE

I

Le train de Paris, qui devait arriver à quatre heures, était en retard de trente-cinq minutes, et cependant, parmi les gens qui l'attendaient aux abords et dans la cour de la gare, tout le monde ne poussait pas des exclamations d'impatience ou de colère. C'est que, pour beaucoup, ce retard était une promesse : le train était lourdement chargé; un flot de Parisiens allait débarquer et envahir le pays : Saint-Maclou-la-Mer, Criquefleur, Quevreville, Celloville, Vittetot-Normandeuse, Berneval-le-Mal-Gardé ; les maisons se loueraient, les hôtels s'empliraient, les voitures rouleraient, le commerce irait; ce serait une bonne saison; elle serait d'autant mieux venue qu'un mois de juillet détestable avait fait rester les Parisiens chez eux jusqu'à ce jour.

Enfin ils arrivaient, on était prêt à les recevoir.

Dans la cour de la gare il y avait un entassement de voitures vraiment exceptionnel, diligences, omnibus, landaus, calèches, paniers, tous les véhicules du pays, neufs ou vieux, brillants ou moisis, étaient mis en activité de service pour cette circonstance. Mais ce n'avait pas été sans peine que, malgré les écriteaux, tout cela s'était rangé et tassé ; encore avait-il fallu, pour obtenir un peu d'ordre, les menaces de contraventions et les jurons des gendarmes chargés de la police du stationnement.

De toutes ces voitures, celles de Saint-Maclou avaient de beaucoup meilleur air. A côté d'un grand omnibus à trente places comme ceux qui desservent les courses des environs de Paris, couvert en coutil jaune et bleu, attelé de cinq postiers superbes, étaient alignés six landaus sur le siège desquels se prélassaient des postillons en gilet rouge et bleu galonné d'argent qui faisaient l'admiration autant que l'envie des autres cochers. C'était la première fois qu'ils arboraient leur livrée, et quand ils étaient entrés dans la cour pour venir prendre la place qui leur était réservée, conduisant lentement, bellement, fiers et majestueux, mais gênés aussi aux entournures par leur habit neuf, une clameur s'était élevée sur leur passage, et après le premier mouvement de surprise passé, tous les yeux s'étaient ramassés sur le propriétaire de ces landaus, Bellocq aîné, qui se tenait le dos appuyé contre une barrière regardant ses cochers défiler devant lui.

C'était un homme âgé de quarante-cinq à cinquante ans, de haute taille, large d'épaules, bâti en cuirassier ; il était vêtu de la longue blouse bleue des marchands de bestiaux qui courent les marchés de la Normandie, et coiffé d'un petit chapeau de paille posé en arrière sur une tête intelligente, aux traits expressifs et durs. Si par certains côtés il ressemblait aux Normands de race plus ou moins pure qui l'entouraient, — par l'élévation de la taille, la forte charpente, les pommettes saillantes, le costume, — par d'autres, il s'en éloignait au point qu'il était impossible à qui savait voir de le prendre pour un enfant du pays, par l'œil animé et perçant, par le teint bistré, les cheveux noirs, les joues creuses, le crâne large, le torse élancé et léger. C'était, en effet, un Béarnais qui, tout jeune, était arrivé en Normandie, marchand ambulant, la balle sur l'épaule, le mètre à la main, et qui était resté à Saint-Maclou, flairant l'avenir réservé à ce village. Marchand de toile d'abord, puis messager, correspondant du chemin de fer, marchand d'eau-de-vie, marchand de bois du Nord, de charbons de terre et d'ardoises d'Angers, entrepreneur de constructions; il avait accaparé successivement tous les métiers et tous les commerces qui donnaient du gain, si bien qu'en vingt-cinq ans le porte-balle, l'aventurier, était devenu le personnage le plus important du pays : conseiller municipal et maire, agent électoral du député, commensal des sous-préfets qui ne voyaient que par lui. Vrai tyran du village devant qui les petits n'étaient pas seuls à trembler, craint de tous, aimé de personne, méprisé par les dignes pour ses mœurs, il n'était estimé à sa juste valeur que par ceux-là seuls qui comprenaient ce qu'il lui avait fallu d'intelligence, de volonté, d'énergie, de souplesse, de flair, lui ignorant et mal élevé, pour arriver à la situation que de haute lutte il avait enfin conquise.

Quand les yeux des curieux le quittaient, c'était pour se porter sur son cousin Bellocq jeune, plus connu sous le nom de Belloquet ou de Bilboquet, qui se tenait auprès du poteau des voitures de Criquefleur; correspondant du chemin de fer aussi, celui-là, pour Criquefleur, comme le cousin l'était pour Saint-Maclou-la-Mer, marchand d'eau-de-vie, marchand de charbon, de bois, d'ardoises, entrepreneur de constructions; mais pas maire, pas riche, agent du candidat qui n'avait pas su se faire nommer député, mal avec les autorités, chétif au lieu d'être fort, un vaincu, non un vainqueur.

Pendant de longues années, Bellocq jeune avait été le commis de son cousin, d'où le petit nom de Belloquet qu'on lui avait donné pour le distinguer et aussi le surnom de Bilboquet. Venu de son village pour être le second de son aîné, il avait montré pendant assez longtemps de la docilité et de la soumission; mais du jour où il s'était cru l'égal de son cousin et surtout du jour où, marié à une femme ambitieuse, il avait écouté les suggestions de celle-ci, il s'était révolté. N'était-il pas juste qu'ils fussent associés? Si l'aîné avait la fortune, le jeune avait le savoir et l'instruction. Ils s'étaient séparés ennemis. Convaincu de sa supériorité, Belloquet avait cru qu'il réussirait aussi bien que son aîné, et comme la place était prise à Saint-Maclou, il s'était établi à Criquefleur, qui, lui semblait-il, valait bien Saint-Maclou et même valait mieux.

Ce qui avait fait et ce qui faisait la fortune de Saint-Maclou, c'étaient les pentes vertes ou boisées de ses coteaux, au milieu desquels, dans les cours et les herbages plantés de pommiers, on pouvait construire, en vue de la mer et à l'abri des vents d'ouest, des villas qui n'étaient point tassées les unes contre les autres dans un sable aride, mais qui avaient l'agrément de jardins ou de parcs poussant leurs racines dans une terre fraîche et fertile ; c'étaient aussi ses vallons, ses grasses prairies, ses herbages, ses chemins creux, toujours frais et ombreux, faits pour le plaisir de la promenade : Criquefleur, que deux lieues seulement séparaient de Saint-Maclou, n'avait-il pas aussi des coteaux boisés, des cours plantées de pommiers, des vallons et des chemins creux? Pourquoi, sur ces coteaux et dans ces cours, un entrepreneur intelligent ne trouverait-il pas à bâtir autant de maisons que Bellocq aîné en avait construit à Saint-Maclou? Il n'y avait donc qu'à entreprendre à Criquefleur ce qui à Saint-Maclou avait si bien réussi.

Mais ce calcul, juste en théorie, s'était trouvé faux dans la pratique ; Saint-Maclou était devenu une petite ville adoptée par la mode et par la vogue, Criquefleur était resté un village ; l'aîné avait construit cent maisons qui l'avaient enrichi, le jeune en avait construit dix qui l'avaient tout juste empêché de mourir de faim. Et pourtant ne valait-il pas son cousin? Ses maisons n'étaient-elles pas aussi solides, mieux entendues et plus élégantes? Vendait-il ses ardoises et son charbon plus cher? N'était-il pas lui-même aussi intelligent, plus policé? Son cousin parti tout enfant du village natal, savait à peine signer son nom; lui, il avait travaillé, il s'était instruit. Mais rien n'y faisait : son cousin prenait chaque jour plus d'importance et plus d'influence; lui n'était, malgré tout, qu'un pauvre diable. On appelait son cousin le Corsaire; lui, on l'appelait Bilboquet.

Que d'efforts, que de luttes cependant pour se rapprocher de cet aîné à qui tout réussissait ! L'emporter sur lui était devenu chez le jeune homme une véritable manie d'autant plus tyrannique que la constance de l'insuccès l'exaspérait. L'année précédente pourtant Belloquet avait obtenu un succès : à pareille époque, dans cette même gare, on avait vu entrer six petites voitures en osier, recouvertes d'un élégant tendelet, attelées de bons chevaux légers qui avaient été l'événement de la saison. On n'avait plus voulu prendre que les paniers de Belloquet. De Saint-Maclou on venait exprès à Criquefleur pour les louer à l'avance, dédaignant les vieilles guimbardes du Corsaire. Et comme pour aller de Criquefleur à la gare il fallait traverser Saint-Maclou, c'était un triomphe qui se répétait vingt fois par jour de promener les tendelets aux couleurs tendres devant le bureau de son cousin.

Mais voilà qu'au milieu de ce triomphe qui devait, semblait-il, se prolonger pendant un certain temps, apparaissaient les landaus et les postillons aux chapeaux enrubannés ; les fouets claquaient, les grelots sonnaient, les rubans volaient au vent, bleus, blancs, roses, verts, jaunes ; un vrai coup de théâtre, tant le secret avait été bien gardé.

Belloquet était resté abasourdi, sur ses jambes écartées, et ç'avait été seulement quand il avait senti tous les regards moqueurs fixés sur lui, le dévisageant et le raillant, qu'il s'était remis un peu pour cacher son trouble.

Mais les gens qui s'amusaient de sa mine ne s'étaient pas tous contentés de le regarder et de ricocher tout bas ; quelques-uns s'étaient approchés de lui.

— Il va bien, votre cousin !
— Jolies voitures !
— C'est les Parisiennes qui vont sauter sur ces postillons galonnés d'argent !
— Ça, c'est une invention !
— C'est tout de même un homme à idées !

Un coup de trompe et un long sifflement les interrompirent ; enfin, le train arrivait.

II

C'était un train express, mais auquel on avait attaché à la jonction les wagons de deuxième et de troisième classe d'un train omnibus parti de Paris trois heures avant lui; aussi quand les portières furent ouvertes, le quai se trouva-t-il envahi par une foule bigarrée; aux plumes multicolores des Parisiennes se mêlèrent les bonnets blancs des paysannes.

Il y eut un brouhaha et les plus pressés coururent aux barrières qui longeaient le quai et auprès desquelles se tenaient les entrepreneurs de voitures : Bellocq aîné, son cousin, les autres.

— Bellocq, une calèche.
— Bellocq, une victoria.
— Bellocq, six places d'omnibus.

Bellocq et toujours Bellocq; on accourait à lui, on le priait, tandis que les autres entrepreneurs s'empressaient d'offrir leurs services.

Impassible, les deux bras appuyés sur la barrière, il écoutait tout le monde et ne disait rien. Aurait-on les places ou les voitures qu'on lui demandait? ne les aurait-on pas? A ceux-là seuls qu'il honorait de sa protection pour une raison ou pour une autre il répondait par une courte inclination de tête ou par un petit coup de chapeau, mais sans jamais se découvrir entièrement.

Cependant, aussitôt que les portes s'ouvrirent, il vint se placer à la sortie à côté de son commis, un grand garçon blond d'une vingtaine d'années, appelé Paulin Morot, qui avait l'air aussi doux et aussi affable que son patron avait l'air arrogant et dur ; alors, comme il n'était plus protégé par la barrière on l'entoura, et les sollicitations recommencèrent.

— Une calèche.

— Une voiture, n'importe laquelle, celle que vous voudrez.

A tous il faisait la même réponse, du bout des lèvres.

— Tout à l'heure nous verrons, quand je me serai occupé des personnes qui m'ont retenu des voitures ou des places.

Pour celles qui avaient eu l'attention de lui envoyer des dépêches ou de le faire prévenir, il se montrait moins raide, et c'était presque gracieusement qu'il prenait leur bulletin de bagages qu'il remettait aussitôt à son commis. Encore ne fallait-il pas qu'on insistât. Une jeune femme à l'élégance tapageuse ayant voulu lui recommander ses vingt-trois colis, il la regarda un moment sans rien dire, puis il répondit :

— Vingt-trois, c'est entendu.

C'était vraiment chose curieuse que sa tranquillité

et sa placidité quand on les comparait à l'empressement ou à l'obséquiosité de tous les gens qui étaient là autour de lui à faire leurs offres de service aux arrivants. Pour chacun de ceux dont il daignait s'occuper, il avait un mot, mais un seul : — Madame la baronne, j'ai un landau pour vous, le troisième dans le rang. — Monsieur le comte, votre chalet est terminé; les peintres ont fini il y a huit jours. — Mademoiselle Rosalie, vous direz à votre maîtresse que les deux pièces de vin qu'elle m'a demandées sont dans sa cave.

Peu à peu le groupe qui l'entourait s'était éclairci, alors une jeune fille, qui se tenait à une certaine distance, fit quelques pas en avant pour se rapprocher de lui. Elle était en grand deuil, vêtue d'une robe de mérinos qui l'habillait trop court et trop serré, coiffée d'un chapeau de paille noire garni de crêpe anglais, chaussée de souliers cirés plus que fatigués; de la main droite elle portait un petit paquet noué dans un morceau de lustrine verte, et de la gauche elle tenait en laisse un petit chien de race bâtarde gris et noir. En donnant à la sortie son billet de troisième classe elle avait demandé à un employé si M. Simon Bellocq était à la gare; mais au lieu d'aller à celui-ci qui en ce moment était assailli de tous côtés, elle était restée à l'écart, attendant discrètement et gardant son chien de court, tout près d'elle.

Bien que sa toilette et sa tenue n'eussent rien pour la faire remarquer, plus d'un homme cependant, en passant devant elle, s'était arrêté ou retourné pour la regarder. C'est que, malgré sa vieille robe étriquée et usée, elle était vraiment jolie ; c'est que son pauvre petit chapeau de paille n'empêchait pas que ses cheveux blonds lui fissent un tour de tête frisé, vaporeux et folichon, qui contrastait avec la mélancolie de son visage et l'expression douloureuse de ses grands yeux noirs, et par là provoquait l'attention. Ceux-là qui n'étaient point sensibles à la beauté de ce visage pâle et à l'élégance de ce corsage souple et fin se demandaient qu'était cette jeune fille de quinze ans que personne n'accompagnait. D'où venait-elle ? Où allait-elle ? Que voulait-elle ?

Son chien aussi provoquait la curiosité ; bien qu'il n'eût aucun genre de beauté de race ou de forme, ni rien de particulier en laideur ou en difformité, il y avait en lui quelque chose d'indépendant et en même temps d'intelligent qui amusait quand on l'avait une fois regardé.

Que faisaient-ils là tous les deux, la maîtresse et le chien ? Qu'attendaient-ils ?

Quand elle vit que Bellocq n'allait plus avoir personne, elle vint à lui, et aussitôt qu'il fut seul elle s'approcha.

— J'arrive de Paris, dit-elle timidement, je suis...

Sans même la regarder, il lui coupa la parole :

— Je n'ai pas de place, dit-il.

Toute troublée, elle s'arrêta ; cependant presque aussitôt elle reprit :

— Ne puis-je pas vous parler ? demanda-t-elle.

— Je n'ai pas le temps.

Et cette fois lui tournant le dos, il s'éloigna à grands pas.

Cependant, comme elle vit que le commis de Bellocq la regardait d'une façon qui n'avait rien de décourageant, elle parut vouloir l'interroger; mais elle n'en eut pas le temps.

— Paulin, aux bagages! dit Bellocq en se retournant.

Et le commis, obéissant à cet appel, entra dans l'intérieur de la gare, tenant à la main les bulletins de bagages que son patron lui avait remis; c'était lui, en effet, qui devait les reconnaître et les faire charger dans un fourgon, qui suivait de près l'omnibus et les landaus, et ce jour-là il avait fort à faire. Si toutes les Parisiennes qui arrivaient n'avaient pas vingt-trois colis, l'amas des malles, des paniers, des sacs, des caisses, des boîtes de toutes sortes formait cependant un entassement considérable; il y avait promesse de toilettes pour la plage de Saint-Maclou.

Laissant à son commis le soin de ce chargement, Bellocq surveillait le départ de ses cochers qui, ne prenant pas de bagages, n'avaient pas à attendre comme les autres. Il allait de voiture en voiture, adressant à chacun un mot de recommandation.

Toujours à la place où il l'avait laissée, la jeune fille le suivait des yeux, attendant le moment où il reviendrait et où elle pourrait lui parler.

Mais il ne revint point; quand son omnibus s'ébranla à son tour, il empoigna lestement une courroie, et, sautant sur le marchepied, il monta à côté du cocher. Enlevée par ses cinq chevaux, la lourde voiture disparut dans un tourbillon de poussière.

Alors, sans hésitation, la jeune fille, tirant son

chien derrière, sortit de la cour de la gare; elle avait vu le chemin que l'omnibus venait de prendre, elle n'avait qu'à le suivre. Sur un poteau elle lut : « Saint-Maclou-la-Mer, 8 kilomètres ; Criquefleur, 16 kilomètres. » Elle avait encore trois heures de jour devant elle, c'était plus qu'il ne lui fallait pour faire deux lieues.

Elle détacha son chien, mais avant de le laisser aller, elle lui adressa des recommandations en lui passant doucement la main sur la tête à plusieurs reprises.

— Tu sais, Psit, il faut me suivre de tout près.

Et Psit après avoir fait deux ou trois gambades en aboyant joyeusement, revint près d'elle, montrant ainsi qu'il l'avait bien comprise.

La route s'allongeait droit devant elle, courant entre deux rangées d'arbres, et bordée de maisons. Bientôt ces maisons se firent plus rares, et elle arriva en pleine campagne. Alors quelques voitures parties de la gare après elle commencèrent à la dépasser, la noyant dans un flot de poussière ; puis quand leur défilé eut cessé, elle se retrouva seule sur la route blanche.

Elle marchait assez vite d'un pas régulier, la tête baissée, en fille qui est sous le poids d'une préoccupation, ne la relevant de temps en temps que pour regarder si son chien la suivait ou pour changer son paquet de main.

Au bout d'une heure à peu près, elle arriva au haut d'une côte, et en face d'elle elle aperçut la mer qui se découvrait à perte de vue jusqu'à l'horizon, toute rose sous les rayons du soleil couchant, avec çà et là des barques de pêche qui faisaient des taches noires. Devant elle, à ses pieds, s'étalait une grasse vallée qui allait finir à une suite de coteaux boisés et verts au milieu desquels, entre des bouquets d'arbres, se détachaient d'élégantes maisons dont les claires façades avaient encore la brillante fraîcheur du neuf; en bordure sur la mer et au pied de ces coteaux se massaient autour d'un clocher en pierre grise les toits sombres d'un vieux village, — Saint-Maclou-la-Mer.

Il lui fallut une heure, en suivant la route qui coupait à travers les herbages de cette vallée, pour atteindre le village. Aux premières maisons elle s'arrêta pour demander où demeurait M. Bellocq; on lui répondit que c'était en face de la mairie, et elle continua son chemin, se disant qu'elle trouverait bien la mairie.

En effet, en arrivant sur une place, elle aperçut un grand bâtiment carré, tout neuf, dont l'architecture disait : « C'est une mairie; » mais ce qui l'embarrassa un peu, ce fut qu'en face de celui-là elle en vit un second, carré aussi, tout neuf aussi, dont l'architecture disait non moins sûrement : « C'est une mairie. » Une inscription peinte sur une porte vitrée de ce second bâtiment la tira d'embarras; ayant lu : « Bureau des voitures, entreprise Simon Bellocq, » elle entra dans ce bureau tenant son chien en laisse.

Le jeune commis qu'elle avait vu à la gare écrivait sur une table chargée de papiers et de plans d'architecte.

— Est-ce que je puis parler à M. Bellocq? demanda-t-elle.

— M. Bellocq dîne, mademoiselle, répondit le commis poliment en la regardant.

— Si vous vouliez bien lui dire que c'est Marichette...

III

Ce n'était point l'habitude qu'on se permît de déranger Bellocq pendant son dîner, ni jamais, d'ailleurs.

— C'est pour affaires personnelles ? demanda Paulin.

— Oui, monsieur.

Alors, il quitta sa chaise.

— Je vais le prévenir, dit-il. Asseyez-vous, mademoiselle.

Mais au lieu de s'asseoir, elle alla poser son paquet dans un coin sur un banc, et détachant son chien :

— Psit, tu vas rester là et garder mon paquet, dit-elle ; tu comprends, reste là.

Le chien remua la queue et se coucha sous le banc.

Bientôt le commis revint.

— Si vous voulez me suivre, mademoiselle, je vais vous conduire.

La regardant à la dérobée, il remarqua qu'elle était tremblante, toute pâle, les lèvres décolorées.

sous le poids évidemment d'une profonde émotion.

En sortant du bureau, ils étaient entrés dans un grand vestibule haut et large, sans aucun meuble, où sur le carreau de liais et de marbre leurs pas retentissaient comme dans une église. Le commis, qui marchait le premier, s'arrêta devant une porte et, l'ayant ouverte, il s'effaça sur le côté pour laisser passer la jeune fille ; puis aussitôt, il referma la porte.

C'était l'année précédente que Bellocq s'était construit cette maison. Lui qui, depuis qu'il s'était établi à Saint-Maclou, avait édifié tant de villas et tant de chalets de tous les styles, depuis le cottage anglais jusqu'au manoir normand, depuis la cabane landaise jusqu'au kiosque chinois, n'avait trouvé digne de lui qu'une maison carrée en pierre et en brique. Justement, il venait de s'adjuger, en sa qualité de maire, à lui entrepreneur, la construction de la nouvelle mairie de Saint-Maclou, et par la même occasion, il s'était adjugé en même temps, lui propriétaire, à lui entrepreneur, la construction de sa propre maison. Et tout naturellement, c'étaient les mêmes plans qui avaient servi, comme c'étaient les mêmes matériaux qui avaient été employés. Il n'y avait qu'un seul chantier, et tout se faisait en double, l'un pour la mairie, l'autre pour la maison de M. le maire. Que la mairie passât la première lorsqu'il y avait un choix à faire et qu'elle eût le meilleur, cela n'était peut-être pas très exact, mais qu'importait, il n'y avait que les envieux de Bellocq ou les ennemis du gouvernement qui pouvaient oser dire que les dépenses de la mairie paieraient en même temps celles de la maison du maire. Le moment venu de meubler cette maison, Bellocq avait eu recours au même système : il fallait quatre fauteuils et vingt chaises pour la salle des mariages, il commanda quatre fauteuils et vingt chaises en velours vert du même modèle pour son salon ; quant à sa salle à manger, il l'avait meublée, comme la salle des commissions, d'une grande table recouverte d'un drap bleu et de chaises en chêne ciré cannées.

C'était sur le bout de cette table, le drap retroussé et remplacé par une toile cirée, qu'il était en train de dîner, lorsque Marichette entra dans la salle.

Elle s'arrêta à la porte, attendant qu'il lui adressât la parole pour avancer.

Reculant un peu sa chaise de la table, il se tourna à demi vers elle, et longuement de la tête aux pieds il la regarda sans parler.

— Alors, tu es Marichette ? dit-il enfin.
— Oui, mon cousin.
— Que viens-tu faire ici ?

Elle avança de trois pas en relevant ses yeux qu'elle avait jusque-là tenus baissés.

— Je viens, parce qu'en mourant maman m'a dit de venir près de vous.

Et de grosses larmes lui emplirent les yeux, mais elle fit un effort pour les retenir et ne pas les laisser rouler sur ses joues.

— Pourquoi ne m'as-tu pas parlé à la gare ?
— Vous n'avez pas eu le temps de m'entendre. Je pensais que je retrouverais l'occasion de vous appro-

cher; mais vous avez monté en voiture et je suis venue.

— Et pourquoi faire ?

Elle le regarda sans répondre.

— Que veux-tu que je fasse de toi ?

Elle recula d'un pas, comme si ce coup l'avait assommée ; cependant, par un violent effort, elle refoula ses larmes en serrant ses deux mains l'une contre l'autre pour tâcher de les empêcher de trembler.

— Quand maman a compris qu'elle était perdue sans espoir, elle vous a écrit, dit-elle enfin d'une voix si tremblante que par instants elle s'étranglait dans sa gorge serrée.

— Oui, et elle a écrit à mon cousin aussi, n'est-ce pas ? demanda-t-il durement.

— Oui.

— Que lui disait-elle ? le sais-tu ?

— Elle le priait, comme elle vous avait prié de venir.

— Et Sylvain n'a pas été à Paris ?

— Il a répondu qu'il était bien fâché de ne pas pouvoir faire ce voyage en ce moment.

— En pleine saison, cela ne lui était pas plus facile que cela ne l'était pour moi ; on a ses affaires. Je n'aurais pas sauvé ta mère, je ne suis pas médecin.

— C'était pour vous parler de moi que maman vous priait de venir, dit-elle vivement comme pour ne pas rester sous l'impression de cette dure explication.

— Les affaires de ta mère étaient mauvaises, n'est-ce pas? Sais-tu quelle était sa vraie situation.

— Quand, il y a quinze mois, nous avons perdu papa, maman, vous le savez, a vendu notre magasin de blanc de la rue Saint-Honoré, et elle a, avec ce qui lui revenait, toutes les dettes payées, ouvert une petite boutique de lingerie rue Saint-Roch. C'est de cela que nous avons vécu. Mais si habile qu'elle fût, nous n'avons pas pu faire d'économies. En soignant papa, maman avait gagné sa maladie, ce qui fait qu'elle ne pouvait pas travailler autant qu'elle aurait voulu. Elle est devenue plus malade, et comme elle avait vu papa mourir, elle a compris qu'il fallait qu'elle mourût elle-même.

Arrivée là dans son récit, elle s'arrêta étouffée; mais après un court moment, elle poursuivit:

— C'est alors qu'elle vous écrivit, non pour elle, mais pour moi, car l'angoisse de me laisser seule exaspérait son mal. Elle ne voulait pas me dire qu'elle se savait perdue, mais bien souvent, en m'embrassant, en me serrant dans ses bras, elle me disait: « Que deviendrais-tu, ma pauvre enfant, si je ne guérissais point? » Elle ne se calmait un peu qu'en disant: « Heureusement, mon cousin Simon est là. » Vous savez combien elle vous aimait et quelle foi elle avait en vous; quand elle avait dit: « Mon cousin », elle avait confiance aussi bien que fierté. Cela lui fut un grand chagrin, un désespoir de ne pas vous voir venir.

— C'était impossible.

— Sans doute. Elle devint plus mal, de plus mal en plus mal...

Une fois encore, l'évocation de ces souvenirs lui coupa la parole.

— Enfin, elle est morte, dit Bellocq.

Elle se cacha le visage entre ses mains et pendant quelques minutes on n'entendit que ses sanglots saccadés.

Enfin, elle reprit :

— Nous étions à bout de ressources quand maman est morte, mais il nous restait de bons amis du temps où nous étions heureux ; ils ont bien voulu se charger de tout, car moi, vous comprenez, je ne pouvais rien et je ne savais pas. Ils ont aussi arrangé les affaires de maman avec le propriétaire et les autres personnes à qui nous devions, en vendant tout, bien entendu, le mobilier et jusqu'aux vêtements. J'ai conservé seulement la meilleure de mes robes du deuil de papa. Ils voulaient me garder à Paris et ils m'avaient trouvé une place dans une maison de lingerie ; mais maman m'avait recommandé de ne pas rester à Paris ; elle m'avait fait promettre de venir près de vous ; je suis venue.

Elle se tut, et il s'établit un moment de silence qui dura assez longtemps ; elle se tenait debout au milieu de cette vaste salle sombre, attendant ; et Bellocq, immobile sur sa chaise, le front contracté, paraissait réfléchir, lui lançant quelquefois des regards noirs qui la faisaient trembler.

— As-tu dîné? demanda-t-il enfin.

— Non, mon cousin.

— Eh bien, prends une chaise et mets-toi à table.

En même temps, il appela :

— Divine !

Une porte s'ouvrit et une servante en tablier bleu et en bonnet de coton, jeune et assez plaisante malgré un air craintif et opprimé, entra dans la salle à manger par une porte latérale.

— Mets un couvert, dit Bellocq, et sers ce qui te reste.

Elle sortit vivement pour exécuter cet ordre en femme qui est habituée à l'obéissance, et presque aussitôt elle rentra portant un plat.

Ce qui restait, c'était un ragoût de veau aux pois que Divine posa sur la table.

— Va tirer du cidre, dit Bellocq à sa servante, et puis tu monteras faire un lit pour cette jeune personne.

Comme Divine revenait avec la carafe de cidre, un chien gris et noir, passant devant elle, se jeta dans la salle à manger et accourut auprès de Marichette. C'était Psit.

— Comment, s'écria Bellocq, tu laisses entrer les chiens ici !

Et il se leva pour le chasser.

Le voyant venir et devinant ce qui le menaçait, le chien se blottit dans la robe de sa maîtresse.

Jusque-là elle n'avait osé rien dire, pas même reconnaître son chien ; mais cet appel à son intervention fit taire ses scrupules et sa crainte.

— C'est Psit, dit-elle timidement.

— Qu'est-ce que c'est que Psit ?

— Le chien de papa, notre chien ; maman l'aimait tant !

— Ah ! le chien en est aussi ! Et tu as payé sa place au chemin de fer ! Allons, à la cour, sale bête ! Pas de chien ici. Divine, mets-le dehors. Demain nous verrons à t'en débarrasser.

Obéissante comme à l'ordinaire, Divine avait pris le chien par la peau du cou et l'avait entraîné sans que Marichette osât bouger ni parler.

— J'ai à sortir ce soir, dit Bellocq, demain nous causerons.

IV

Bien que Marichette eût à peine commencé à dîner, il lui fut impossible de manger ; sa gorge serrée ne voulait pas s'ouvrir, elle suffoquait. Mais Bellocq sorti, elle put s'abandonner, laisser couler ses larmes, ne plus retenir ses sanglots.

Il lui avait fallu un effort désespéré pour affronter jusqu'au bout cette réception et subir cet interrogatoire, où il n'y avait pas eu un mot, non de tendresse, elle n'en attendait pas, mais seulement de pitié. Et c'était justement l'espérance de la pitié qui l'avait soutenue dans son voyage. Pensant à la façon dont elle serait accueillie, elle se disait pour s'encourager et chasser les craintes qui l'assaillaient : « Il aura pitié. » N'en méritait-elle point un peu ? Était-il situation plus triste et plus misérable que la sienne ? Orpheline, frappée coup sur coup par la mort de son père d'abord, par celle de sa mère ensuite, par la ruine ; seule au monde à quinze ans, pauvre à ne pouvoir pas faire enterrer sa mère si la charité de quelques amis ne lui était pas venue en aide ; sortant du cimetière pour tomber dans l'inconnu, ses larmes chaudes encore sur ses joues brûlées.

Assurément, en venant à Saint-Maclou, elle n'avait point imaginé que ce cousin, qu'elle ne connaissait pas, allait lui ouvrir ses bras comme à une fille aimée ; mais elle avait cru à de la compassion au moins. Quand sa mère, pendant les derniers jours de sa maladie, lui avait à chaque instant parlé de son cousin Simon, qu'elle appelait, « mon oncle », elle n'avait jamais représenté celui-ci comme un modèle de tendresse, ni comme un homme sur la bonté et la générosité duquel on peut compter : « Peut-être au premier abord, te paraîtra-t-il dur, lui avait-elle souvent répété, mais ne te laisse pas troubler ; quand tu auras appris à le connaître, tu verras que cette dureté n'est que dans les manières, celles de quelqu'un à qui la vie a été rude ; le fond est bon, et l'intelligence est supérieure ; parti de rien, sans éducation, sans patrimoine, sans appui, n'ayant à compter que sur lui-même, son énergie, sa volonté, sa persévérance, il est arrivé à la fortune. C'est le temps qui lui a manqué pour se faire aimer, ce n'est pas le cœur. Il sera heureux de t'avoir près de lui. Il t'adoptera. Tu seras sa fille. Il te mariera ; ta famille sera la sienne. » Et c'était pour cette raison plus encore peut-être que par admiration pour son cousin Simon que sa mère avait voulu qu'elle vînt à Saint-Maclou et qu'elle n'allât point à Criquefleur. « Mon cousin Sylvain aussi est un brave homme, mais il est marié, il a une femme, des enfants, une famille ; il ne pourrait pas être ce que sera pour toi

Simon : et puis pourrais-tu t'accorder avec sa femme qu'on dit difficile ? Auprès de Simon, tu n'auras pas de femme à craindre ; l'amitié et la tendresse qu'il prendra pour toi ne provoqueront la jalousie de personne. » C'était cela qu'elle s'était répété pendant tout le temps de son voyage, ne voyant rien de ce qui défilait sous ses yeux, ni les prairies vertes, ni les champs aux moissons jaunes. Et c'était cela aussi qui lui avait donné la force d'aller jusqu'au bout de cet interrogatoire si durement mené.

Oui, le premier abord était effrayant, mais n'était-elle pas prévenue ? ne savait-elle pas qu'il en serait ainsi ? Et tout bas elle se disait : « Le fond est bon. » Il fallait attendre. Et même elle se disait aussi que jusqu'à un certain point cela devait être ; pourquoi son cousin, qui ne la connaissait pas, serait-il bon pour elle ? Savait-il ce qu'elle était ? N'avait-il pas le droit d'être effrayé en voyant une grande fille lui tomber ainsi sur les bras et s'imposer chez lui ? Elle devait comprendre cela. Ce serait plus tard que la compassion se montrerait, quand elle l'aurait méritée.

Mais voilà qu'après cet interrogatoire si cruel pour elle, dont chaque mot lui avait écrasé le cœur ou fait monter la honte au front, survenait cette expulsion du pauvre Psit, et ces menaces.

Et cela c'était trop.

Ce chien, c'était tout ce qui lui restait de son père et de sa mère, son ami.

Elle était seule dans la salle à manger, son cousin était parti depuis un certain temps, et Divine était montée au premier étage ; il fallait qu'elle sût ce que

Psit était devenu. Mettant dans sa poche le morceau de pain qu'elle n'avait pas mangé, pour le lui donner quand elle l'aurait trouvé, elle voulut sortir ; sans aucun doute, il rôdait autour de la maison, attendant.

Mais elle se trouva embarrassée. Par où passer ? Par la cuisine ? Elle n'osa pas, ayant peur de paraître se promener ou fureter dans cette maison où elle se sentait si mal à l'aise. Le mieux, lui sembla-t-il, était de sortir par le bureau où elle était tout d'abord entrée.

A tâtons dans le vaste vestibule devenu tout noir, elle chercha la porte de ce bureau ; l'ayant enfin trouvée elle l'ouvrit, et aussitôt Psit, qui après son expulsion était revenu prendre sa place sous le banc où elle l'avait laissé, s'élança contre elle en poussant des petits cris de joie qu'il faisait effort pour étouffer.

Le jeune commis travaillait toujours devant sa table.

— Cela se trouve bien que vous reveniez prendre votre chien, dit-il, car je vais fermer le bureau.

Elle n'avait pas prévu cela. Que faire ?

— Est-ce qu'ici on tue les chiens errants ? demanda-t-elle.

— Oh ! non, bien sûr ; au moins quand on sait à qui ils appartiennent.

— Mais quand on ne le sait pas ?

— On en a tué.

Elle se montra désolée, ne sachant quel parti prendre.

Paulin avait quitté sa chaise et il se tenait devant

elle, la regardant comme pour deviner ce qu'il y avait sous ces questions et ce qui pouvait causer cette désolation. Ayant rencontré ces regards, elle crut y lire une sympathie qui la toucha et l'encouragea.

— Vous me voyez bien tourmentée, dit-elle, et c'est ce qui vous explique l'indiscrétion d'une question que je voudrais vous adresser... si vous le permettez.

— Je suis tout à votre disposition, mademoiselle, parlez, je vous prie.

— Voulez-vous me dire où je pourrais mettre coucher mon chien, avec la certitude qu'il ne peut pas s'échapper et qu'on ne peut pas le prendre? M. Bellocq... ne veut pas qu'il entre dans la maison, et je ne sais qu'en faire. Je l'aime beaucoup.

Elle prononça ces derniers mots d'une voix vibrante qui disait que ce n'étaient point là de banales paroles.

— Si vous voulez, mademoiselle, je puis l'emmener chez ma mère?

— Oh! monsieur, je n'oserais jamais...

— Et pourquoi donc? Moi aussi, j'aime les chiens, et celui-là a tout l'air d'un bon garçon; seulement voudra-t-il me suivre?

— Si je lui dis de vous obéir, il vous suivra où vous voudrez le conduire.

— Eh bien! je vais le conduire dîner d'abord, car le gaillard m'a l'air d'avoir faim, et puis après je lui donnerai une chambre et je vous promets qu'il aura un bon lit.

— Oh! monsieur, combien je vous suis reconnaissante! s'écria-t-elle avec un élan de soulagement.

— Je vous assure, mademoiselle, qu'il n'y a pas de quoi; il va me tenir compagnie.

Et, tout de suite, il développa les volets pour clore la devanture du bureau; puis il ferma la porte en dedans au verrou, car c'était l'habitude qu'il sortît par le vestibule.

Pendant ce temps, Marichette faisait manger à Psit le morceau de pain qu'elle avait apporté.

— Je pense bien qu'il fera un bon dîner avec vous, dit-elle à Paulin qui, après avoir tout fermé, la regardait; mais ce m'est un plaisir de lui donner à manger.

— Comment s'appelle-t-il?

— Psit.

— Eh bien, Psit, tu vas me suivre, mon garçon.

— Pour cela, il faut avant une certaine cérémonie. Voulez-vous me donner votre main, monsieur?

— Très volontiers, mademoiselle, dit-il en souriant, sans comprendre où elle voulait en venir.

Et il lui tendit la main qu'elle prit dans la sienne.

— Tu vois, Psit, dit-elle en parlant au chien sérieusement, monsieur est un ami.

Puis, s'interrompant pour s'adresser à Paulin :

— Pardonnez-moi de m'exprimer ainsi, il faut cela.

— Je n'ai pas à vous pardonner, mais à vous remercier.

Elle continua en se penchant vers le chien :

— ...Monsieur est un ami, et tu dois le suivre.

Le chien la regardait de ses yeux parlants, immobile, suspendu à ses lèvres; ce fut seulement quand elle se tut qu'il remua la queue pour dire qu'il avait compris, et aussitôt il vint se ranger auprès de Paulin.

— Maintenant, dit Marichette, il vous obéira, et il vous suivra; au flair, il vous retrouvera partout.

Ils passèrent dans le vestibule où Paulin éteignit sa lampe.

— Bonsoir, mademoiselle; demain je vous dirai s'il a été sage.

Il sortit, suivit de Psit, qui marchait sur ses talons docilement.

Marichette rentra dans la salle à manger où elle trouva Divine qui était redescendue.

— Si vous voulez, je vas vous conduire à votre chambre; on est fatigué quand on voyage; ça se voit d'ailleurs à votre appétit, vous n'avez pas mangé. C'est-y que le *viau* ne vous a pas semblé bon? vous savez, on a passé plus de temps derrière les *vaques* que devant le potager d'une cuisine.

Dans sa belle maison, Bellocq n'avait meublé que les deux pièces qui pouvaient lui rendre des services, le salon et la salle à manger, où il recevait M. le sous-préfet et ceux qui pouvaient fortifier son autorité ou son influence; pour les autres il verrait plus tard. La chambre dans laquelle Divine introduisit Marichette avait pour tout mobilier un lit de sangle, une vieille table de nuit et une chaise en paille qui semblaient danser dans cette pièce immense, haute de plafond et éclairée par deux grandes fenêtres à imposte.

— Vous n'allez peut-être pas vous trouver bien couchée, dit Divine, c'est un peu *mucre*, mais quand on est fatigué on dort tout de même, pas vrai?

Ce n'était pas fatiguée qu'était Marichette, c'était brisée d'émotion, anéantie de chagrin, désespérée, épouvantée.

Que serait le lendemain?

V

Ce fut la pensée qui, pendant toute la nuit, hanta son sommeil, le mot qu'elle retrouvait sur ses lèvres à ses réveils et qu'elle répétait machinalement : demain.

C'était bien près, et cependant pour son angoisse bien loin. Si encore elle avait pu dormir ; mais aussitôt qu'elle s'assoupissait, elle se réveillait en sursaut, effarée, effrayée, glacée de froid ou baignée de sueur.

Le vent qui s'était élevé dans la soirée soufflait en bourrasque, gémissant lugubrement dans cette vaste maison vide de meubles, apportant par rafales le mugissement de la marée montante. Quand elle ouvrait les yeux, elle apercevait par ses fenêtres sans rideaux et sans volets, au bout d'une rue étroite et noire, une lueur blanche, — la lumière argentée de la lune sur la mer qui arrivait écumeuse.

Il lui semblait que dans le silence d'une nuit tranquille, elle eût pu réfléchir et envisager raisonnablement sa situation : tandis que dans cette agitation et ce trouble elle était affolée.

A l'heure à laquelle elle était arrivée, son cousin ne pouvait pas la mettre à la porte ; mais de ce qu'il lui avait donné à coucher pouvait-elle en conclure qu'il avait l'intention de la garder près de lui ?

Quand elle examinait cette question, c'était sans effroi qu'elle envisageait la possibilité qu'il la renvoyât ; elle s'en retournerait à Paris et accepterait la situation que les amis de sa mère lui avaient trouvée. A la vérité elle n'avait pas l'argent nécessaire pour ce retour, mais sans doute il le lui donnerait bien, ce n'était pas une si grosse somme. En venant à Saint-Maclou elle aurait obéi aux dernières volontés de sa mère ; et ce ne serait pas sa faute si elle ne restait pas auprès de son cousin ; elle ne pouvait pas s'imposer.

Mais s'il ne la renvoyait pas, en quelle qualité la garderait-il ? Si en chemin de fer, alors qu'elle tâchait de prévoir l'accueil qu'on allait lui faire, elle avait pu se répéter les paroles de sa mère et les accepter jusqu'à un certain point comme réalisables : « Il sera heureux de t'avoir près de lui ; il t'adoptera ; tu seras sa fille ; » il était bien certain pour elle, maintenant qu'elle l'avait vu et entendu, que les choses n'iraient point ainsi. Il n'était point heureux de l'avoir près de lui ; et cela paraissait folie de s'imaginer que plus tard il pût l'adopter ou la traiter comme sa fille. Ce n'était pas seulement le temps qui lui avait manqué pour aimer et se faire aimer.

Enfin le matin arriva et elle put se lever ; mais elle n'osa pas descendre avant d'entendre du bruit au rez-de-chaussée. Ce fut alors seulement qu'elle quitta la chambre.

Il était arrivé, cet effrayant demain.

Malgré sa préoccupation, la première chose qu'elle aurait faite, si elle avait osé, ç'aurait été d'entrer au bureau des voitures et de demander au commis des nouvelles de Psit; mais comment risquer cela? que répondre si Bellocq la surprenait? Ce n'était pas seulement pour Psit et pour elle qu'il y avait à craindre; c'était aussi pour le commis, qui pourrait payer cher sa complaisance et sa bonté.

Elle descendit dans la salle à manger, et comme elle ne trouva personne, elle s'assit dans un coin, attendant, perdue dans cette grande pièce.

Elle était là depuis longtemps déjà quand Bellocq vint à passer. Tout d'abord il ne la vit pas; ce fut seulement au moment de tirer la porte qu'il l'aperçut :

— Que fais-tu là ?
— J'attends.
— Viens avec moi.

Elle le suivit et traversa derrière lui le vestibule pour entrer dans un bureau qui se trouvait entre celui des voitures et celui du commerce de charbon, de bois et de liquides. Ainsi, Bellocq n'avait qu'une porte à ouvrir, soit à gauche, soit à droite, pour surveiller ses deux commis et entendre ce qui se disait d'un côté comme de l'autre en laissant les portes ouvertes.

Il les ferma, puis s'asseyant devant une table, d'un signe il appela Marichette près de lui.

— Comment as-tu été élevée ? demanda-t-il en l'examinant comme s'il ne l'avait pas déjà longuement examinée la veille.

Elle ne répondit pas, ne comprenant pas cette question, et ayant peur de dire une sottise.

— Je te demande comment tu as été élevée ; c'est clair il me semble. Tu n'es donc pas intelligente ?

— Je ne sais pas.

A la façon dont il la regarda, elle comprit qu'il se demandait si elle était tout à fait stupide, et cela ne fut ni pour la rassurer, ni pour l'encourager.

— As-tu été en pension ? dit-il.

— Oui, pendant trois ans, jusqu'à la mort de papa ; alors maman, ne pouvant plus payer ma pension, m'a fait revenir avec elle.

— Et depuis tu n'as travaillé qu'à la lingerie ?

— Papa avait pour ami un professeur à l'école Turgot qui a voulu me donner des leçons, par amitié ; il venait une fois par semaine me corriger les devoirs que je faisais tous les jours.

— Alors tu sais l'orthographe ?

— Oui.

— Sais-tu écrire une lettre ?

— Je faisais des narrations.

— Qu'est-ce que c'est que ça, des narrations ?

— C'est le récit d'un fait, d'un événement, d'un voyage.

— Tu les faisais bien ?

— Mon maître en était content, il disait que j'ai le tour.

— Et l'arithmétique ?

— J'ai été jusqu'aux fractions.

— Donc tu sais quelque chose ?

— Je n'ai pas pu étudier comme si je n'avais eu que cela à faire, j'aidais maman.

— Et ton écriture, comment est-elle ?

— Mon maître la trouvait bonne.

Il réfléchit un moment, puis lui désignant la place en face de lui, de l'autre côté de la table :

— Assieds-toi là, dit-il, et écris le nom que je vais te donner.

En même temps, il lui passa un cahier de papier.

Docilement elle s'était assise et elle avait pris une plume, se tenant prête à écrire, en se disant tout bas que sans doute il voulait voir ce qu'était son écriture.

— Tu y es ?

— Oui.

— Geurier, Paul-Émile.

Elle s'appliqua, trouvant seulement que c'était là un singulier exemple d'écriture.

Mais, contrairement à ce qu'elle pensait, il ne lui demanda pas ce qu'elle avait écrit.

— Maintenant, dit-il, écoute bien ce que je vais t'expliquer de façon à ne rien oublier : il y a eu lundi huit jours Geurier, Paul-Émile, s'est embarqué dans son bateau avec son fils aîné âgé de quatorze ans ; quand ils ont été occupés à pêcher au large, une saute de vent les a fait chavirer ; ils ne savaient nager ni l'un ni l'autre, ils se sont noyés. D'autres barques, en passant à l'endroit où avait eu lieu l'accident, ont trouvé leur bateau chaviré ; le cadavre du père est revenu à la côte de Celloville, — écris Celloville, — il y a trois jours ; celui du fils, hier, à Vittetot, — écris Vittetot. — Geurier laisse une femme et huit enfants ; il était le soutien de son père et de sa mère estropiés l'un et l'autre ; tout ce monde est dans la misère, sans le sou, sans crédit, sans pain ; c'est une situation digne de pitié. Il serait d'un bon effet, dans le pays, qu'on leur vînt en aide ; Geurier était un brave homme ; il ne s'occupait pas de politique. Tu as bien entendu ?

— Oui.

— Tu as bien noté dans ta mémoire les points principaux ; huit enfants, père et mère estropiés ; bon effet d'un secours, pas de politique ?

— Je pense.

— Eh bien, maintenant tu vas me faire avec cela ce que tu appelles une narration, c'est-à-dire une lettre écrite à notre député ; que cela soit aussi net, aussi simple que possible, sans phrases, mais touchant. Prends ton temps et applique-toi ; je reviendrai dans deux heures.

Et sans en dire davantage il la laissa seule devant son cahier de papier blanc.

Si elle avait fait des narrations, elle n'avait jamais écrit de lettres à des députés ; si elle avait raconté des histoires imaginaires, elle ne s'était jamais trouvée aux prises avec la réalité ; elle eut un moment d'embarras et d'inquiétude, et cela autant à cause du sujet qu'elle avait à traiter qu'à cause du juge à qui elle allait avoir affaire.

Cependant elle se mit au travail, et quand elle fut

arrivée au bout de son récit, elle le corrigea soigneusement, puis elle le recopia de sa plus belle écriture en s'appliquant, comme son oncle le lui avait recommandé. A un certain moment elle s'arrêta pour un mot dont elle n'était pas sûre et elle chercha si elle ne trouverait pas un dictionnaire, mais dans ce bureau tout plein de papiers, de dossiers, de plans, de lettres, il n'y avait pas de livres ; elle n'en découvrit qu'un seul, un vieux code aux tranches encrassées.

Quand Simon revint, il y avait déjà un certain temps qu'elle avait terminé son travail. Elle s'attendait à ce qu'il allait lui dire ce qu'il en pensait, mais il n'en fut rien; après l'avoir lu attentivement, lentement, il passa dans le bureau des voitures, emportant sa lettre sans rien dire.

Paulin était au travail :

— Tenez, dit-il, en lui mettant la lettre sur la table, copiez-moi cela tout de suite, et surtout corrigez-moi bien toutes les fautes d'orthographe ; dépêchez-vous, je reviens tout de suite.

En effet, il ne resta que peu de temps dehors; cependant quand il revint, Paulin avait achevé sa copie.

— Avez-vous corrigé les fautes ? demanda-t-il.

— Je n'ai pas eu à les corriger, car il n'y en avait pas.

Sans rien dire, il rentra dans son bureau où Marichette attendait toujours à la même place.

— Ton travail n'est pas mauvais, dit-il, et je crois que je pourrai t'employer, car tu n'espères pas rester ici à ne rien faire.

Et ce fut tout.

Rester ici ; il la gardait donc près de lui ; dans son trouble, ce lui fut un grand soulagement de penser qu'il la ferait travailler, et qu'elle gagnerait ainsi le pain qu'il lui donnerait.

VI

C'était un homme intelligent que Simon Bellocq ; cependant, malgré cette intelligence qui était vive, malgré sa volonté qui était tenace, il n'avait jamais pu apprendre à écrire. Il était arrivé à force de persévérance et d'application, à signer son nom et même convenablement, en grands caractères qui ne manquaient pas de tournure ; il était arrivé aussi à tracer ses chiffres de manière à noter les mesures qu'il prenait ou que les architectes lui donnaient, et à faire quelques opérations d'arithmétique ; mais écrire une lettre, écrire un simple mot, si court qu'il fût, il ne l'avait jamais pu.

Son caractère insoumis n'avait pas su se plier à la discipline de l'école, et comme avec cela il s'était montré dispos au travail manuel, prêt à tout et toujours, la pauvreté de ses parents avait été faible : « Puisqu'il veut travailler de ses mains, ce garçon, il faut le laisser faire ; son gain sera le bienvenu à la maison. »

Pendant ses années de jeunesse il n'avait pas souffert de son ignorance ; ceux avec qui il était en relations n'en savaient guère plus que lui; on ne traitait pas les affaires par correspondance; il n'y avait pas d'ordres écrits à recevoir ou à donner; on n'avait ni carnet ni agenda. Même quand il avait commencé le métier d'entrepreneur de bâtisses, il avait pu se passer de l'écriture. Quand il avait des mesures un peu compliquées à prendre et qui pouvaient se brouiller dans sa tête, si solide qu'elle fût, il inscrivait sur un bout de planche ramassé de ci de là les chiffres qui pouvaient lui servir de point de repère, et alors on le voyait passer par les rues du pays, les poches pleines de bouts de bois, qui étaient ses notes, au milieu desquelles il ne faisait jamais de confusion en distribuant le travail à ses ouvriers.

Mais il était arrivé un jour où les bouts de planche n'avaient plus été suffisants, où ceux à qui il avait affaire ne se contentaient pas de ces manières primitives et où il devait se montrer à la hauteur de sa fortune. C'était à ce moment qu'il avait voulu commencer à apprendre à signer son nom et aussi à écrire. Cela ne devait par être bien difficile, lui semblait-il. Il avait bien appris la construction dont il ne savait pas le premier mot en arrivant à Saint-Maclou, et aussi le commerce des bois, de même celui des charbons, de même celui des vins et alcools. Pourquoi avec son intelligence dont il était sûr n'apprendrait-il pas à écrire? pourquoi avec sa volonté ne ferait-il pas ce que faisaient bien des gamins paresseux et distraits?

La seule difficulté qu'il voyait était dans le moyen d'apprendre, puisque c'était tout seul qu'il devait travailler. En effet, dans la position qu'il avait déjà acquise, avec l'importance qu'il prenait et qu'on lui donnait, il ne pouvait pas faire venir l'instituteur chez lui et lui demander des leçons d'écriture. Que n'eût-on pas dit dans le pays si on avait su que Bellocq, qu'on croyait être un homme si fort et à qui on reconnaissait tant de mérites, parce qu'il avait réussi tout ce qu'il avait entrepris, ne savait même pas signer son nom! Du coup il eût été perdu, et sans retour possible, précipité des hauteurs où il était en train de monter. A qui eût-il inspiré confiance? A qui eût-il fait peur? — sa grande force. Déjà, à ce moment, il était président de la fanfare, commandant des pompiers; eût-il pu espérer devenir conseiller municipal et maire comme il voulait l'être un jour? Ce n'avait été que par des miracles d'adresse et de diplomatie qu'il avait pu cacher son ignorance; il n'allait donc pas l'avouer, même à un seul, si cher qu'il payât la discrétion de celui-là. Après avoir acheté des exemples d'écriture, il s'était donc mis à l'étude, tout seul, le soir, sa journée finie, portes closes. Ce n'était que du dessin, il en viendrait bien à bout.

Et de fait il en était venu à bout. Sa main, sa lourde main, habituée au mètre ou au fouet, s'était assouplie pour tenir la plume. Il en avait cassé bien des plumes, il en avait crevé bien des feuilles de papier, il en avait laissé tomber bien des pâtés; mais, enfin, il était arrivé à tracer assez couramment les sept lettres de son nom.

Quel affranchissement! Combien avait-il perdu

d'argent parce qu'il avait été obligé, pour ne pas échanger un bon écrit, de dire à des gens dont il se défiait : « Entre honnêtes gens la parole suffit! » Plus de ces ruses, plus de ces détours. Tout de suite il s'était appliqué à dessiner les mots indispensables dans le commerce : « pour acquit, fait double, bon pour, approuvé l'écriture » ; et cela il l'avait réussi comme il avait déjà réussi sa signature.

C'était beaucoup pour lui, mais ce n'était pas tout ; un simple ou un modeste qui aurait avoué son ignorance aurait pu se contenter de cela, mais justement il avait toutes les ambitions, celle de la fortune aussi bien que celle de la position sociale ; et il fallait qu'il fût l'homme de la haute position qu'il visait ou tout au moins qu'il parût être cet homme. Il s'était donc mis à étudier l'écriture courageusement. Chaque soir en rentrant, qu'il fût ou ne fût pas fatigué, il s'enfermait, et sûr de n'être pas surpris, pendant des heures il labourait son papier, que le lendemain il faisait disparaître avec soin. Qu'eût-on pensé, qu'eût-on dit de lui si l'on avait trouvé un de ces devoirs d'écolier?

Mais ce n'est pas tout de copier un mot, il faut encore savoir comment écrire ce mot quand on ne le copie plus. Ce fut alors que se présenta devant lui une autre étude plus difficile et plus longue, celle de l'orthographe. Il l'entreprit; ayant acheté une grammaire, il se mit à l'apprendre; partout où il était seul et où il avait un moment de liberté, ne fût-ce que quelques minutes, il apprenait sa leçon ou bien il se la répétait. Alors par les chemins, alors qu'on le croisait, ou bien dans les voitures, quand on était assis près de lui, on le voyait remuer les lèvres, dans une attitude recueillie et absorbée. « Nous avons rencontré Bellocq, se racontait-on ; soyez sûr qu'il prépare quelque grosse affaire nouvelle. Il en a déjà pourtant bien assez sur les bras, de quoi occuper dix hommes. » La grosse affaire qu'il préparait ainsi, c'était l'accord de l'adjectif avec le substantif, ou bien la formation du pluriel dans les noms en *al*, ou autres lois de cette importance.

C'est que pour lui cette importance était capitale. Il voulait être un monsieur, — un *mon sieurre*, comme il disait, — et les *mon sieurres* savent l'orthographe ; c'est même à cela qu'on les reconnaît. Son ambition, en entrant dans la vie, avait été de gagner de l'argent ; l'argent gagné, il avait voulu plus et mieux, la position sociale, les honneurs, le rang.

Il était de ceux qui, partant du dernier barreau de l'échelle, ne visent point tout de suite le premier ; mais qui, après avoir atteint le second, montent au troisième, puis, au quatrième sans s'arrêter jamais. Pourquoi n'arriverait-il pas au plus haut? Ne se voyait-il pas plus intelligent et plus fort que ceux qui occupaient les situations qu'il voulait ; plus intelligent que le maire qu'il avait cent fois roulé ; plus fort que le conseiller général qui n'agissait que par lui? Pourquoi ne serait-il pas ce qu'ils étaient? Que lui manquait-il pour cela? Une seule chose : l'instruction ; il l'acquerrait. Cela ne devait pas être plus difficile que d'acquérir la fortune.

Mais il était arrivé au contraire que cela était plus

difficile. Après un an de travail acharné il était moins avancé qu'en commençant ; il n'avait acquis qu'une chose : le sentiment de son ignorance et de son impuissance ; maintenant il savait par expérience et non par une intuition plus ou moins vague, qu'il ne savait pas, et, ce qui était plus dur encore, il comprenait qu'il ne saurait jamais ; plus il avait étudié moins il avait appris ; tout se brouillait dans sa cervelle troublée, et au milieu des règles et des exceptions il se perdait sans qu'il lui fût possible de se retrouver.

Longtemps il avait lutté avant d'admettre cela, mais à la fin il avait dû s'avouer vaincu : il ne pouvait pas, il ne pourrait jamais apprendre l'orthographe.

Alors, pour la première fois de sa vie, il avait renoncé à poursuivre une chose entreprise ; mais pour cela cependant il n'avait pas renoncé à ses ambitieuses visées : il serait quand même un *mon sieurre*, et puisqu'il ne pouvait pas mettre l'orthographe il n'écrirait jamais ; un autre écrirait pour lui ; jamais on ne rirait de son écriture.

Cela décidé, il avait appelé près de lui son cousin, qui lui avait servi de commis et de secrétaire ; puis quand il y avait eu rupture entre eux, il l'avait remplacé par deux commis : un pour les travaux de construction et pour le service des voitures, Paulin Morot ; un autre pour le commerce de bois, des charbons, des ardoises et des liquides, appelé Victor Dedessuslamare, sans compter le secrétaire de la mairie chargé des affaires administratives.

Grâce à sa mémoire et à l'ordre méthodique qu'il savait mettre dans ses nombreuses affaires, les choses auraient marché à souhait s'il avait eu confiance en ses commis et s'il avait consenti à se livrer à eux franchement. Mais, justement, cela lui était impossible ; jamais homme n'avait été moins confiant que lui, jamais moins franc ; il se serait cru perdu s'il s'était livré.

Pour que ses commis ne connussent point ses affaires, et pour n'être point trahi par eux, il employait toutes sortes de moyens détournés qui faisaient honneur à son esprit de ruse, mais qui, par leurs complications, n'étaient pas toujours très pratiques : c'était ainsi que, pour une affaire grave intéressant la mairie, c'était Paulin Morot, le commis architecte, qui était chargé de la correspondance confidentielle, tandis que, pour une affaire importante se rapportant à la construction, c'était Victor Dedessuslamare, le commis du commerce des charbons et des liquides, qui la traitait. Par ce procédé chacun d'eux restait dans l'indécision, puisque celui qui connaissait le commencement d'une affaire n'en connaissait jamais la conclusion. Et comme avec cela il avait soin de les exciter les uns contre les autres, de manière à ce qu'ils ne fussent pas bien ensemble, il évitait les confidences, aussi bien que les indiscrétions.

Cependant malgré toutes ces précautions, il ne se trouvait pas encore rassuré ; soupçonneux, défiant, comme il l'était, il avait toujours peur ; et c'était cette peur, c'était cette défiance qui lui avait donné l'idée d'employer Marichette : elle ne connaissait personne à Saint-Maclou ; elle n'avait aucun intérêt dans le pays ; elle ne savait rien de ses affaires ; avec elle une indiscrétion serait moins à craindre qu'avec tout autre. D'ailleurs il la dominerait par la crainte autant que par la reconnaissance ; ne lui devrait-elle pas tout ?

VII

Avant de sortir de son bureau, Bellocq avait donné à Marichette une lettre à copier, et elle s'était mise au travail tout de suite en s'efforçant de ne pas se laisser distraire et de ne pas penser à Psit.

Mais malgré tout, l'affection pour son chien l'emportait sur sa volonté; insensiblement ses yeux cessaient de voir les mots qu'elle copiait et sa main s'arrêtait.

Comme elle réfléchissait ainsi, la porte du bureau des voitures s'ouvrit et Paulin parut :

— Je viens vous donner des nouvelles de Psit, dit-il, il va bien.

— Oh ! monsieur, comme vous êtes bon et comme je vous remercie. Où est-il? Dites vite, je vous prie, avant que mon oncle rentre.

— Ne craignez rien, M. Bellocq vient de partir, il ne peut pas rentrer avant une heure.

Il parlait en restant sur le seuil de la porte de façon à voir ce qui se passait dans son bureau.

— Si je ne vous trouble pas dans ce que vous

faites, dit-il, voulez-vous que je vous raconte sa soirée, sa nuit et sa matinée?

— Oh! je vous en prie.

— Il m'a très bien suivi quand nous sommes sortis, le nez sur mes talons, sans s'écarter ; en arrivant à la maison il s'est laissé caresser par ma mère et il a soupé avec nous ; la nuit il a couché dans ma chambre, il n'a bougé que quand il m'a vu réveillé ; alors il a sauté sur mon lit. Très aimable, M. Psit.

— C'était pour vous témoigner sa reconnaissance ; si vous saviez comme il est intelligent !

— Je m'en doute. Il a bien prouvé d'ailleurs son intelligence quand je suis parti pour venir ici ; il voulait m'accompagner ; alors je lui ai parlé comme vous l'aviez fait hier soir, en lui disant qu'il devait rester, et il s'est couché dans un coin tristement, désolé de ne pas pouvoir vous rejoindre.

— Pauvre chien !

— Soyez tranquille, ma mère aura soin de lui.

— Je suis tranquille, seulement je suis triste aussi de ne pas l'avoir, comme il est triste de ne pas m'avoir ; c'est la première fois que nous nous quittons depuis deux ans.

— Est-ce qu'il n'a que deux ans?

— Je ne sais pas au juste son âge, c'est un chien trouvé, ou plutôt sauvé.

— Sauvé?

— Puisque vous vous intéressez à lui, je dois vous dire son histoire. Il y a deux ans les médecins avaient ordonné, à mon père déjà bien malade, d'aller passer une saison à Cauterets, et comme maman ne pouvait pas quitter notre maison de commerce, il avait été décidé que je l'accompagnerais. Nous avions d'abord été à Toulouse où mon père avait des affaires, et de Toulouse nous devions aller à Lourdes par le chemin de fer. Devant nous, au guichet, deux femmes prenaient deux billets de troisième classe pour Bayonne ; elles avaient l'air pauvre, et elles étaient suivies d'un chien noir et gris. Elles ne demandèrent pas de billet pour leur chien. Nous étions déjà en wagon dans notre compartiment de seconde, quand j'entendis un chien crier et hurler. C'était celui que j'avais vu avec les deux femmes qu'un employé emportait par la peau du cou. Qu'avait-il fait, la pauvre bête ? Mon père descendit pour le demander. On lui dit que les femmes n'avaient pas pris de billet pour leur chien, qu'elles ne voulaient pas payer, et qu'on le mettait à la porte de la gare. En passant devant le wagon où les femmes étaient montées, mon père vit qu'elles pleuraient. Il les interrogea. Elles répondirent qu'elles n'avaient pas de quoi payer la place de leur chien et qu'elles étaient obligées de l'abandonner. Cela toucha mon père ; il alla au guichet, prit le billet ; les femmes appelèrent leur chien qui accourut ; on le fourra dans une niche ; le train partit.

— Quel brave homme !

— N'est-ce pas ? dit-elle avec un sourire de fierté, il était si bon !

— Vous l'avez perdu ?

— J'ai perdu aussi ma mère ; Psit était leur chien,

ils l'ont aimé ; cela vous fait comprendre combien je l'aime.

— Oh ! mademoiselle, pardonnez-moi, dit-il d'une voix émue, je sais quelle douleur c'est de voir mourir son père.

— Vous avez votre mère ; moi je n'ai plus personne. J'avais Psit...

Elle s'arrêta un moment, et pendant quelques instants leurs yeux émus, qui se regardaient, se dirent franchement la sympathie qu'ils éprouvaient l'un pour l'autre.

Elle reprit bientôt :

— A la fin de notre saison à Cauterets, le médecin ordonna à mon père d'aller passer quelques jours à Biarritz, la mer devait lui faire du bien. C'était un grand plaisir pour moi, élevée à Paris ; après la montagne la mer, que je n'avais pas encore vue. C'est très beau, Biarritz ; on y trouve justement la mer et la montagne réunies : la mer à ses pieds, les montagnes au fond. Quoique malade, mon père se levait de bonne heure, et tous les matins nous faisions des promenades sur la côte, tantôt d'un côté, tantôt de l'autre. Un matin que nous étions descendus à la plage des Basques, — c'est une plage du côté de l'Espagne où l'on se promène sur un sable jaune, doux au pied, en ayant devant soi un cirque de montagnes bleues dans le lointain, — un chien noir et gris vint au-devant de nous en frétillant de la queue, se trémoussant avec des mines engageantes comme pour nous inviter à la promenade. Il me sembla que c'était le chien de Toulouse, celui dont mon père avait payé la place. Mon père crut le reconnaître aussi. Cela était assez étonnant.

— Puisque ses maîtresses venaient à Bayonne quand vous les aviez rencontrées à Toulouse, le chien pouvait bien être à Bayonne qui est tout près de Biarritz, il me semble.

— Ce fut ce que mon père me dit ; mais l'étonnant c'était la fête qu'il nous faisait, tournant autour de nous en dansant et en pirouettant. Il se mit à nous suivre, s'arrêtant quand nous nous arrêtions, courant devant nous quand nous nous remettions en marche. Il nous accompagna ainsi sur la grève pendant une demi-heure à peu près, très gai, très drôle. A un endroit où les falaises s'abaissent et deviennent des petites dunes de sable, mon père, fatigué de marcher sur la grève mouvante, voulut prendre par le chemin de la côte. Le chien nous suivit. Comme en traversant ces dunes je m'étais baissée pour cueillir des petits œillets blancs et roses qui sentaient si fort le girofle que l'air en était embaumé, voilà que le chien se dresse devant moi et me prend dans ses deux pattes pour m'embrasser. Naturellement je le caresse et il pousse des petits cris de joie. Jamais je n'avais vu chien si heureux.

— Pauvre bête ! il avait besoin d'affection, comme un chien tendre qu'il est.

— Justement vous le jugez très bien. Il continue de nous suivre et quand je veux qu'il vienne je n'ai qu'à faire psit pour qu'il accoure près de moi. C'est comme ça qu'il a été baptisé Psit. Il nous accompagne ainsi jusqu'à la porte de notre maison, et là il nous quitte discrètement sans vouloir entrer, bien que je l'invite. Le lendemain matin nous retournons à la plage des Basques et nous le retrouvons à la même place ; il vient à nous tout joyeux, nous caresse et de nouveau il nous accompagne pour nous quitter à notre porte. Dans la journée, en nous promenant, nous le trouvons en train de boire à une fontaine ; il saute sur moi, et c'est une nouvelle promenade qui ne se termine qu'à notre porte. Pendant toute une semaine c'est ainsi ; il nous attend, nous fait fête, nous suit tant que nous nous promenons et ne nous quitte que quand nous rentrons. Un jour nous ne le trouvons plus ; nous le cherchons partout sans l'apercevoir ; mais le lendemain, comme nous avions été à Saint-Jean-de-Luz et que nous allions prendre le train pour revenir, voilà qu'il accourt à nous dans la gare, mais triste cette fois, comme malade, le nez sec et chaud. Je voulais le prendre avec nous, mais mon père me dit que ce serait le voler à ses maîtresses qui sans doute étaient avec lui à Saint-Jean-de-Luz, et il fallut lui dire de ne pas nous suivre, le repousser même quand il voulut monter dans notre wagon. Pauvre Psit ! nous ne le verrions plus et cela nous rendit tristes, car nous nous étions déjà attachés à lui.

— Vous l'avez retrouvé cependant.

— Le lendemain matin, nous promenant sur la falaise du phare, nous apercevons courant sur le sable au bord de la mer un chien noir et gris qui ressemble bien à Psit, mais sans que nous puissions, à cause de la distance et de la hauteur, le reconnaître sûrement; au lieu d'avoir la queue en trompette il la porte entre les jambes. Arrivé aux rochers sur lesquels s'élève le phare, il essaie de les gravir, comme s'il était pressé de prendre cette route la plus courte pour rentrer à Biarritz; mais, ne pouvant y réussir, il retourne en arrière pour aller prendre un sentier où les falaises s'abaissent. A ce moment des hommes armés de fusil apparaissent sur la grève et tâchent de couper le chemin au chien. Ils veulent donc le tuer? Nous les entendons crier sans distinguer ce qu'ils disent. Nous crions nous-mêmes pour le sauver; ils ne nous entendent pas plus que nous les entendons; la mer éteint tous les autres bruits. Jugez de notre angoisse, nous qui voyons tout! Ils tirent, ils le manquent. Ils tirent de nouveau, ils le manquent encore. Alors je me mets à courir pour aller au-devant de lui et le sauver, laissant mon père en arrière. Pendant que je dévale la falaise j'entends d'autres coups de fusil. Arriverai-je en temps? Je cours, toujours et quand même. Enfin je l'aperçois; un homme le poursuit en l'ajustant: « Sauvez-vous, me crie-t-il, il est enragé. » Je me jette sur lui; l'homme ne peut pas tirer. Vous pensez bien qu'il n'était pas enragé; mais le voyant errant, sans maître, on lui a couru sus par peur. Il n'y avait plus à craindre de le voler; nous l'avons emmené, et depuis il a vécu près de nous, le meilleur, le plus gai, le plus malin des chiens, aimé par mon père, aimé par ma mère. Faut-il qu'après l'avoir sauvé une fois je le perde maintenant?

— Non, mademoiselle; ne craignez pas cela.

Puisque M. Bellocq ne veut pas qu'il entre ici je vous le garderai ; il sera toujours votre chien ; je ne serai que son ami, je vous l'amènerai aussi souvent qu'il sera possible pour que vous l'embrassiez.

VIII

Après les angoisses de la nuit, Marichette respira : son cousin ne la renvoyait point; le sort de Psit était assuré. C'était là quelque chose de considérable : la vie pour elle et pour son chien.

Quand sa mère lui parlait de « mon cousin Simon », elle n'avait certainement point imaginé que l'accueil que lui ferait ce fameux cousin dont elle avait les oreilles pleines serait ce qu'il avait été. Mais après cet accueil qui l'avait jetée dans de si cruelles appréhensions, c'était un grand soulagement que la situation se présentât sous ce jour.

Sans doute la vie ne serait pas ce que sa mère avait cru et lui avait dit. Tel qu'elle avait vu son cousin, elle ne devait pas croire qu'il la traitât jamais comme sa fille, ni même qu'il eût jamais pour elle de la tendresse ou simplement de l'affection; elle ne tiendrait pas sa maison, il ne la marierait pas; mais elle ne serait pas seule sur la terre; si pour le cœur elle n'avait ni parent ni appui, au moins aux yeux du monde ne serait-elle pas la misérable et ridicule créature qu'est l'orpheline qui n'a ni père, ni mère, ni fortune; la réalité pouvait être lamentable, l'apparence en tous cas serait sauvée.

Et puis peut-être ne serait-elle pas aussi lamentable que l'arrivée semblait le faire craindre. Elle s'appliquerait au travail, et son cousin, satisfait d'elle, s'adoucirait sans doute; ce qu'il voudrait qu'elle fût, elle le serait; ce qu'il voudrait qu'elle fît, elle le ferait; rien ne la rebuterait; ni la peine ni la fatigue; à défaut d'autres qualités il trouverait toujours la docilité et la soumission; cela, à l'avance, elle pouvait le promettre.

Elle ne devait donc pas désespérer et s'abandonner aux lugubres pensées de sa nuit terrible. Elle avait cru tout perdu, et voilà que tout s'arrangeait, sinon pour le mieux, tout au moins d'une façon supportable.

Son chien même, qu'elle avait vu mort, trouvait des amis : il avait l'air très bon, ce jeune homme. La façon dont il lui était venu en aide indiquait un brave cœur, et il n'y avait qu'à rencontrer son regard sympathique pour en être certain; avec cela, simple, franc et en même temps discret. Jamais elle n'oublierait le service qu'il lui avait rendu et comment il le lui avait rendu.

Quand son cousin rentra pour déjeuner, il commença par examiner le travail qu'il lui avait donné en homme qui pouvait l'apprécier avec compétence.

— Allons, cela n'est pas mal, dit-il, si tu es appliquée et soigneuse, je pense que nous pourrons marcher ensemble.

C'était là un bien mince encouragement, cependant il la toucha.

— Je ferai tout ce que je pourrai pour vous satisfaire, dit-elle.

— Tu dois comprendre qu'il est juste que tu gagnes ton pain.

— Oui, mon cousin, et vous pouvez être assuré que je ne l'oublierai pas.

— Nous verrons cela à l'ouvrage.

Ils passèrent dans la salle à manger, où le déjeuner était servi sur la grande table dont le tapis était relevé.

Malgré la fortune qu'il avait acquise et malgré ses prétentions à devenir un *mon sieurre*, Bellocq était pour bien des choses le rude paysan de ses années de jeunesse et de misère, et particulièrement pour sa table, qui était celle d'un paysan; un fricot lui suffisait, et encore mangeait-il plus de pain que de fricot : c'était seulement quand il traitait *mon sieurre* le sous-préfet ou des autorités considérables qu'il montrait ses capacités de gourmand en prenant sa large part du dîner plantureux qu'on apportait de l'*Hôtel des Vaches-Noires* ou bien encore quand il était pour ses affaires obligé d'inviter quelque client au restaurant. C'étaient alors des ripailles dont on parlait dans le pays, en énumérant avec autant d'admiration que d'envie ce qui avait été bu et mangé; extraordinaire en tout, Bellocq, un rude gars, et qui à table comme dans les affaires avait toujours le dessus. Ce matin-là le fricot était le plat de veau aux pois qui avait déjà paru la veille et que Divine avait fait réchauffer en y ajoutant tout simplement un verre d'eau pour l'empêcher de brûler.

Bellocq servit Marichette largement, puis il se mit à manger sans parler, en avalant les morceaux coup sur coup en homme qui ne pense qu'à satisfaire un besoin. Alors elle se dépêcha aussi, de peur d'être en retard ; elle n'avait point déjeuné la veille, étouffée par l'émotion, au moment de quitter ses amis de Paris; elle n'avait pas non plus dîné, la réception de son oncle l'ayant suffoquée; ses quinze ans avaient faim.

— Tu n'as pas besoin de te presser, dit Bellocq, si tu n'as pas fini en même temps que moi tu resteras à table.

Elle prit cela pour une bonne parole, ce qui l'encouragea à risquer une demande qu'elle avait sur les lèvres depuis qu'ils s'étaient mis à table.

— Quand voudrez-vous me permettre d'aller voir mon cousin Sylvain? dit-elle.

— Voir Sylvain; tu veux voir Sylvain!

— En me faisant promettre de venir chez vous, maman m'a recommandé de voir mon cousin Sylvain.

— Pourquoi faire?

— Pour le voir. Vous et lui n'êtes-vous pas toute ma famille? N'est-ce pas une obligation pour moi en arrivant de lui rendre mes devoirs ?

— Quels devoirs ? Tu dois quelque chose à Sylvain?

— Mais...

— Et Sylvain te doit quelque chose aussi... comme moi ?

Elle demeura interdite. Elle avait été élevée dans l'idée que la famille est tout. Combien de fois sa mère, se voyant mourir, lui avait-elle dit : « Si tu me perdais, tu ne serais pas seule, tu aurais mes cousins ; ils ne se sont jamais occupés de toi, parce que je suis là et que tu n'as pas besoin d'eux ; mais si je disparaissais, tu les trouverais. » Et voilà que son cousin lui disait que la famille n'est rien, qu'on n'a pas de devoirs envers le cousin de sa mère, pas plus que celui-ci n'en a envers la fille de sa cousine. Elle eût voulu répondre ; mais à quoi bon ? Elle n'avait pas la prétention de changer par ses paroles les sentiments de son cousin. Cependant l'opposition qu'elle rencontrait ne devait pas la faire renoncer à cette visite.

— Je voudrais obéir à maman, dit-elle.

— Si ta mère t'a conseillé une sottise, vas-tu lui obéir ?

Elle eut un mouvement de révolte, indignée que son cousin se permît de parler ainsi de sa mère ; cependant elle se retint.

— Oui, dit-elle avec fermeté.

— Si tu es décidée à aller chez Sylvain, pourquoi m'en demandes-tu la permission ?

— Pour n'y aller que quand cela ne vous dérangera pas et que vous n'aurez pas besoin de moi.

— Sais-tu que Sylvain est mon ennemi ?

— Maman m'a dit que vous étiez brouillés, ce qui était un grand chagrin pour elle.

— J'ai élevé Sylvain, je l'ai fait instruire, je l'ai mis à même de devenir un homme, et, pour me récompenser, quand il n'a plus eu besoin de moi, il m'a quitté en tâchant de m'enlever mes clients, en baissant les prix pour rogner mes bénéfices et me ruiner s'il le peut; mais c'est moi qui le ruinerai, lui et sa gueuse de femme.

Disant cela, il donna un formidable coup de poing sur la table, qui fit déborder les verres pleins de cidre et sonner les assiettes.

Marichette n'osa pas continuer, et elle se mit à manger, les yeux baissés, craignant de rencontrer ceux de son oncle.

— Que veux-tu demander à Sylvain ? dit Bellocq après un assez long silence.

— Je n'ai rien à lui demander.

— A lui dire ?

— Je n'ai rien à lui dire.

— Eh bien alors ?

— Je dois à maman morte l'obéissance que je lui devais vivante, et même une plus grande obéissance encore puisque je ne peux pas discuter ce qu'elle veut : elle a voulu que je voie mon cousin Sylvain, je vous demande de me permettre de faire ce qu'elle a voulu.

— Sylvain ne peut rien pour toi ; sa situation est gênée, et d'ailleurs, quand même il serait disposé à faire quelque chose pour toi, sa femme ne le lui permettrait pas ; c'est la plus mauvaise peste du monde.

— Mais je n'ai pas besoin qu'il fasse quelque chose pour moi puisque vous voulez bien me garder près de vous.

Elle était à bout d'arguments ou plutôt elle n'en

trouvait qu'un, toujours le même, pour elle décisif : « Je dois faire ce que ma mère m'a demandé. »

Bellocq parut réfléchir un moment; puis fixant les yeux sur elle et la regardant jusqu'au fond de l'âme :

— Es-tu discrète? demanda-t-il.

Comme elle ne répondait pas, il répéta sa question qu'elle n'avait évidemment pas comprise.

— Je te demande si tu es capable de garder un secret.

— Je n'en ai jamais eu à garder.

— La femme de Sylvain, qui est curieuse comme une chouette, va te tourner et te retourner en tous les sens pour te faire dire ce qui se passe ici; tu dois ne pas répondre.

— Je n'ai rien à répondre puisque je ne sais rien.

— Elle te demandera à quoi je t'emploie; tu répondras que je te garde près de moi parce que ta mère t'a envoyée ici, voilà tout.

— Oui, mon cousin.

— Surtout tu ne lui diras pas que je te fais écrire des lettres confidentielles.

— Non, mon cousin.

— Car tu dois comprendre que si elle savait cela, elle ne te laisserait pas tranquille avant que tu lui dises ce que contiennent ces lettres. Ce n'est pas à son ennemi qu'on confie ses affaires, et Sylvain est un ennemi. Si tu commettais une indiscrétion, tu sortirais d'ici aussitôt, ne l'oublie pas. Maintenant, quand veux-tu aller à Criquefleur?

— Quand vous voudrez.

— Eh bien, vas-y tout de suite, le plus tôt sera le mieux. Tu prendras la voiture de deux heures.

— Si vous vouliez j'irais à pied ; il n'y a que deux lieues, je serais bien aise de marcher.

IX

En demandant d'aller à pied à Criquefleur, Marichette ne voulait pas seulement marcher, elle espérait pouvoir prendre Psit avec elle et le consoler. Mais pour cela il fallait aller le chercher chez Paulin, et elle ne savait même pas comment il s'appelait, car Paulin c'était son petit nom, et il devait en avoir un autre. Lequel? et comment demander son adresse?

A la vérité, elle aurait pu attendre qu'il revînt de déjeuner et le questionner lui-même, ce qui était plus prudent et plus sûr; mais s'il ne revenait pas tout de suite, aurait-elle le temps d'aller à Criquefleur et de revenir avant la nuit?

Comme son cousin était sorti aussitôt son déjeuner achevé, elle se décida à interroger Divine, mais prudemment, sans se livrer, surtout sans parler de Psit :

— Est-ce que le jeune homme qui est au bureau des voitures doit bientôt rentrer? demanda-t-elle.

— M. Morot?

— J'aurais un renseignement à lui demander?

— Je ne sais pas.

— Est-ce qu'il va déjeuner loin d'ici ?

— Il va chez sa mère, qui demeure dans la côte de Criquefleur, à la sortie de la ville, en pleine campagne.

Elle avait appris ce qu'elle voulait savoir : madame Morot, dans la côte de Criquefleur ; elle n'aurait qu'à interroger, à la sortie de la ville, le premier passant qu'elle rencontrerait.

Comme elle avait, la veille, suivi la route de Criquefleur pour venir chez son oncle, elle n'eut pas à demander son chemin. Bientôt elle arriva à la côte et elle commença à la gravir entre une double rangée de haies tondues au croissant ou de petits murs en brique à hauteur d'appui, par-dessus lesquels on apercevait les jardins des villas qui se succédaient sans interruption, s'étageant sur la pente du coteau. A mesure qu'on montait, les jardins devenaient plus vastes et plus soignés, comme les villas devenaient plus luxueuses ; les jardinets avec deux ou trois corbeilles de fleurs étaient remplacés par des parcs aux pelouses ornées de plantes rares, et après les maisonnettes coquettes venaient de vrais châteaux. Cet ordre disait l'histoire de Saint-Maclou et de ses agrandissements : c'étaient quelques artistes, quelques gens d'initiative, au goût indépendant, ayant plus d'idées que d'argent, qui s'étaient les premiers établis dans le pays ; puis ensuite, attirés par la vogue, étaient arrivés les riches.

Serpentant par des courbes douces à travers ces jardins et ces parcs, la côte était longue ; en arrivant en haut, Marichette se trouva en pleine campagne comme Divine le lui avait dit, non dans des champs, mais au milieu de cours plantées de pommiers et encloses de haies vives le long desquelles se dressaient çà et là des arbres à haute tige, des ormes, des merisiers, des frênes ébranchés en couronne pour que leur ombrage ne nuisît pas à la pousse de l'herbe. Une petite fille gardait sa vache à la longe dans le fossé de la route; elle l'interrogea.

— Si je sais où demeure madame Morot? Pardi! Prenez la cavée, là, à votre gauche : c'est la troisième masure à droite, il y a un hec.

En Parisienne qu'elle était, Marichette ne connaissait ni une cavée ni un hec, cependant l'indication était à peu près suffisante; pour se guider elle n'avait pas besoin de savoir au juste que cavée veut dire chemin creux, masure cour plantée de pommiers, et que hec, vieux mot resté dans le patois normand, signifie demi-porte. Après avoir suivi un chemin creux bordé de scolopendres et recouvert d'une épaisse voûte de feuillage qui ne laissait passer la lumière du soleil que par places mouvantes, elle arriva à la troisième maison à droite. Elle s'attendait à trouver une masure selon le mot de la petite gardeuse de vache, c'est-à-dire une pauvre habitation effondrée; tout en marchant elle se disait que c'était vraiment pitié que ce jeune homme si complaisant et si bon en fût réduit à demeurer avec sa mère dans une ruine; mais au contraire elle vit devant elle, dans un enclos planté de beaux pommiers, une maisonnette de paysan à l'air propre et coquet, en tous cas en excellent état d'entretien. Le toit en chaume couronné de petites flambes dont les feuilles vertes jaillissaient d'un tapis doré d'orpins en fleur n'avait pas un trou ; les murs en charpente apparente avec remplissage de bauge étaient soigneusement peints, le bois noir, le mortier d'argile mêlé de paille chaulé, de sorte que cette blancheur, rendue plus éclatante par le noir qui l'encadrait, faisait la maison toute lumineuse au milieu de la verdure intense qui l'enveloppait. Point de fumier à l'entour, mais au fond de la cour, d'un côté un poulailler, de l'autre une étable à vache, auxquels on arrivait par deux petits sentiers que le pas journalier avait seul tracés sur l'herbe plus courte et plus drue. Sous ces pommiers pâturait une vache embricolée court pour qu'elle ne pût pas atteindre les branches si lourdement chargées de fruits, que pour les empêcher de traîner à terre ou de se rompre il avait fallu les soutenir par des bourdes. Çà et là se promenaient des canards, des poules et des dindes qui piquaient l'herbe fleurie de pâquerettes. Tout cela n'indiquait point que ceux qui habitaient cette maison si proprette fussent les pauvres gens qu'elle avait imaginés, et en regardant par-dessus la barrière, que recouvrait un porche couvert aussi en chaume, elle se disait qu'elle devait se tromper.

Comme elle restait hésitante, un aboiement joyeux et exaspéré éclata. C'était la voix de Psit. En même temps elle vit bondir par-dessus la demi-porte qui empêchait les volailles d'entrer dans la maison, une forme noire et grise. C'était son chien qui accourait vers elle en poussant des cris entrecoupés.

— Psit, Psit, cria une voix d'homme.

Mais déjà elle était entrée dans la cour et Psit était dans ses bras.

— Comment, c'est vous, mademoiselle, s'écria Paulin en paraissant sur le seuil de la maison.

Auprès de lui se montra une femme d'une quarantaine d'années, d'apparence douce et résignée, vêtue en paysanne aisée, robe d'indienne, bonnet de linge sans rubans, sa mère sans doute.

Il était venu à elle en courant, tandis que de son côté elle continuait à avancer, portant Psit dans ses bras.

— Il vous a devinée, dit-il en montrant le chien, et sans que nous sachions ce que cela signifiait, il s'est élancé par-dessus le hec; j'ai cru qu'il se sauvait.

Sa mère arrivait.

— Mademoiselle est la nièce de M. Bellocq, dit-il...

— Sa nièce à la mode de Bretagne, dit Marichette, en réalité sa cousine.

— Mademoiselle Marichette, continua Paulin.

Et comme madame Morot la regardait avec une certaine surprise :

— C'est le petit nom de Marie dans notre pays, dit Marichette; nous sommes du Béarn; ma mère et ma grand'mère s'appelaient Marichette.

Puis, tout de suite, elle expliqua ce qui l'amenait : elle allait à Criquefleur, voir son cousin Sylvain Bellocq, et elle profitait de cette promenade pour prendre Psit. Elle acheva par quelques paroles émues de remerciement à l'adresse de madame Morot, qui voulait bien recueillir son chien.

— J'espère que mon cousin se laissera toucher, dit-elle et que bientôt je pourrai vous en débarrasser.

— Mais il ne nous gêne pas, dit madame Morot, et nous serions fâchés de le voir partir.

— Est-ce que la voiture vous attend au bout du chemin? demanda Paulin.

— Quelle voiture! Je ne vais pas en voiture à Criquefleur, j'y vais à pied; je vous ramenerai Psit en repassant.

Mais madame Morot ne voulut pas qu'elle partît ainsi, et devant son insistance Marichette dut entrer dans la maison. Elle trouva un intérieur d'une propreté qu'on ne rencontre pas ordinairement chez les paysans. Le couvert était mis dans la cuisine sur une table en bois blanc lavé à la cendre ; à côté des assiettes étaient posées des serviettes en bonne toile de lin ; sur un vaissellier étaient exposées des tasses en faïence anglaise, des sébiles en terre rouge, des œufs d'autruche, et sur sa dernière tablette des oiseaux empaillés.

— Mon père était marin, dit Paulin, suivant le regard de Marichette, cette maison est celle où il est né, et il a rapporté ces objets de ses voyages.

Madame Morot voulut que Marichette se mît à table; mais celle-ci n'accepta point, elle avait déjeuné ; d'ailleurs elle ne devait pas s'attarder.

Alors Paulin, prenant une chaise, sortit vivement, et presque aussitôt il rentra portant sur un lit de feuilles un abricot qu'il venait de cueillir à un arbre palissé contre la maison, et qu'il offrit à Marichette. C'était un de ces abricots de la grosseur d'une grosse pêche, tendre, savoureux, juteux, comme il n'en mûrit qu'au bord de la mer, quand ils rencontrent certaines conditions d'exposition et aussi d'humidité dans l'air.

— C'est par la grande route que vous voulez aller à Criquefleur? demanda Paulin pendant qu'elle mangeait son abricot.

— Mais sans doute; il y a donc plusieurs routes?

— Il y a un chemin de traverse par la falaise et le rivage qui fait gagner trois quarts d'heure.

— Je ne le connais pas; j'aurais peur de me perdre!

— Maman va vous le montrer, car pour moi il faut que je rentre. M. Bellocq ne plaisante pas avec l'exactitude.

Marichette voulut refuser, mais madame Morot insista avec tant de bonne grâce qu'elle finit par accepter.

— Ce n'est pas un dérangement pour maman, dit Paulin; à dix minutes d'ici elle vous aura mise dans le bon chemin et vous ne pourrez plus vous tromper.

La maison fut vivement fermée, et tandis que Paulin descendait à Saint-Maclou en courant pour rattraper le temps perdu, madame Morot et Marichette, précédées de Psit, fou de joie, suivaient la cavée qui devait les conduire au chemin de la falaise; et tout en marchant madame Morot parlait de son fils: c'était un brave enfant aussi intelligent que bon, plein de cœur et de courage; il avait de grandes dispositions pour l'architecture et après avoir travaillé un an ou deux encore avec M. Bellocq, il irait à Paris pour suivre les cours de l'École des Beaux-Arts ; ce n'était qu'accidentellement qu'il était chargé du service des voitures et pendant deux mois seulement ; en réalité il était commis-architecte, c'était lui qui dessinait la plupart des plans des maisons que construisait M. Bellocq et qui surveillait les travaux.

Et comme sur ce sujet sa tendresse maternelle était intarissable, elle conduisit Marichette jusqu'à l'entrée de Criquefleur.

X

Grâce aux indications que madame Morot lui avait données, Marichette trouva facilement la maison de son cousin Sylvain qui ne ressemblait en rien à celle de Simon : une vieille baraque appropriée tant bien que mal à l'usage des différents commerces qu'exerçait son locataire : service de voitures, chantier de construction, magasins de bois, de charbons, de liquides.

Il n'y avait point plusieurs bureaux comme chez Simon ; il n'y en avait qu'un seul, et ce n'était point un commis qui le tenait, c'était une femme habillée avec une certaine recherche, madame Bellocq sans doute. Avant d'entrer, Marichette put l'examiner un court instant, et si elle ne trouva pas qu'elle avait l'air d'être, comme le disait Simon, la plus grande coquine du monde, ce ne fut cependant pas un sentiment d'attraction sympathique qu'elle éprouva. Et pourtant elle était plutôt bien que mal ; grande, bien faite, le visage régulier, mais les cheveux et le teint d'une couleur terne et indécise qui n'étaient ceux ni d'une blonde, ni d'une brune, les yeux sans regard, la bouche pincée.

Après avoir recommandé à Psit de l'attendre à la porte, Marichette entra dans le bureau.

— Je suppose que vous êtes madame Bellocq ? dit-elle avec un léger tremblement de voix.

— Oui, mademoiselle ; que puis-je pour vous ?

— Je suis votre cousine Marichette Cabernet.

Madame Bellocq poussa une exclamation dans laquelle il y avait, sembla-t-il à Marichette, autant de mécontentement que de surprise.

— Vous ici ! dit-elle, comme ça !

Puis tout de suite, avec une grande volubilité :

— Votre mère a écrit à votre cousin pour l'appeler près d'elle ; mais en cette saison un voyage à Paris était impossible à mon mari. C'est le temps du travail pour nous ; nous n'avons pas une minute de liberté ; et même pour moi, j'en ai si peu, que je n'ai pas encore pu m'occuper de mes vêtements de deuil, car vous devez bien penser, mon enfant, que mon intention est de porter le deuil de ma cousine, au moins j'ai fait ce que j'ai pu.

Disant cela, elle se regarda ; mais sa toilette, de couleur claire, répondait si peu à ses paroles, qu'elle se hâta de continuer avec plus de volubilité encore :

— Votre mère a cru sans doute que son cousin était dans une situation à faire ce qu'il voulait. Eh bien, il n'en est rien.

— Ma mère était mourante, ce n'était pas elle qui pouvait se mettre en voyage.

— Oh ! je comprends cela et je ne lui fais pas de

reproches. Ce que je dis c'est pour vous expliquer que notre situation n'est pas ce que votre mère pouvait supposer; mais pas du tout, pas du tout.

Marichette écoutait sans comprendre : pourquoi lui parlait-elle ainsi de leur situation? que signifiait cela? où voulait-elle en venir?

— Un voyage de mon mari en cette saison se fût traduit pour nous en une grosse perte d'argent, et nos moyens ne nous permettent pas de perdre de l'argent; il n'y a pas assez longtemps que votre cousin travaille à son compte pour avoir fait de gros bénéfices, et c'est à peine si, avec ce que nous gagnons, nous arrivons à vivre et à élever nos enfants, car nous avons quatre enfants, et c'est une grosse charge, une très grosse charge. A votre âge on ne sent pas cela; on se dit : Mon cousin est entrepreneur; il est à la tête de plusieurs commerces importants, il gagne ce qu'il veut; il peut donc faire des sacrifices. Eh bien, non, il n'en peut pas faire. Il se doit à ses enfants, et à eux tout entier.

Marichette, de plus en plus étonnée, continuait à chercher ce qu'il y avait sous ces paroles; ces derniers mots furent un éclair pour elle.

— Elle s'imagine, pensa-t-elle, que je viens lui demander quelque chose, et elle prend ses précautions à l'avance pour me refuser.

En tout autre moment cela eût été pour elle une douloureuse humiliation; mais en ces derniers temps les coups qui l'avaient frappée avaient émoussé la sensibilité de son cœur. Quand elle pleurait sa mère ce n'étaient pas des blessures d'amour-propre qui pouvaient l'atteindre bien profondément. D'ailleurs que lui importait la sécheresse de cette femme qu'elle ne connaissait point et sur la tendresse de laquelle elle n'avait jamais compté; elle n'était point la cousine de sa mère. Cependant, malgré elle, une comparaison se faisait confusément dans son esprit; comme cet accueil des siens différait de celui des étrangers! comme cette dureté ressemblait peu à l'affabilité, à la sympathie, à la cordialité de Paulin Morot et de sa mère!

— C'est parce que mon cousin n'a pas pu se rendre à la prière de ma mère, dit-elle, que je viens le voir.

— C'est vraiment bien contrariant, Sylvain n'est pas ici.

— Rentrera-t-il bientôt?

— Je ne sais pas.

— Alors s'il ne rentre pas d'ici une heure ou deux, je reviendrai dans quelques jours.

— Comment! vous reviendrez? Et que comptez-vous faire pendant ces quelques jours?

— Retourner chez mon cousin Simon.

— Vous êtes donc chez M. Simon Bellocq?

— Oui.

— Il vous a reçue?

— Oui.

— Pour combien de temps?

— Mais pour toujours, je pense.

— Lui!

— Je lui ai demandé, ce matin, en déjeunant, la permission de venir voir mon cousin Sylvain, et il me l'a donnée.

Madame Bellocq garda le silence pendant assez longtemps, et Marichette, qui tenait les yeux sur elle, remarqua qu'elle avait les mains agitées par un tremblement dont elle ne s'apercevait même pas, tant elle était troublée, bouleversée. D'où venait ce bouleversement? Pourquoi ce trouble? Il pouvait être surprenant, pour qui connaissait Simon, que celui-ci eût accueilli une cousine pauvre qui lui tombait sur les bras; mais la surprise ne devait pas provoquer une pareille agitation. Et ne sachant quelle contenance tenir, Marichette attendait, debout au milieu du bureau, devant sa tante restée assise.

Une dame, en entrant, apporta une diversion dans cette situation; elle venait demander une voiture pour le lendemain; elle fut longue dans ses explications et ses recommandations; enfin elle se décida à partir et madame Bellocq se leva pour la reconduire jusqu'à la porte.

En revenant elle prit Marichette par la main, et doucement elle l'attira pour la faire asseoir près d'elle.

— Savez-vous que c'est mal ce que vous avez fait là, mon enfant? dit-elle.

— Quoi donc, madame?

— Ne voulez-vous pas m'appeler ma cousine?

— Mais, madame...

— Ne me regardez-vous pas comme votre cousine? notre degré de parenté ne me donne-t-il pas ce titre amical?

— Qu'ai-je donc fait de mal... ma cousine?

Mais au lieu de répondre madame Bellocq questionna.

— Quel âge avez-vous, ma mignonne ?

— J'ai eu quinze ans au mois de mai.

— Pauvre petite, votre jeunesse explique tout et excuse tout, je n'ai pas la force de vous en vouloir.

— M'en vouloir ? De quoi... ma tante ?

— D'avoir été chez M. Simon Bellocq au lieu de venir chez nous.

Marichette, stupéfaite, se demanda si elle rêvait. N'avait-elle pas compris tout à l'heure, ou bien ne comprenait-elle pas maintenant ?

— Mon cousin Simon est l'aîné, dit-elle enfin.

— Qu'importe ? M. Simon Bellocq est garçon, tandis que votre cousin Sylvain est marié, a une famille, des enfants. Il est vrai d'autre part que M. Simon Bellocq est riche, tandis que votre cousin Sylvain ne l'est pas.

— Oh ! ma cousine ! s'écria Marichette avec indignation.

— Vous n'avez pas fait ce calcul, je vous crois, ma cousine, car il serait odieux chez une enfant de votre âge. Vous n'avez pas réfléchi, n'est-ce pas ?

Marichette aurait pu répondre qu'elle avait tout simplement obéi à sa mère, mais elle eut peur de blesser sa cousine et elle répétait la raison qu'elle avait déjà donnée :

— Il est l'aîné.

— Simon serait dans les mêmes conditions que votre cousin Sylvain, je comprendrais cette réponse ;

mais il n'en est nullement ainsi, et c'est là ce qui rend votre détermination inexplicable.

Il y eut un moment de silence: Marichette ne trouvait rien à dire, et d'ailleurs elle était plus préoccupée de s'interroger elle-même que de parler : pourquoi sa cousine semblait-elle fâchée qu'elle ne fût pas venue à Criquefleur, quand quelques minutes auparavant elle avait été effrayée de la voir arriver?

— Ce n'est pas seulement inexplicable qu'est votre détermination, poursuivit madame Bellocq, c'est déplorable aussi par le chagrin qu'elle va causer à mon mari. Il vous aime beaucoup, votre cousin Sylvain ; et ce matin encore il me parlait de vous avec une tendresse émue.

— Ah!

— Il s'inquiétait de ce que vous alliez faire, et il projetait d'aller à Paris aussitôt qu'il en trouverait le moyen pour vous voir, et, si vous n'étiez pas bien, pour vous ramener auprès de nous. « N'est-ce pas, Célanie, me disait-il, que tu m'aideras à la consoler de la mort de sa mère; c'est si triste d'être orpheline à son âge ! » Et moi je lui disais que vous seriez ma fille aînée.

Les larmes emplirent les yeux de Marichette.

Alors madame Bellocq, la prenant dans ses bras, l'embrassa tendrement.

— Ma pauvre enfant! ma pauvre enfant!

Quand elle eut dominé son émotion, elle se leva :

— Calmez-vous, dit-elle, remettez-vous. Pendant ce temps, je vais voir à faire trouver mon mari. On va l'aller chercher. Il faut qu'il vous embrasse; il faut qu'il vous répète ce que je viens de vous dire, non dans quelques jours. mais tout de suite, car il est impossible que les choses se passent ainsi; ce serait un crime dont je ne chargerai pas ma conscience.

Elle sortit.

XI

Elle n'eut pas à faire chercher son mari bien loin : elle le trouva dans sa cave, où il était occupé à expédier des paniers de vin. Elle lui fit un signe et l'attira dans un coin de la cave, assez loin du garçon pour que celui-ci n'entendît pas ce qu'elle voulait dire à son mari :

— Marichette est ici.

— Marichette ! La pauvre fille !

— Ne vas-tu pas la plaindre ? Tu perdrais ton temps. Elle est établie chez ton cousin.

— Simon l'a reçue ?

— Parfaitement, et elle va nous voler son héritage si nous la laissons chez lui. Il faut qu'elle vienne chez nous.

— Tu veux...

— Je veux qu'elle ne reste pas chez le Corsaire.

— Que vas-tu faire ?

— Tu vas voir. Tout ce que je te demande, c'est de m'appuyer et de dire comme moi. Tu auras soin aussi de lui témoigner de la tendresse. Ne viens que dans huit ou dix minutes, car elle croit que je t'envoie chercher.

Elle le quitta, mais presque aussitôt elle revint à lui.

— Avant de nous rejoindre, monte en haut et change ta cravate bleue pour une noire ; il est bon qu'elle te voie en deuil ; moi, j'ai été surprise.

En sortant de la cave elle appela ses deux derniers enfants qui jouaient dans la cour, un petit garçon de quatre ans et une petite fille de trois, et comme ce jeu consistait à se faire des moustaches avec de la lie de vin, elle les conduisit à la pompe et les débarbouilla avec soin.

— Vous allez venir avec moi pour embrasser votre cousine qui arrive de Paris, leur dit-elle.

— Je ne la connais pas, ma cousine de Paris, dit le petit garçon.

— Cela ne fait rien ; tu l'embrasseras comme si tu la connaissais. Sa maman est morte et elle a beaucoup de chagrin : il faut être bon pour ceux qui ont du chagrin et les bien embrasser, ça les guérit.

— Moi, je veux bien l'embrasser, dit la petite fille.

— Tu lui diras que tu t'appelles Marichette.

— Mais non, je m'appelle Gabrielle.

— Tu t'appelles aussi Marichette, et c'est ce nom-là que tu dois dire ; ne l'oublie pas ou tu seras fouettée.

Sylvain Bellocq avait voulu donner le nom de Marie à sa fille, afin de pouvoir l'appeler Marichette, mais sa femme, qui trouvait ce nom de Marichette aussi laid que ridicule, bon tout au plus pour des barbares, n'avait jamais permis qu'on le donnât à l'enfant, qu'elle avait toujours appelée Gabrielle, — ce qui était autrement comme il faut et distingué.

Tenant ses enfants par la main, elle rentra dans le bureau, et aussitôt les petits, obéissant à la leçon qui leur avait été faite, s'avancèrent vers Marichette pour l'embrasser.

— Bonjour, ma cousine.

— Ce sont mes derniers, dit madame Bellocq, les aînés sont à la classe ; le garçon s'appelle Lucien, la fille Marichette, comme vous précisément ; vous voyez que votre nom est aimé chez nous.

Marichette avait retenu les enfants près d'elle.

— Vous aimez les enfants ? dit madame Bellocq.

— Beaucoup.

— Vous n'en trouverez point chez M. Bellocq aîné.

Déjà plusieurs fois la petite fille avait embrassé Marichette ; sa mère voulut l'empêcher de continuer.

— C'est pour la guérir, dit l'enfant.

Comme Marichette la regardait sans comprendre, madame Bellocq continua :

— Quand elle a du chagrin et qu'on l'embrasse, cela la guérit ; alors, comme elle sait que vous avez du chagrin, elle vous embrasse pour vous guérir. Ah ! c'est une enfant très affectueuse, très tendre.

Plusieurs fois déjà Psit, qui s'ennuyait dans la rue, s'était avancé prudemment dans le bureau, risquant le nez, puis un œil, puis la tête pour voir s'il ne pouvait pas entrer, et comme sa maîtresse, trop absorbée pour s'occuper de lui, n'avait rien dit et n'avait fait aucun signe, il avait décidé que le moment était venu pour se présenter. On s'embrassait là dedans, c'était justement son affaire. Gaillardement, la queue en trompette, il avait fait son entrée, et il était venu appuyer sa tête sur les genoux de Marichette.

— C'est à vous ce chien? demanda madame Bellocq.

— C'est Psit, le chien de maman.

Alors madame Bellocq l'appela près d'elle.

— Viens ici, joli chien. Ah! l'aimable bête, comme il a l'air intelligent.

Et elle se mit à le caresser en lui passant la main sur la tête à plusieurs reprises.

Puis, appelant ses enfants :

— Jouez avec lui; j'espère que vous allez être heureux, vous qui aimez tant les chiens.

Et, de fait, les enfants avaient paru enchantés de jouer avec Psit ; cela était plus amusant que d'embrasser la cousine pour la guérir de son chagrin ; on fait autrement vite connaissance avec un chien qu'avec une cousine.

— J'espère que mon mari va bientôt arriver, dit madame Bellocq; mais en attendant nous allons passer dans la salle à manger, où vous vous rafraîchirez; après votre course à pied, par cette chaleur, vous devez en avoir grand besoin.

Marichette voulut refuser, mais cela ne fut pas possible; il fallut qu'elle passât dans la salle à manger, avec Psit bien entendu, et là il fallut qu'elle acceptât à peu près tout ce que sa tante lui proposa, tant fut pressante l'insistance de celle-ci.

— Qu'aimez-vous le mieux, ma chère enfant, des confitures ou des fruits ? du vin ou un sirop rafraîchissant ? ce que vous voudrez, vous n'avez qu'à parler. Quant à Psit, parlez pour lui puisqu'il ne sait pas s'exprimer.

De plus en plus étonnée, Marichette ne savait que penser. Si malgré tout elle restait en défiance avec la mère, à laquelle elle ne pouvait pas s'habituer, au moins l'accueil des enfants l'avait-il touchée, et aussi celui qu'on faisait à Psit. Depuis longtemps il n'avait pas été à pareille fête : les confitures, le sucre, les gâteaux, il acceptait tout et de toutes mains sans se faire prier. Quelle différence entre cette réception et celle de la veille chez Simon !

Il fallut que Marichette racontât la mort de sa mère, ses souffrances, ses derniers moments, et madame Bellocq éprouva une telle émotion que plusieurs fois elle s'essuya les yeux, répétant toujours le même mot :

— Pauvre petite ! A votre âge ! Quelle situation !

Était-il possible que cette femme, au cœur sensible et compatissant, fût la coquine qu'avait dit Simon ? Quelle foi ajouter aux paroles de celui-ci ? Marichette n'avait pas grande expérience des choses de la vie ; mais enfin il lui semblait qu'on est habituellement entraîné à l'injustice quand on juge ceux avec qui on est fâché. Et alors elle se reprochait de conserver au fond du cœur un vague sentiment de répulsion contre sa cousine. Evidemment sa première impression avait dû la tromper; elle n'avait pas compris. Si son cousin se devait à ses enfants tout entier, cela ne signifiait pas qu'il repoussait sa cousine. Comment admettre cela en présence de ces témoignages de sympathie et d'affection ? Et cependant...

Comme elle réfléchissait ainsi, tâchant de se reconnaître au milieu des pensées contradictoires qui la pressaient, son cousin entra dans la salle à manger et, venant à elle vivement, il la prit dans ses bras pour l'embrasser.

Cette caresse remua Marichette jusqu'au fond du cœur. Elle n'était donc plus seule au monde !

— Sois la bienvenue, mon enfant, dit Belloquet.

— Vous voyez, ma chère cousine, comme votre cousin est disposé pour vous, dit madame Bellocq en appuyant sur les mots cousine et cousin.

Il la regardait de la tête aux pieds et dans ses yeux passait une lueur d'émotion sincère.

— Comme tu ressembles à ta mère, dit-il ; en te regardant, je la vois à quinze ans quand nous étions encore camarades et que nous jouions ensemble. On admirait déjà ses cheveux blonds qui étaient une curiosité dans le pays.

— Ils n'étaient pas plus beaux que ceux de Marichette, sans doute, dit sa femme.

— Ce sont les mêmes ; je la retrouve en toi.

C'étaient là de douces paroles pour Marichette, car ce qui pouvait la toucher le plus profondément, c'était l'éloge de sa mère. Sans se retenir, elle laissa couler les larmes qui gonflaient ses paupières.

— Allons, mon enfant, ne vous abandonnez pas à votre chagrin.

— Cela m'est doux de pleurer... avec vous.

— Ce qui vous sera doux, ce sera de vous consoler avec nous, et soyez certaine que nous n'épargnerons rien pour cela, n'est-ce pas, Sylvain?

— Mais certainement.

— Si vous étiez ma cousine, ma chère enfant, au lieu d'être celle de mon mari, je laisserais mon mari parler; mais puisque vous êtes la sienne, il me semble que c'est à moi de prendre la parole et de dire franchement ce que je propose pour vous.

Disant cela, elle se leva et, prenant ses enfants, elle les mit à la porte en leur recommandant d'aller jouer dans la cour avec le chien et surtout de ne pas tourmenter la bonne bête.

Puis, revenant après avoir bien fermé la porte, elle s'adressa à son mari :

— Sais-tu d'où elle vient, cette chère petite? demanda-t-elle.

— De... Paris, je pense.

— Tu n'y es pas ; mais cela est tellement extraordinaire, que je te donnerais en mille sans que tu devines. Elle vient de chez ton cousin, à qui elle a demandé de la recevoir et qui l'a reçue.

— Est-ce possible !

Madame Bellocq se tourna vers Marichette :

— Vous voyez, mon enfant.

Puis s'adressant de nouveau à son mari.

— Maintenant je te demande si tu es d'avis que

la fille de ta cousine, de la femme que tu as tant aimée et dont tu parlais tout à l'heure avec tant d'émotion, vive chez Simon ?

— Cela, non.

Une fois encore, madame Bellocq prit Marichette à témoin :

— Vous voyez, ce n'est pas moi qui parle, mon enfant, c'est votre cousin ; et comme il connaît son cousin mieux que personne, vous devez comprendre quelle importance... capitale ont ses paroles. Cependant, comme ce n'est pas assez, je vais m'expliquer franchement.

Vous ne connaissez pas plus Simon que vous ne nous connaissez nous-mêmes, n'est-ce pas ?

— Je l'ai vu hier pour la première fois de ma vie, et tout ce que je sais de lui, c'est qu'il a bien voulu m'accueillir dans sa maison.

C'était sa protestation discrète contre les paroles de sa cousine ; si elle avait osé, elle aurait dit qu'elle ne devait pas, qu'elle ne voulait pas entendre des accusations contre Simon ; mais n'osant pas le dire franchement, elle affirmait au moins ses sentiments de reconnaissance qui, lui semblait-il, devaient arrêter là l'entretien : ce n'était pas à elle de s'établir juge entre les deux cousins.

Mais madame Bellocq ne s'arrêta point :

— Et pourquoi vous a-t-il accueillie dans sa maison ? demanda-t-elle.

— Parce qu'il n'a pas voulu que sa cousine orpheline restât abandonnée.

Madame Bellocq se tourna vers son mari :

— Elle croit cela, la pauvre enfant ! s'écria-t-elle avec compassion.

Sans doute elle attendait un appui de son mari ; celui-ci baissa les yeux, dans l'attitude d'un homme mal à l'aise et embarrassé.

— Vous voulez bien m'accueillir chez vous ! dit Marichette.

— Nous, c'est différent.

— Si je suis touchée par la générosité de votre accueil, ne dois-je pas l'être pour celle de mon cousin Simon ? dit Marichette avec plus de fermeté dans la parole qu'elle n'en avait eu jusque-là. C'est ce sentiment de reconnaissance qui me fait vous prier de ne pas me parler de lui. Qu'il ait des torts envers vous, c'est possible ; mais je vous demande de ne pas me les faire connaître. Je ne peux pas, à mon âge et dans ma position, prononcer entre vous. De mon cousin je ne sais qu'une chose : il a été bon pour moi ; laissez-moi, je vous prie, ne voir que cela.

Elle parlait en s'adressant à sa tante, les yeux fixés sur elle. Voyant qu'elle ne la persuadait pas, elle se tourna vers son cousin :

— J'ai perdu mon père, j'ai perdu ma mère, je n'ai plus pour parents que vous deux, je vous en prie, laissez-moi vous aimer tous les deux.

Belloquet parut ému ; il allait répondre, sa femme l'arrêta d'un signe décisif :

— Croyez-vous donc, ma chère enfant, que ce sont les torts que M. Bellocq aîné a envers nous qui inspirent nos paroles ? C'est votre intérêt, rien que votre intérêt. Vous dites que vous n'avez plus pour parents que vos deux cousins, eh bien ! l'un de ces cousins manquerait à tous ses devoirs envers vous s'il ne vous faisait pas connaître l'autre. Vous nous disiez tout à l'heure que Simon vous avait accueillie pour que sa cousine, orpheline, ne reste pas abandonnée, — au moins c'était votre idée ; — nous, nous parlons pour défendre notre cousine orpheline et pour qu'elle ne soit pas exposée au plus grand danger qui peut menacer une honnête fille comme vous.

Madame Bellocq fit une pause pour examiner Marichette et voir quel effet ces paroles produisaient. En réalité, elle ne la connaissait pas du tout, cette orpheline à laquelle elle témoignait un si vif intérêt, et, avant d'aller plus loin, il importait de savoir si elle devait se laisser effrayer par la peur du plus grand danger qui pût menacer une honnête fille. Qu'elle fût précisément le contraire, et, au lieu de continuer, il fallait aussitôt se tourner d'un autre côté. Au trouble de Marichette, à sa confusion, à sa rougeur, elle vit qu'elle pouvait continuer.

— Si mon mari ne m'avait pas souvent parlé de votre mère, dit-elle ; si, par lui, je ne savais pas qu'elle était la plus honnête femme de la terre, et que sûrement elle a élevé sa fille dans ses idées et dans ses principes, je n'aborderais pas ce sujet. Mais vous êtes une honnête fille, je le sais comme je le vois, et cela m'oblige à vous dire qu'une honnête fille n'habite pas sous le toit de M. Bellocq aîné.

Jusque-là **Belloquet** avait plusieurs fois fait des

signes furtifs à sa femme ; mais elle n'en avait pas tenu compte. Alors il se risqua :

— Célanie !

Elle ne se laissa pas interrompre :

— Eh bien, quoi ? Ce n'est pas la défense de ton cousin que tu veux prendre, tu en sais sur lui plus que moi. Tu voudrais me voir ménager la pureté de cette enfant. Je le voudrais comme toi. Mais quand la mort nous prend notre père et notre mère, elle ne nous enlève pas seulement ceux que nous aimons, elle nous enlève aussi nos défenseurs, et par là nous oblige à nous défendre nous-même. Pour se défendre il faut savoir, si cher que cela nous coûte. Eh bien, ma pauvre petite, apprenez que toute jeune fille qui a vécu auprès de M. Bellocq doit renoncer à se marier. Dans le pays pas un homme ne consentira à épouser une femme qui aura été en relations suivies avec lui : tout ce qu'il approche est flétri et à jamais déshonoré ; quand les femmes ne servent pas à ses plaisirs, elles servent à ses intrigues, à son ambition, à son espionnage, et elles sont encore plus abaissées que si elles avaient été ses maîtresses... notoirement, car en réalité elles le sont, au moins personne n'en doute.

Marichette ne savait quelle contenance tenir. Jamais elle n'avait éprouvé pareille honte ; elle ne comprenait pas tout ce que lui disait sa cousine, mais c'était précisément ce qu'elle ne comprenait pas qui redoublait sa confusion : cela devait être horrible.

Madame Bellocq continua :

— Vous avez confiance en votre cousin, n'est-ce

pas, mon enfant ? Eh bien, demandez-lui si, depuis quinze ans, toutes les servantes de son cousin ne sont pas sorties de chez lui... enceintes, rendues mères par leur maître.

Comme il ne répondait pas, elle insista :

— Il faut répondre, dit-elle. Oui ou non, est-ce vrai ?

— C'est vrai, dit-il.

— Voilà l'homme chez qui le malheur vous a fait tomber. Est-il possible que vous restiez près de lui ?

Marichette ne répondant pas, madame Bellocq eut un mouvement de colère. Se serait-elle trompée ? Cette enfant qu'elle avait crue une fille honnête et innocente, ne serait-elle qu'une rouée qui savait ce qu'elle faisait en restant chez Simon et qui calculait ? Cela aussi devait être prévu et par conséquent déjoué.

— Est-il sort plus misérable, continua-t-elle, que celui de ces pauvres femmes déshonorées, perdues, condamnées à la honte et à la misère avec un enfant sur les bras ? Je sais bien que plus d'une, en entrant chez M. Bellocq, a eu l'espérance de se faire épouser ; mais M. Bellocq n'épouse pas. Bien d'autres que des servantes, plus habiles, qui avaient tout pour elles, la beauté, la jeunesse, la position, l'intelligence, des parents dans de belles positions, ont cru qu'elles se feraient épouser par lui : aucune n'a réussi. Et à cela il y a une raison toute-puissante qui l'empêchera de se marier jamais : M. Bellocq est un ambitieux et un tyran, il fait servir les femmes à son ambition aussi bien qu'à sa puissance en leur promettant de les épouser. Le jour où il serait marié, il n'aurait plus qu'une femme, au lieu d'en avoir quatre ou cinq qui le servent par crainte ou par espérance : la receveuse des postes, qui lui livre les lettres qu'il a besoin de connaître ; la femme du médecin, celle du juge de paix, et d'autres, car toutes lui sont bonnes. Voilà, ma chère nièce, pourquoi mon mari et moi nous nous opposons à ce que vous retourniez chez cet homme terrible, qui n'a pas volé, croyez-le bien, le nom de « Corsaire » que tout le monde lui donne et qui n'est que trop bien mérité. Rien de bon chez lui pour vous ; au contraire, tout mauvais. Tandis que chez nous vous n'avez rien à craindre, vous y trouverez la protection dont votre âge a besoin et, ce qui a son prix pour une orpheline, l'affection et la tendresse. On vous soignera et on vous aimera.

Une fois encore elle s'arrêta pour examiner Marichette ; elle la vit bouleversée, non décidée ; alors elle risqua son dernier argument, celui qui devait être décisif si elle avait su, comme elle l'espérait, deviner le caractère de cette petite fille :

— Surtout n'allez pas craindre de nous être une charge ; au contraire, vous pourrez nous rendre service : vous m'aiderez au bureau pendant les mois d'été où je suis débordée et vous vous occuperez des enfants qui vous rendront en tendresse les soins que vous leur donnerez. Vous voyez que tout vous oblige à rester avec nous, votre intérêt comme notre plaisir.

— Certainement oui, tu nous feras plaisir, dit Belloquet avec l'accent de la sincérité.

Ces quelques mots produisirent plus d'effet sur Marichette que tout le discours de sa tante qui l'avait beaucoup plus bouleversée et révoltée que persuadée. Tout cela était trop horrible pour qu'elle pût le croire. Si son cousin Simon avait été ce monstre, sa mère en eût su quelque chose et elle ne l'eût pas envoyée près de lui. D'un côté sa mère, de l'autre sa cousine; ce n'était pas celle-ci qu'elle pouvait écouter. C'était la haine qui inspirait ces paroles et qui, sans doute, lui montrait Simon tel qu'elle le représentait. Quand Simon avait dit que madame Belloquet était la plus grande coquine du monde, elle ne l'avait pas cru. Maintenant devait-elle croire celle-ci accusant Simon d'être un scélérat? Coquine, elle l'était pour lui; scélérat, il l'était pour elle; c'était là sans doute qu'était la vérité. Si encore son cousin Sylvain avait appuyé franchement sa femme; mais son attitude embarrassée semblait plutôt défendre son cousin que l'accuser. Pour se reconnaître dans une situation aussi grave, Marichette aurait eu besoin de réfléchir, et on ne lui en laissait pas le temps, il fallait qu'elle répondît.

— Vous voyez à mon trouble combien vos paroles me touchent, dit-elle enfin, et je ne pourrai jamais vous exprimer, comme je voudrais, ma reconnaissance. Mais je ne peux pas quitter mon cousin Simon. Il m'a accueillie quand je suis venue à lui; je ne sortirai pas de chez lui sans raisons.

— Comment, sans raisons !

— Je veux dire sans raisons personnelles; il ne m'a fait que du bien.

— Vous êtes folle! s'écria madame Bellocq, se laissant emporter par la colère.

Mais tout de suite elle se retint en voyant l'émoi de Marichette; ce n'était point en l'effrayant qu'elle la déciderait.

— Je veux dire que vous ne réfléchissez point.

— Sans doute vous avez raison, mais dans ma situation puis-je réfléchir? Je sens que quitter mon cousin Simon serait mal; j'obéis à ma conscience.

XII

Il fut impossible d'obtenir d'elle autre chose.
— J'obéis à ma conscience.

Madame Bellocq reprit ses accusations contre le Corsaire, les développa, les précisa ; rien n'y fit, Marichette persista dans sa réponse :
— Je ne peux pas le quitter.

Plus d'une fois madame Bellocq fut sur le point de se laisser entraîner par l'exaspération et d'abandonner cette folle, mais toujours elle put se modérer à temps et remplacer par des expansions de tendresse les paroles de colère qui venaient jusque sur ses lèvres. Lorsqu'elle était à bout d'arguments ou de patience, elle adressait un coup d'œil énergique à son mari, pour lui demander son concours ; mais celui-ci ne trouvait que quelques mots insignifiants et encore les disait-il mollement, comme à regret.

A bout de paroles, madame Bellocq voulut essayer d'autres moyens, et il fallut que Marichette montât voir la chambre qu'elle occuperait à Criquefleur quand elle viendrait se réfugier chez son cousin Sylvain, « car elle y viendrait un jour, cela ne faisait pas de doute ; l'essentiel était seulement qu'elle n'y vînt pas trop tard pour sa réputation ou son honneur ».

Cette chambre était la plus belle de la maison, celle qu'on donnait aux amis, meublée confortablement et avec un certain goût ; d'une des fenêtres on apercevait la plage et la haute mer, « ce qui était bien agréable pour rêver, fit observer madame Bellocq ; n'a-t-on pas besoin de rêver quand on est jeune ? »

Bellocq suivait docilement, ne disant qu'un mot, toujours le même :

— Ça nous ferait plaisir.

La grande préoccupation de madame Bellocq, dans la vie ordinaire, était la toilette, la sienne comme celle des autres, et il avait fallu le bouleversement dans lequel l'avait jetée l'arrivée de Marichette pour ne pas faire attention à la façon dont sa cousine était habillée. Mais en se promenant dans la maison, cette robe noire trop étroite et trop courte, l'avait frappée. Elle l'avait alors regardée de plus près : ses coudes blanchis lui avaient sauté aux yeux, et aussi ses souliers usés jusqu'à l'empeigne. Elle connaissait trop bien la position de sa belle-sœur pour croire que c'était par négligence que Marichette s'habillait ainsi, c'était par misère. Cette remarque lui suggéra un nouveau moyen d'action.

— Est-ce que M. Bellocq vous a commandé des vêtements de deuil ? demanda-t-elle.

— Non, répondit Marichette, toute honteuse de l'examen qu'elle venait de subir.

— Il n'en a pas commandé et il n'en commandera pas, il est trop avare pour cela. Mais nous vous en commanderons, car nous ne pouvons pas vous laisser dans cet état de misère. N'est-ce pas, Sylvain?

— Certainement, tu as raison, dit Bellocq, heureux de voir sa femme venir en aide à cette pauvre enfant.

Marichette eût voulu refuser, mais comment sans les blesser? Elle se laissa conduire dans un magasin de nouveautés où madame Bellocq lui commanda une robe de mérinos noir.

— Ma cousine a quitté Paris aussitôt après la mort de sa mère, dit-elle pour excuser la misère de la pauvre petite robe trop courte, et elle n'a pas eu le temps de commander son deuil.

Puis elle expliqua que sa cousine était en ce moment chez son cousin à Saint-Maclou, et que ce serait chez M. Bellocq aîné qu'on devrait aller essayer la robe.

Elle avait hésité si elle ferait venir Marichette à Criquefleur pour cet essai ; mais pensant que cela exaspérerait le Corsaire de voir entrer chez lui une couturière payée par elle, elle avait combiné cet essayage à Saint-Maclou.

Après la robe de mérinos, ce fut un châle qu'elle acheta, puis un fichu, et cela malgré Marichette qui se défendait.

— Il vous faut aussi ce fichu : vous ne connaissez pas notre pays ; attendez un coup de vent du nord-ouest, et vous verrez quel froid nous avons ; je veux qu'alors, en vous enveloppant dans votre fichu, vous pensiez à votre cousine. Ne vous inquiétez pas de la grosseur du paquet, vous n'aurez pas à le porter, car je vous ferai reconduire en voiture.

Cette fois encore, Marichette voulut refuser, autant pour ne pas fâcher son cousin Simon, qui pouvait trouver cela mauvais, qu'afin de pouvoir ramener Psit chez madame Morot. Mais sa cousine ne voulut rien entendre ; elle aussi pensait que ce retour pourrait blesser le Corsaire, et ce n'était même que dans cette espérance qu'elle avait eu l'idée de proposer une voiture à sa cousine.

A mesure que le moment du départ approcha, madame Bellocq redoubla d'amabilités ; c'était pour elle un véritable chagrin que cette séparation, et aussi une angoisse. Pouvait-elle voir d'un cœur calme une aussi charmante fille s'engouffrer dans cet enfer où le Corsaire était le diable? Comment ne tremblerait-elle pas, elle qui ne connaissait ce diable que trop bien?

Enfin la voiture vint se ranger devant la porte du bureau : c'était un de ces paniers que Belloquet avait mis en circulation l'année précédente, et madame Bellocq avait eu soin de commander le plus coquet, celui dont le tendelet était le plus frais, de même qu'elle avait commandé ses meilleurs chevaux et son cocher le plus décoratif. Il fallait vexer le Corsaire.

— Vous conduirez mademoiselle jusqu'à la porte de M. Bellocq aîné, dit-elle au cocher.

Le moment des adieux était arrivé : Belloquet embrassa Marichette affectueusement, madame Bellocq la pressa sur son cœur à plusieurs reprises avec émotion.

— Est-elle charmante cette enfant! est-elle jolie !

Elle n'eut aussi que des caresses pour Psit qu'elle installa elle-même sur la banquette, à côté du paquet qui contenait le châle et le fichu.

Tant que la voiture fut en vue elle agita son mouchoir, mais aussitôt qu'elle disparut au tournant de la côte, elle mit la main sur le bras de son mari :

— Viens dans le bureau, dit-elle.

Et tout de suite elle envoya ses enfants jouer dans la cour.

— As-tu jamais vu une gueuse pareille ! s'écria-t-elle furieusement.

Il fut abasourdi.

— Quoi donc? murmura-t-il.

— Elle a son plan, la voleuse; si elle ne l'a pas inventé, sa mère le lui a soufflé.

— Mais quoi?

— Es-tu imbécile!

Elle était dans un tel état d'exaspération qu'il jugea prudent de ne pas répondre.

— C'est ta faute, s'écria-t-elle. Si, comme je te l'avais recommandé, tu m'avais appuyée, tout cela ne serait pas arrivé. Mais non. J'ai vu le moment où tu allais prendre la défense de ton cousin. Je suis sûre que tu l'aimes toujours, ce gredin, et que tu l'admires. Tu n'as donc pas de sang dans les veines? Un homme qui te doit tout! Car enfin que serait-il sans toi? Si tu ne lui avais pas apporté ton instruction et ton intelligence il n'aurait pas été loin. Quand tu lui as demandé le juste prix de ton travail, il t'a traité comme un commis, toi qui l'as fait ce qu'il est; et malgré cela tu es resté son petit cousin, le contemplant moitié avec admiration, moitié avec peur. C'est lâche, c'est honteux, tu n'es pas un homme.

Belloquet courbait les épaules, ne trouvant rien à répondre, ce qu'elle disait là n'était que trop vrai : il n'était que le petit cousin de son aîné, l'admirant et le craignant tout à la fois, n'attendant qu'un seul mot de lui pour se jeter dans ses bras : ce qu'il aurait fait depuis longtemps déjà si sa femme n'avait pas été là, car il avait encore plus peur d'elle que de lui.

Elle continua :

— Heureusement je suis là, et je ne laisserai pas cette gueuse dépouiller mes enfants de ce qui leur appartient.

Venant à son mari et le secouant par le bras :

— Tu ne vois donc pas qu'elle veut s'établir chez lui pour nous voler la fortune de nos enfants? tu ne vois donc rien?

— Ma foi non, dit-il timidement, je ne vois pas ça.

— Pourquoi tient-elle tant à rester chez le Corsaire, où elle commencera par être malheureuse comme une esclave, au lieu de venir chez nous?

— Cela, je n'en sais rien.

— Pour s'emparer de lui petit à petit, l'enjôler avec ses grands yeux noirs, le dominer, et finalement se faire faire un testament.

— A son âge?

— Si ce n'est pas elle qui a combiné ce plan, c'est sa mère, et avec ses manières de Parisienne elle serait bien capable de l'exécuter si je n'étais pas là. Maintenant, autre question : pourquoi ton cousin, qui est dur comme pierre, qui n'a pas de cœur au ventre, qui te laisserait crever de froid ou de faim, reçoit-il cette dévergondée ?

— Le fait est que c'est extraordinaire.

— Dis que cela serait extraordinaire si elle n'avait pas ses yeux noirs et ses cheveux blonds, son air d'innocence et de malice, c'est là ce qui a touché ce vieux coquin.

— C'est une enfant.

— Es-tu simple, mon pauvre Sylvain, et as-tu peu de mémoire ! Est-ce la première enfant que ton cousin met à mal ?

— Ne dis pas de pareilles choses.

— Avec lui, tout est possible, et c'est justement pour cela que nous devons prendre nos précautions. J'ai tout fait pour qu'elle ne reste pas chez lui, mais je ne me flatte pas de réussir. Maintenant il faut que, de ton côté, tu agisses.

— Et que veux-tu que je fasse ?

— Que tu appelles la loi à notre aide. Ta cousine est mineure, elle est orpheline, le Corsaire et toi vous êtes ses seuls parents, c'est donc à vous qu'il appartient de vous charger d'elle ; l'un de vous doit être son tuteur, l'autre son subrogé-tuteur. Tu vas donc dès demain aller trouver le juge de paix et demander la convocation d'un conseil de famille, qui, puisque vous n'êtes que deux parents, sera complété par des amis ; tu tâcheras, bien entendu, qu'on choisisse les tiens ; mais si on préférait ceux de ton cousin, tout ne serait pas perdu pour cela. Ce sera ce conseil de famille qui décidera à qui Marichette doit être confiée, et, je ne peux pas croire qu'entre vous deux, — toi ayant un intérieur honnête, marié, père de famille, et lui ayant la réputation d'être le plus grand libertin du pays, — je ne peux pas croire que ce ne soit pas à nous que la petite soit remise. Et alors l'héritage du Corsaire sera sauvé.

XIII

L'héritage du Corsaire!

C'était pour cet héritage que madame Bellocq vivait depuis son mariage, et même c'était lui qui l'avait mariée à Bellocq jeune, lorsqu'elle avait été obligée de reconnaître qu'elle n'arriverait jamais à épouser Bellocq aîné.

Née à Saint-Maclou, où son père, vieux sous-officier décoré, devenu adjudant à la fin de son service, avait obtenu un débit de tabac, elle avait vu Bellocq arriver alors qu'elle était enfant, et dans ses souvenirs de petite fille, elle le retrouvait avec son mètre à la main et son ballot de marchandise sur l'épaule, entrant dans le bureau pour acheter son tabac.

A ce moment, bien entendu, elle n'avait pas vu en lui un mari possible, bien qu'elle fût extraordinairement précoce dans ses idées de mariage ; ce grand diable à l'air dur, toujours crotté ou poussiéreux, lui inspirait une sorte de frayeur vague.

Plus tard, quand elle était revenue de la maison d'Ecouen, où elle n'avait passé que deux ans, rappelée subitement à Saint-Maclou par la mort de sa mère, pour aider son père à tenir leur bureau de tabac, ce n'avait été que du dédain qu'elle avait éprouvé pour cet aventurier de village qui faisait tous les métiers.

Avec les grandes ambitions et les hautes visées qu'elle avait alors, pouvait-elle laisser tomber ses regards sur un homme plus âgé qu'elle de vingt ans, sans éducation, sans manières, qui n'était qu'un marchand ? Le mari qu'elle rêvait, qu'elle voulait et qu'elle était certaine de pêcher un jour avec la beauté qu'elle se reconnaissait, c'était un jeune homme élégant, distingué, ayant la fortune et le nom, capable de réaliser ses visées ambitieuses. Pourquoi ne le trouverait-elle pas ? D'autres qui certainement ne la valaient pas avaient fait des mariages plus beaux que celui qu'elle voulait. Si elle en était réduite en ce moment, par la fatalité, à s'asseoir dans un débit de tabac, elle n'en était pas moins la fille d'un glorieux soldat, et cela valait mieux sans doute que d'être née dans une famille de vulgaires boutiquiers.

D'ailleurs il aurait cela de bon, ce misérable débit de tabac, qu'il faisait défiler devant elle, pendant la saison des bains, tout un monde de jeunes hommes élégants et distingués, parmi lesquels elle finirait bien par rencontrer un mari. Au temps de sa jeunesse, il n'y avait que les gens du pays, un pêcheur, un paysan qui s'arrêtaient dans le bureau pour bavarder entre eux, en achetant leur tabac ou en allumant leur pipe. Maintenant, pendant les mois d'été, depuis midi jusqu'à minuit, le bureau ne désemplissait pas ; et ce n'étaient ni des matelots ni des paysans qui l'encombraient ; à peine ceux-là pouvaient-ils se faire servir les deux sous à fumer ou à chiquer ; — c'étaient des étrangers jeunes ou vieux, mais en tous cas des gens comme il faut qui venaient, soir et matin, choisir leurs cigares, longuement en bavardant avec elle. A la vérité, son père était presque toujours là, lisant son journal, raide dans sa tenue militaire de sous-officier, mais cela n'empêchait point qu'on glissât à la fille des compliments ou de doux propos, et qu'en prenant la monnaie que celle-ci rendait avec un sourire on lui caressât les doigts ou on lui serrât la main.

Parmi ces soupirants il s'en rencontrerait bien quelques-uns qui pourraient devenir des maris ? Cela lui paraissait d'autant plus vraisemblable qu'elle ne négligeait rien pour les amener à cela : sourires engageants, soupirs, regards alanguis, tendresses mélancoliques ou plaisanteries folichonnes, elle avait des coquetteries pour chaque nouveau venu, appropriées au caractère ou au tempérament qu'elle croyait reconnaître en celui qu'elle voulait attirer et retenir.

Les années s'étaient écoulées. Il était venu des amants ; il ne s'était point présenté de maris, et il avait fallu qu'elle en arrivât à s'avouer que ces rêveries de jeune fille dont elle s'était bercée ne se réaliseraient pas aussi facilement qu'elle l'avait imaginé. Que de déboires, que d'humiliations, que de désespoirs pour elle, qui s'enchaînaient, succédant les uns aux autres, sans que rien pût lui donner à espérer qu'ils ne se répéteraient pas jusqu'à l'heure terrible où il ne lui resterait plus assez de dents pour oser sourire. Alors elle n'aurait donc qu'à vivre vieille fille dans ce débit de tabac où la honte l'étouffait !

Pendant ce temps l'aventurier de village pour lequel elle n'avait pas eu assez de dédains s'était enrichi ; ce n'était plus un pauvre diable crotté ou poussiéreux qui entrait allumer sa pipe sans que personne fît attention à lui ; c'était un homme à l'attitude assurée de celui qui a ses poches lestées, un personnage à qui l'on faisait place et qu'on saluait bas avec crainte ou avec considération.

A mesure que les chapeaux s'étaient abaissés devant lui elle avait changé de manières, et le dédain avait été remplacé par les sourires et les prévenances ; elle avait vu qu'il était homme, et elle s'était arrangée pour qu'il vît qu'elle était une belle fille. Mieux valait un mari sans éducation et sans manières, mais avec de l'argent, que pas de mari du tout.

Justement Bellocq savait très bien découvrir les belles filles, et s'il n'avait pas fait attention à celle-là, c'était parce que tout d'abord il n'avait trouvé en elle qu'un accueil glacé ou hautain, et qu'il n'était pas homme à perdre son temps auprès d'une fille bégueule, alors surtout qu'elle ne pouvait le servir dans ses affaires. Mais dès là qu'elle se montrait disposée à changer avec lui, de son côté il était tout prêt à changer avec elle ; après tout elle en valait bien une autre ; si elle n'était pas en situation de lui rendre les services d'intrigue et d'espionnage que d'autres lui rendaient, elle serait une agréable maîtresse ; il l'aurait pour le plaisir, car la prendre pour sa femme il n'en avait même pas la pensée.

Alors s'était engagée entre eux une lutte qui avait duré longtemps, lui voulant faire d'elle sa maîtresse, elle voulant faire de lui son mari, et qui n'était entrée dans une phase nouvelle que le jour où elle avait eu la certitude qu'il renoncerait à elle si elle ne cédait point.

En cédant, l'amènerait-elle au mariage? Prendrait-elle par l'accoutumance une influence dont il ne pourrait pas se dégager? Lui deviendrait-elle indispensable? Trouverait-il en elle des mérites qu'aucune autre femme ne lui avait révélés? Avec la haute opinion qu'elle avait d'elle-même, de son intelligence, de sa volonté, de sa ténacité, de sa rouerie, elle l'avait cru.

Mais ce calcul avait été faux; l'accoutumance n'avait pas eu plus de force que le désir; intelligence, volonté, ténacité, rouerie, tout avait échoué; un jour était venu où elle avait dû reconnaître, comme elle l'avait dit à Marichette, qu'il n'épousait pas.

Faudrait-il donc qu'elle renonçât à cette fortune qu'elle avait faite sienne, depuis qu'elle l'évaluait, l'arrangeait, la caressait.

Si elle ne l'avait point tout entière, elle en aurait une partie, sinon franchement, au moins indirectement.

Parmi ses fidèles, elle comptait Belloquet, qu'elle avait toujours traité en parent bien plus qu'en amoureux, en camarade, en ami; il était tendre celui-là, il avait le cœur sensible, il était faible, il était de ceux qui épousent; elle en ferait son mari. Son père venait de mourir, elle perdait avec lui et retraite et bureau de tabac, c'était la misère.

D'ailleurs, peut-être qu'en apprenant ce mariage, Bellocq reculerait devant cette énormité; mais il n'avait nullement reculé, et au lieu de se fâcher il l'avait félicitée :

— C'est justement le mari qu'il te faut.

Jusque-là les deux cousins avaient vécu dans une union parfaite, le jeune obéissant à l'aîné comme à un père, le servant avec l'empressement, le zèle, le dévouement d'un fils; mais après le mariage les relations avaient pris un autre caractère.

Ce qu'elle voulait, c'était une association entre les deux cousins, et elle avait cru qu'en manœuvrant son mari, elle réussirait; n'était-il pas indispensable à son aîné, aussi bien pour son ambition que pour sa fortune? Mais le Corsaire ne s'associait pas plus avec un homme qu'avec une femme; car, pour lui, personne n'était indispensable, ni homme ni femme; il gardait celui ou celle qui lui rendait des services; il les renvoyait quand ils le gênaient.

L'intelligence, la volonté, la ténacité, les roueries, n'avaient pas mieux réussi pour l'association que pour le mariage; après plusieurs années de lutte pendant lesquelles elle avait dû à chaque instant remonter son mari toujours prêt à faiblir, la rupture s'était faite, violente, irréparable, implacable, au moins de la part de l'aîné.

Et cependant, malgré cette rupture, elle n'avait pas renoncé à la fortune qu'elle visait depuis si longtemps; elle l'avait manquée par le mariage de l'association, elle l'aurait par l'héritage.

Tel qu'elle connaissait Bellocq aîné, elle avait la certitude qu'il ne se marierait jamais, et n'aurait pour enfants que des bâtards qu'il ne reconnaîtrait pas.

Il n'était pas davantage à craindre qu'il fît un testament. Jamais il ne se déciderait à l'écrire, de peur de laisser après lui une preuve de son ignorance, et il ne se déciderait pas davantage à le dicter à un notaire devant quatre témoins, de peur d'indiscrétion. D'un côté son orgueil, de l'autre sa défiance le feraient mourir intestat.

Alors ses héritiers naturels étaient Sylvain et sa cousine de Paris. Sans doute, ce n'était pas sans une colère rageuse qu'elle admettait le partage, avec cette cousine, de cette fortune qu'elle avait voulue entière; mais, enfin, la moitié c'était quelque chose.

Depuis des années, elle vivait sur cet espoir, se consolant des tristesses du présent par sa confiance en l'avenir, calculant les chances de mort du Corsaire, qui devait se tuer un jour ou l'autre en montant, dans ses voitures en marche, ou bien qui devait être tué par un de ses nombreux ennemis.

Mais voilà que l'arrivée de Marichette dérangeait toutes ses combinaisons : elle allait demeurer sous le même toit que le Corsaire. Elle était jolie, elle avait quinze ans et lui en avait cinquante.

Il fallait intervenir.

XIV

Le plan que madame Bellocq avait improvisé pour enlever Marichette au Corsaire était des plus simples : on convoquait un conseil de famille à Saint-Maclou, on le composait des deux cousins de la mineure, et pour compléter le chiffre fixé par la loi, on appelait quatre autres personnes qui prenaient la place des parents manquants. Devant ce conseil ainsi composé, Sylvain réclamait la tutelle, en faisant valoir les titres qu'il avait pour l'obtenir et en exposant discrètement ceux qui manquaient à son cousin ; il n'y avait même pas besoin d'insister : ces quatre personnes et le juge de paix, qui ne connaissaient que trop bien Bellocq aîné, déféreraient la tutelle à Bellocq jeune, et le tour était joué : de par la loi, Marichette devait, jusqu'à sa majorité, demeurer chez son tuteur, et avant qu'elle atteignît sa majorité le Corsaire avait dix fois l'occasion de se faire tuer.

Mais lorsqu'elle étudia ce plan simple et qui lui avait tout d'abord paru d'une exécution si facile, elle fut déconcertée. Depuis longtemps elle avait acheté un code et à chaque instant elle le piochait au titre des successions et des donations entre vifs et des testaments, comme elle l'avait autrefois pioché à celui du contrat de mariage et des droits respectifs des époux. Elle l'ouvrit au titre de la minorité, de la tutelle et de l'émancipation, qu'elle n'avait jamais lu, car elle n'était pas femme à s'intéresser à ce qui ne devait pas servir ses besoins immédiats, et elle fut stupéfaite de voir que les choses ne pouvaient pas s'arranger comme tout d'abord elle l'avait imaginé.

Comment, ce n'était pas à Saint-Maclou que le conseil de famille devait être formé, c'était dans la commune où la tutelle avait été ouverte!

Cela n'était-il pas absurde?

Ce n'était pas la première fois qu'elle trouvait la loi absurde; mais comme elle l'avait déjà subie, il fallait bien la subir encore.

Seulement, tout en la subissant, il n'était pas défendu de chercher à la tourner à son avantage, et ce fut à cela qu'elle s'appliqua avec cette subtilité et cette finasserie qui faisaient le fond même de son esprit.

Elle voulait, cette loi absurde, que le conseil de famille eût lieu à Paris; eh bien, on lui obéirait puisqu'on ne pouvait pas faire autrement.

Elle voulait aussi qu'il fût composé, non compris le juge de paix, de parents, ou à défauts de parents, d'amis pris tant à Paris que dans la distance de deux myriamètres; eh bien, on lui obéirait encore. Seulement on lui obéirait d'une façon intelligente.

De parents, Marichette n'en avait point à Paris; ceux du côté paternel habitant les environs de Bordeaux; et ceux du côté maternel : Simon, Saint-Maclou, Sylvain, Criquefleur, légalement il n'y avait donc pas de parents à convoquer, et ceux-là seuls assisteraient au conseil de famille qui voudraient bien se rendre à Paris volontairement. Il fallait donc arranger les choses pour que Sylvain seul allât à Paris, et cela semblait assez facile : il n'y avait qu'à ne pas convoquer le Corsaire, qui ne saurait ce qui s'était passé que lorsqu'on viendrait lui enlever Marichette, ce dont elle se chargerait elle-même et avec plaisir. Quelle tête il ferait; il y aurait de quoi le tuer de rage.

Il est vrai que, pour que cette combinaison réussît, il fallait qu'on indiquât au juge de paix les cinq amis du père et de la mère de Marichette qui devraient remplacer les parents, et qu'elle ne savait même pas le nom de ces amis. Mais cela n'était point pour l'embarrasser : elle avait plus d'une fois dans sa vie machiné des roueries autrement compliquées que celle-là.

Tout de suite elle courut chez la marchande de nouveautés, à qui elle avait commandé la robe de Marichette, et elle la pria si bien d'aller essayer cette robe dès le lendemain même, que celle-ci ne put pas refuser.

— Je vous donnerai une lettre pour ma cousine, et vous tâcherez de la lui remettre en secret ; nous voulons, mon mari et moi, témoigner notre reconnaissance à quelques-uns des amis qui ont assisté sa mère dans sa dernière maladie, et M. Bellocq aîné est un si vilain homme, qu'il nous empêcherait de réaliser cette intention s'il la connaissait, rien que pour le plaisir de nous contrarier.

Et en rentrant, elle écrivit cette lettre qui, en apparence, ne contenait pas autre chose que ce qu'elle avait dit à la couturière :

« Ma chère cousine,

» Après votre départ, nous avons longuement
» parlé de vous, mon mari et moi, et nous avons
» bien regretté de n'avoir pas pris les noms et les
» adresses des personnes qui ont été si bonnes pour
» votre mère pendant sa dernière maladie. Donnez-
» nous-les par écrit, et n'en oubliez aucune, je
» vous prie ; il me semble me rappeler qu'il y en
» avait environ six. Votre cousin veut un de ces
» jours leur envoyer en votre nom un panier de fruits
» ou de poisson. Je crois qu'elles seront sensibles à
» ce souvenir de reconnaissance, qui leur rappellera
» agréablement une brave et digne petite fille.
» Nous vous embrassons tendrement.

» Célanie Bellocq.

» Les enfants envoient une caresse à M. Psit. »

Si par malheur le Corsaire avait connaissance de cette lettre, il n'y verrait que du feu ; à corsaire corsaire et demi. Avant quinze jours Marichette aurait quitté Saint-Maclou pour Criquefleur.

Le lendemain la couturière fut prête à l'heure promise, et une voiture de Belloquet la conduisit chez Bellocq aîné, de façon à arriver au moment où celui-ci devait être absent.

En effet, il n'était pas chez lui et l'essayage put se faire dans la salle à manger en toute liberté; la couturière n'eut pas besoin de mystère ni d'adresse pour remettre à Marichette la lettre dont elle s'était chargée, et celle-ci, tout émue de cette générosité de son cousin, put écrire à loisir les noms qui lui étaient demandés.

Elle était en train de se rhabiller et la couturière enveloppait la robe dans une serviette quand Bellocq entra. Surpris de voir chez lui cette couturière de Criquefleur qu'il connaissait bien, il s'arrêta :

— Qu'est-ce donc que vous enveloppez, madame Guilbert? demanda-t-il.

— C'est une robe.

— Une robe pour Marichette? dit-il.

Puis, brusquement, s'adressant à Marichette :

— C'est toi qui as commandé cette robe?

— Non, mon cousin, balbutia-t-elle.

Alors la couturière, voyant son embarras, lui vint en aide :

— C'est madame Sylvain Bellocq, dit-elle de son ton le plus insinuant.

— Ah! c'est madame Sylvain Bellocq, s'écria-t-il avec colère.

Mais tout de suite il se calma et se fit souriant.

— Vous la remercierez bien de ma part, et vous lui direz que je lui suis très reconnaissant de s'être occupée de la toilette de ma cousine; vous savez, les hommes ne pensent pas à ces choses-là. Je la remercie sincèrement d'avoir pris ma place. Et combien coûte-t-elle cette robe ?

La couturière ne sut que répondre.

— Mais c'est madame Bellocq jeune qui me l'a commandée, dit-elle enfin.

— Et c'est moi qui paie, puisque c'est pour moi que ma cousine a fait cette commande.

La couturière crut sortir d'embarras en gagnant du temps :

— Je ne peux pas me faire payer avant d'avoir livré l'ouvrage.

Il n'était pas habitué à la contradiction.

— Si vous ne recevez pas tout de suite ce qui vous est dû, il sera inutile de livrer l'ouvrage, dit-il rudement, on ne l'acceptera pas.

La couturière se décida :

— Soixante francs pour l'étoffe et trente francs pour les fournitures et la façon.

Il plongea la main dans la poche de son pantalon et en tira une poignée d'or, dans laquelle il prit quatre pièces de vingt francs et une de dix francs, qu'il aligna sur la table. C'était son habitude, depuis qu'il s'était enrichi, de porter ainsi sur lui une assez grosse somme en or, dans laquelle il plongeait chaque fois qu'il avait un paiement à faire. Et son ostentation de parvenu s'en trouvait aussi bien que ses intérêts : combien de pauvres diables à qui il offrait un paiement immédiat, à condition de subir une réduction, aimaient mieux toucher quatre-vingts francs tout de suite que cent à trois mois.

Quand la couturière sortit, il la reconduisit jusqu'à la porte, en lui recommandant bien de remercier sa cousine : puis tout de suite il revint à Marichette :

— Pourquoi ne m'as-tu pas dit que cette coquine t'avait commandé une robe?

— Nous n'avons pas parlé de mon voyage.

Et de fait, ils n'en avaient rien dit : Bellocq n'était pas chez lui quand elle était rentrée de Criquefleur, et il n'avait vu ni l'équipage qui la ramenait, ni le paquet qu'elle rapportait; il n'avait pas dîné à la maison, et le matin en déjeunant il l'avait regardée plusieurs fois longuement, mais sans l'interroger, comme s'il dédaignait d'apprendre ce qui s'était passé dans cette visite.

— Eh bien, maintenant, parlons-en, dit-il, et raconte-moi tout : il faut que je sache comment s'est préparée cette injure qu'on vient me faire chez moi. Qui a eu l'idée de cette robe? As-tu dit que tu en avais besoin?

— Non, j'ai même voulu la refuser.

Elle fit le récit qu'il demandait, mais bien entendu sans parler des accusations; quand elle dit l'insistance de son cousin et de sa cousine à vouloir la garder près d'eux, il l'interrompit.

— Pourquoi faire?

Et pendant qu'elle continuait, il parut réfléchir et chercher le pourquoi de cette insistance; il ne redevint attentif que lorsqu'elle parla du châle et du fichu.

— Tu as accepté! s'écria-t-il, et pourquoi n'as-tu pas accepté aussi de rester près d'eux ?

— Parce que c'eût été de l'ingratitude envers vous, qui m'avez accueillie.

Mais cette réponse ne calma point sa colère furieuse.

— Tu vas aller chercher ce châle et ce fichu, dit-il, je me charge de les renvoyer. Tu ne dois rien accepter de personne, surtout de mes ennemis; si cela se renouvelait, tu sortirais d'ici et tout de suite.

Elle était tremblante.

— As-tu encore accepté autre chose ? demanda-t-il.

— Non.

Cependant elle eut un remords : tirant de sa poche la lettre que la couturière venait de lui remettre, elle la lui tendit.

— Qu'est-ce que tout cela signifie? s'écria-t-il.

Et de nouveau il parut chercher, puis s'interrompant :

— As-tu donné ces adresses?

— Oui.

— Tu es donc stupide?

— Je ne savais pas mal faire; vous n'étiez pas là.

— Mais qu'est-ce qu'elle veut, cette coquine-là? murmura-t-il, sans s'adresser à Marichette.

Tout à coup il alla à la cheminée et tira le cordon d'une sonnette; le second commis arriva aussitôt :

— Allez à la pierre à poisson, dit-il, et priez Lichet de m'acheter six beaux bars.

Puis quand le commis fut sorti :

— C'est moi qui vais envoyer un souvenir aux amis de ta mère; toi, tu vas leur écrire, en leur disant que c'est de la part de ton cousin Simon, qui les remercie de ce qu'ils ont fait pour ta mère. Tu me montreras tes lettres.

XV

Les réponses à l'envoi des bars et aux lettres de Marichette arrivèrent bientôt, se succédant ; toutes, après quelques mots de remerciement pour le bar, félicitaient Marichette d'avoir rencontré un si bon parent.

Marichette communiquait ces lettres à son cousin, mais celui-ci ne leur accordait que peu d'attention ; il se souciait bien vraiment des remerciements et des félicitations de ces gens qu'il ne connaissait pas ! Ce n'était pas pour leur être agréable qu'il leur avait fait un cadeau, c'était pour que madame Belloquet n'eût pas une supériorité sur lui ; — depuis longtemps déjà il ne reconnaissait plus aucune supériorité.

Mais il n'en fut pas de même pour la dernière que Marichette lui communiqua : celle-là le jeta dans un véritable étonnement : au moins sa dernière partie.

« Je ne te charge pas, ma chère petite, de remer-
» cier ton cousin pour l'envoi de son beau poisson,
» car je compte le remercier moi-même mercredi

» prochain, quand je le verrai à la réunion de ton
» conseil de famille, à la mairie du premier arrondis-
» sement. »

Qu'est-ce que cela voulait dire ?

Une réunion du conseil de famille de Marichette à Paris le mercredi suivant, à laquelle il semblait devoir assister et qu'il ne connaissait même pas.

Il interrogea Marichette, il la pressa de questions ; mais, bien entendu, elle ne put rien répondre.

Ce qui faisait sa force dans les affaires c'était la rapidité, en même temps que la sûreté des décisions qu'il prenait ; là où les autres en étaient encore à réfléchir en pesant le pour et le contre, il avait déjà agi.

Il y avait dans cette convocation d'un conseil de famille un fait mystérieux qu'il ne s'expliquait pas. Il ne perdit pas son temps à chercher à le deviner. Immédiatement il fit écrire par Marichette une lettre au juge de paix du premier arrondissement de Paris pour lui exposer la situation : cousin maternel de la mineure à laquelle on voulait donner un conseil de famille, il apprenait d'une façon incidente la convocation de ce conseil, et cependant c'était chez lui que la mineure habitait depuis la mort de sa mère. Il n'en dit point davantage ; mais au-dessous de sa signature, il fit ajouter ses qualités : « Maire de Saint-Maclou-la-Mer, conseiller d'arrondissement. »

A cela le juge de paix répondit que la convocation du conseil de famille de la mineure Marie Cabernet avait été requise par M. Sylvain Bellocq, de Criquefleur, qui à défaut de parents habitant Paris avait indiqué des amis.

Il n'était pas besoin d'autres explications pour que Bellocq comprît tout : c'était madame Belloquet qui, n'ayant pu décider Marichette à venir volontairement chez elle, avait inventé cette machine de guerre pour l'enlever au nom de la loi en faisant nommer Sylvain tuteur.

Cela était clair comme le jour, et la liste des amis qu'elle avait demandée n'avait d'autre but que d'arriver à donner au conseil de famille les apparences de la légalité; jamais elle n'avait eu la pensée de leur envoyer un panier de fruits ou de poisson. Ah ! la coquine était-elle futée ! A cette ruse seule il aurait reconnu sa signature. Il en était pour ses bars.

Mais il ne les regretta point, car sans eux il n'aurait rien su de ce qui se passait, et un beau jour Sylvain serait venu prendre Marichette au nom de la loi.

Mais pourquoi diable tenaient-ils tant à l'avoir ?

Ce fut la question qu'il se posa et qu'il examina sans lui trouver une réponse satisfaisante, car il ne lui était jamais venu à l'idée qu'ils comptaient sur son héritage. Que Célanie eût visé sa fortune alors qu'elle cherchait à se faire épouser, il l'avait vu, et à ce moment il ne lui en avait pas su mauvais gré ; cela était dans la logique des choses ; à sa place il eût agi comme elle ; jamais il n'avait imaginé qu'une femme se donne, elle se vend au comptant ou à terme, contre une somme fixe ou contre des espérances, et c'était cette conviction qui l'avait guidé dans ses relations avec ses maîtresses, les affaires sont les affaires, au plus fort des deux. Mais que depuis qu'il avait rompu avec elle, elle visât son héritage et manœuvrât pour se l'assurer, il ne l'eût par cru si on le lui avait prouvé. Pour qu'on héritât de lui, il fallait qu'il mourût, et il n'admettait pas qu'il pouvait mourir. Sans doute il ne serait pas éternel, mais si quelqu'un devait vivre vieux et dépasser les limites ordinaires, c'était lui. Pourquoi ne dépasserait-il pas cent ans ? Quand on était bâti comme lui, quand on avait sa vigueur et sa santé, on devenait centenaire. A la vérité il y a les accidents et les maladies qui peuvent atteindre les plus forts ; mais il ne croyait ni à la maladie ni à l'accident ; un homme comme lui ! Pour compter sur son héritage, il fallait donc se transporter à cinquante années du temps présent, et on n'est pas assez bête pour faire des calculs à l'échéance de cinquante ans. Que lui crût vivre cinquante ans encore, c'était tout naturel ; mais qu'on crût qu'il pouvait mourir avant ce laps de temps, c'était absurde.

Il ne trouva qu'une chose : on voulait lui enlever Marichette tout simplement parce qu'il l'avait accueillie ; c'était un mauvais tour qu'on essayait de lui jouer. A la vérité c'était se donner bien du mal pour un mince résultat. Mais dans l'état d'exaspération où vivait Célanie, tout était possible de sa part ; elle avait déjà risqué souvent plus que cela pour obtenir moins encore.

Il ne dit rien à Marichette de ce qu'il comptait faire, mais il lui demanda la liste des amis à qui les bars avaient été envoyés. Le mardi soir, au moment où elle allait se coucher, elle le vit monter dans une voiture qui l'attendait à la porte ; il avait quitté sa longue blouse bleue et revêtu la toilette des grands jours, des séances du conseil ou des mariages : le pantalon noir, la redingote boutonnée, le chapeau en soie à haute forme.

Il était cinq heures et demie du matin quand il arriva à Paris, et tout de suite il se rendit rue du Faubourg-Saint-Martin où demeurait le professeur à l'école Turgot qui avait fait l'éducation de Marichette et qui, dans sa lettre, avait parlé de la convocation du conseil de famille : un professeur devait, selon ses idées, se lever de bonne heure.

Cependant celui-là était encore au lit ; alors en attendant qu'il pût le voir, Bellocq alla se promener sur le quai du canal ; à regarder les ouvriers décharger les péniches, il trouverait peut-être quelque procédé, un instrument nouveau qui pourrait lui être utile à Saint-Maclou ; c'était son habitude de ne jamais perdre son temps et de tâcher toujours de tirer profit de tout.

Quand il revint à sept heures, il fut reçu immédiatement, mais d'une façon si glacée, si contrainte, qu'il fut stupéfait, lui qui s'attendait à des remerciements. Il lui fallut un certain temps pour se reconnaître. Mais quand il eut réfléchi un peu il comprit :

— Vous avez vu mon cousin, dit-il.

Alors il expliqua la situation : son cousin, dont il avait été le bienfaiteur, qu'il avait élevé, instruit, était devenu son ennemi, à l'instigation d'une méchante femme ; c'était cette méchante femme qui avait eu l'idée de convoquer le conseil de famille de

Marichette en l'excluant, lui le chef de la famille, lui à qui l'enfant avait été confiée par sa mère mourante. Cela seul ne prouvait-il pas les mauvaises intentions de cette femme ? Sans l'envoi du bar, il n'aurait jamais rien su de ce qui se machinait, et Marichette lui eût été enlevée.

Quand il partit, le professeur lui avait promis sa voix pour le nommer tuteur ; maintenant il n'y avait pas à hésiter entre les deux cousins.

Chez les autres amis ce fut la même scène qui se répéta : même abord glacial, même engagement au départ.

Un peu avant une heure, Bellocq arriva à la mairie du Louvre, et dans la salle d'attente de la justice de paix il trouva Sylvain.

Bien qu'ils eussent l'occasion de se rencontrer presque chaque jour, ils ne s'étaient pas abordés depuis plusieurs années, et il n'y avait pas eu un mot d'échangé entre eux.

En voyant son aîné, Belloquet resta pétrifié.

— Comment était-il à Paris ? Il savait donc ?

Il lui fut impossible de se remettre, mais il fut bien plus bouleversé encore quand il vit son cousin s'avancer vers lui.

— Tu ne t'attendais pas à me voir ici, et vous avez pris vos précautions ta femme et toi pour me tenir en dehors de ce conseil de famille. Tu devrais savoir pourtant que je n'ignore rien de ce qui m'intéresse. Dis de ma part à ta femme qu'on ne joue pas contre plus fin que soi.

Belloquet fut tellement interdit et si profondément ému qu'il ne trouva rien à répondre.

Presque aussitôt les amis arrivèrent et l'accueil qu'ils firent aux deux cousins ne se ressembla guère : affectueux pour l'aîné, embarrassé pour le jeune.

Quand le juge de paix vit entrer sept personnes dans son cabinet, il les regarda avec un certain étonnement.

— Est-ce qu'on a fait erreur dans la convocation? dit-il; vous ne devez être que six : un cousin et cinq amis.

Alors Bellocq aîné prit la parole :

— Pour moi, dit-il, je n'ai pas été convoqué, mais je me présente quand même : je suis cousin de la jeune fille, Bellocq, maire de Saint-Maclou-la-Mer et conseiller d'arrondissement.

— C'est vous qui m'avez écrit.

— Oui, monsieur le juge de paix.

Alors le juge de paix s'adressa à Belloquet.

— Pourquoi, en requérant la nomination d'un conseil de famille à la mineure Marie Cabernet, ne m'avez-vous pas donné le nom de M. votre cousin?

— Il n'habite pas dans les limites fixées par la loi.

— Ni vous non plus, il me semble; mais enfin peu importe, puisque M. Simon Bellocq se présente. Vous vous êtes entendus, messieurs, sur le choix du tuteur?

— Parfaitement, dirent les quatre amis.

Le vote ne fut pas long : six voix se prononcèrent

pour Simon Bellocq ; une pour Sylvain Bellocq, la sienne.

Ainsi la loi ratifiait le choix fait par la mère : jusqu'à vingt et un ans Marichette était sous la tutelle de son cousin Simon, avec son cousin Sylvain pour subrogé-tuteur.

FIN DE LA PREMIÈRE PARTIE

DEUXIÈME PARTIE

I

Bellocq avait eu tout d'abord l'intention de n'employer Marichette qu'à écrire des lettres confidentielles, mais il n'avait pas tardé à trouver que c'était peu et qu'on pouvait exiger d'elle davantage. Il n'avait pas des lettres confidentielles à lui dicter toute la journée. Que ferait-elle s'il ne l'employait pas à autre chose? Mauvaise pour la jeunesse, l'oisiveté. N'était-il pas juste qu'elle gagnât sa vie? Il avait toujours, dans un coin de son excellente mémoire, le chiffre qu'il avait payé pour la robe : quatre-vingt-dix francs! C'était une somme cela, et pour lui d'autant plus grosse que c'était la première fois qu'il dépensait son argent chez une couturière. Comme il avait été bien avisé de ne pas se marier et de ne pas se charger d'enfants! C'était une ruine. Quatre-vingt-dix francs! il fallait rattraper cela.

Défiant comme il l'était, il n'avait que deux commis alors qu'il lui en aurait fallu trois ou quatre ; mais avec deux il avait juste moitié moins d'indiscrétions et de trahisons à craindre qu'avec quatre, et cette raison, plus encore que celle de l'économie, le faisait s'en tenir à ce nombre. Le travail pressé qu'ils ne pouvaient pas achever au bureau, ils l'emportaient le soir chez eux et il le leur payait en supplément, à l'heure ou au rôle. Il est bon pour les jeunes gens de n'avoir pas le temps de s'amuser la nuit ; ils sont plus appliqués dans la journée, et un bénéfice qui vient grossir les appointements réguliers est toujours agréable. Ils n'étaient riches ni l'un ni l'autre, Paulin et sa mère n'ayant pour toute fortune que la maison dans laquelle ils demeuraient ; Victor devant soutenir sa famille, composée d'un père ivrogne, d'une mère malade et de cinq personnes : frères, sœurs, tante.

Puisque Marichette avait une bonne écriture, pourquoi ne la chargerait-il pas de ces travaux supplémentaires qui se faisaient en dehors des heures de bureau ? Cela serait une occupation pour elle. Il ne faudrait pas longtemps assurément pour qu'elle apprît à copier des mémoires d'entrepreneur et des factures de marchandise. Elle lui coûtait assez cher pour qu'il lui fît gagner un peu de l'argent qu'il dépensait pour elle.

Il avait donc chargé Paulin et Victor de la mettre au courant de ce travail de copie, en les rendant responsables des erreurs qu'elle pourrait faire, et cela avait amené des relations de chaque instant entre elle et les deux jeunes gens, surtout entre elle et Paulin, à qui elle avait à demander, bien plus souvent qu'à l'autre commis, des explications ou des renseignements pour les mémoires et les marchés de construction remplis de détails compliqués ou de mots qu'elle voyait pour la première fois.

« Fourni deux stores en bois peint, deux couches et bordé, fixés sur rouleau en fer creux de 0,022 de diamètre avec rondelles contre rondelles et tourillons montés sur supports coudés contre coudés à empattement à pointes épaulées et à fourchettes. »

— Monsieur Paulin?

A cet appel il accourait.

— Vous avez quelque chose qui vous embarrasse, mademoiselle?

— Empattement, cela prend deux *t*?

— Oui, mademoiselle, cela vient de patte.

— Pardonnez-moi de vous avoir dérangé, j'aurais dû deviner ça.

— Vous ne m'avez pas dérangé.

Et pour prouver ce qu'il disait, sans doute, il restait à causer jusqu'à ce que quelqu'un entrât dans son bureau, ou jusqu'à ce que Marichette le renvoyât elle-même de peur d'être en retard dans la tâche que son cousin lui avait donnée.

L'éternel sujet de leurs conversations, c'était Psit, inépuisable, toujours nouveau et qui paraissait intéresser Paulin presque autant que Marichette elle-même, — ce dont celle-ci était touchée. Tout d'abord elle avait cru qu'elle oserait un jour demander à son oncle la permission d'introduire son chien dans la maison; mais ce jour n'était jamais venu. Le soir,

en se couchant, prise de remords, elle se disait :
« Ce sera pour demain. » Et le lendemain, bien que
préparée et ayant toutes sortes de choses attendrissantes et persuasives à dire, elle ne pouvait plus ouvrir les lèvres dès qu'elle regardait son oncle. Psit
était donc resté chez madame Morot, et il ne voyait
sa maîtresse qu'une fois par jour, après déjeuner.
Paulin alors le ramenait avec lui, mais sans le faire
entrer dans son bureau; il le laissait sur la place où
Psit se mettait à jouer avec les autres chiens ou à
flâner, tout en revenant à chaque instant devant la
maison, en attendant qu'on l'appelât ou qu'on lui fît
un signe, ce qui, bien entendu, n'avait lieu que
lorsque Bellocq sortait et qu'on savait qu'il ne rentrerait pas de bientôt. Aussitôt Psit accourait et d'un
bond il était dans les bras de Marichette, avec des
cris de plaisir qu'il essayait d'étouffer, tout le corps
agité par des mouvements flexueux; les oreilles renversées en arrière, les yeux mi-clos, anéanti dans un
transport de joie. Puis quand il se calmait un peu,
c'étaient des conversations, des caresses qui n'en
finissaient plus. Alors seulement il consentait à accepter la croûte que Marichette avait mise pour lui
dans sa poche à la dérobée, et encore semblait-il que
c'était plutôt pour remercier sa maîtresse que par
gourmandise. Un jour, rentrant plus tôt qu'on ne
l'attendait, Bellocq avait failli les surprendre; Paulin
n'avait eu que le temps d'appeler Psit dans son bureau où Bellocq l'avait vu tout de suite en entrant.

— Qu'est-ce que c'est que ce chien ?

— C'est notre chien, avait répondu Paulin, n'osant

avouer la vérité et croyant pouvoir risquer ce mensonge impunément puisque le patron ne reconnaissait pas Psit.

—Ah! vous avez un chien maintenant ; ça doit vous aider à manger vos appointements. Vous me direz que ça ne me regarde pas. Mais ce qui me regarde, c'est qu'il vous fasse perdre votre temps ici, et cela je ne le veux pas ; vous tâcherez donc de le laisser chez vous. A la cour.

Dans ces conditions, il fallait user de précautions, et c'était pour cela qu'il était si souvent question de Psit entre eux, librement, quand Bellocq était sorti, mystérieusement et en cachette quand il était présent ; d'un mot, d'un signe ils se comprenaient, et à la longue cela avait créé entre eux comme une complicité ; ils se parlaient bas, ils échangeaient un coup d'œil furtif à la dérobée, ayant de terribles choses à cacher, et quand ils étaient seuls, ayant toujours des explications à se donner.

Bien qu'il n'y eût pas entre elle et l'autre commis les mêmes sujets de conversation, et que les explications que celui-là eût à donner pour les factures de marchandises fussent beaucoup plus simples que celles qui se rapportaient aux devis ou aux mémoires de construction, il n'en venait pas moins dans le bureau du patron à chaque instant, et s'y installait des heures.

Mais avec lui les choses ne se passaient pas du tout comme avec Paulin ; quand c'était Paulin, la conversation n'arrêtait pas, tous deux avaient mille choses à se dire ; au contraire, quand c'était Victor, il ne s'échangeait souvent pas dix paroles entre Marichette et lui, et cependant il restait là comme s'il trouvait un plaisir extrême à se promener en long et en large, ou bien à se tenir une épaule appuyée contre la muraille, perché tantôt sur une jambe, tantôt sur une autre, regardant devant lui sans parler, mais cependant toujours sur le point de vouloir dire quelque chose, semblait-il.

C'était pour Marichette un sujet de grande surprise que cette attitude. Que faisait-il là? Pourquoi n'allait-il pas travailler, alors qu'elle-même, penchée sur son papier, lui donnait l'exemple?

Mais si elle l'avait connu, ou plutôt si elle avait su ce qu'il racontait de lui-même, elle aurait été bien plus surprise encore.

C'était, en effet, un vainqueur que Victor Dedessuslamare, ou tout au moins avait-il la prétention d'en être un. De deux ans plus âgé que Paulin, il avait autrefois poursuivi celui-ci du récit de ses conquêtes féminines et s'il n'avait pas continué à l'étonner de ses histoires amoureuses, c'était parce que Bellocq, qui pratiquait la maxime : « diviser pour régner », avait eu soin de les empêcher d'être trop bien ensemble. Mais Paulin n'avait pas été son seul confident; avant comme après celui-là il en avait eu d'autres : les deux clercs du notaire, celui de l'huissier, le receveur de l'enregistrement, enfin toute la jeunesse intelligente connaissait ses succès par le récit qu'il en faisait.

Il ne se prétendait pas, il ne se croyait même pas mieux qu'un autre; mais, enfin, par suite d'un heureux hasard, d'une chance particulière, les femmes n'en couraient pas moins après lui. Tout de suite, au premier coup d'œil, elles voyaient ce qu'il était, ce qu'il valait... sous tous les rapports. C'était pour ne pas les faire courir trop loin que, tous les dimanches, pendant la saison des bains, dans l'après-midi, le seul temps où il fût libre, il se promenait, il se montrait sur la plage, passant et repassant devant la tente et les chaises où se réunit le beau monde. Pour ces promenades, il faisait des toilettes d'un chic suprême qui absorbaient ses pauvres économies : bottines vernies, redingote boutonnée, chapeau de soie, gants de chevreau, canne à pomme dorée. Et le lendemain, c'était des histoires extraordinaires : — Trois, mon cher, une à onze heures, une à minuit, une à deux heures. Ah ! si j'étais libre dans la semaine ! Mais, le dimanche, le jour justement où viennent les maris... — Bien entendu, il ne citait jamais aucun nom, parce qu'il était discret et que c'est par la discrétion qu'on gagne les femmes.

Mais tous les confidents ne sont pas crédules, et et s'il y en avait qui écoutaient Victor bouche béante, il y en avait d'autres moins jeunes qui riaient de ses histoires et se moquaient de lui.

Pour ceux-là le vainqueur était au contraire un timide qui n'avait d'audace qu'en imagination, n'osait pas seulement lever les yeux sur une femme et n'aurait pas eu encore de maîtresse, si une veuve de quarante-neuf ans ne l'avait attiré chez elle et retenu de force. Qu'il en voulût d'autres que celle-là, vieille, laide et méchante, on le croyait volontiers, mais qu'il osât jamais faire le premier pas et risquer la première parole, ceux qui le connaissaient bien ne l'admettaient pas. Ce qu'il pouvait y avoir d'audace en lui se répandait si complètement en discours, qu'il ne lui en restait plus en action.

II

Les longues stations que Victor faisait auprès d'elle étaient un ennui et une gêne pour Marichette, celles de Paulin, au contraire, lui étaient une douce distraction, la seule de sa vie triste et morne.

Depuis son voyage à Criquefleur, elle n'était plus sortie de la maison de son cousin. Où aurait-elle été ? Chez madame Morot ? Assurément c'eût été un plaisir pour elle de se promener dans cette cour verte, d'où l'on avait de si belles échappées de vue sur la mer, à travers les branches des pommiers chargés de fruits ; et puis, chez madame Morot, elle eût joué librement avec Psit, elle eût pu l'embrasser, le caresser sans peur d'être surprise ; mais, pour aller chez madame Morot il fallait en demander la permission à son cousin, et elle n'osait pas. Cela lui eût été un plaisir aussi d'aller sur la plage, le dimanche, à l'heure du bain, de voir les baigneurs, regarder les toilettes. Mais comment ? Elle ne pouvait pas aller là toute seule et elle n'avait personne pour l'accompagner. Jamais elle n'était descendue jusqu'à la plage ; tout ce qu'elle avait vu de la mer, c'était ce qu'elle en apercevait au bout de la rue. Tout ce qu'elle en connaissait, c'étaient ses mugissements dans les nuits de mauvais temps, ou bien sa plainte monotone les soirs où elle restait à sa fenêtre ouverte, à rêver aux étoiles. Jamais son cousin ne lui avait proposé de la prendre avec lui. Ne se promenant pas lui-même et sortant toujours pour ses affaires, il ne paraissait pas se douter qu'on pouvait avoir l'idée de se promener.

De même, il ne paraissait pas se douter non plus qu'à table on pouvait causer pour causer; quand il parlait c'était pour une chose utile, une recommandation à propos d'un travail à faire, pour une observation à propos d'un travail fait; en dehors de cela il n'ouvrait la bouche que pour manger, et il n'était pas rare que le repas s'achevât sans qu'ils eussent dit un mot.

Sans ses conversations avec Paulin elle eût pu croire que dans cette vaste maison déserte, elle était dans un château enchanté condamnée au silence éternel et à n'entendre d'autres bruits que ceux de ses pas qui retentissaient mélancoliquement dans ces vestibules et cet escalier sonores.

Divine elle-même ne parlait point, un mot seulement de temps en temps, en cachette, craintivement comme si c'était une faute, et encore fallait-il que ce mot lui fût arraché par quelque circonstance extraordinaire. Un dimanche soir qu'elles étaient seules toutes les deux, Marichette après le dîner ne sachant que faire et n'ayant pas de livre à lire, car il n'y avait pas d'autres livres qu'un Code dans la maison, avait

été s'asseoir à une fenêtre ouverte, et elle était restée
là, à regarder les nuages que poussait le vent d'ouest,
courir sur le ciel éclairé par la pleine lune. Le silence
s'était fait dans cette partie du village, troublé seulement de temps en temps par les cris et les chants
qui s'élevaient quelquefois des cabarets du port,
mais qui se perdaient aussitôt dans le grondement
continu de la marée montante. Ce bruit de la mer
comme ce défilé des nuages l'avaient tout d'abord
distraite, puis peu à peu ils lui avaient mis au cœur
un sentiment de vague mélancolie qui l'avait envahie
tout entière en la reportant dans le passé. Ce n'était
pas la première fois que, par une soirée de pleine lune
d'automne, elle voyait les nuages venir à l'assaut des
terres et qu'elle entendait le hurlement de la mer.
Deux ans auparavant, à Biarritz, avec son père, de la
chambre qu'ils occupaient sur l'esplanade de Prouste,
elle avait vu ainsi les nuages s'élancer des profondeurs de l'Océan et passer en escadrons serrés sur la
face de la lune, de même qu'elle avait entendu la mer
frapper dans les blocs chaotiques de la *Chinaouge*
des coups sourds qui faisaient trembler tout le promontoire. Mais alors cela l'amusait; ces envolées de
nuages la prenaient sur leurs ailes; ces coups de mer
étaient une musique qui la berçait. C'est qu'à ce moment elle était heureuse, elle avait son père, sa mère;
on l'aimait, la vie ouvrait devant elle ses portes
roses, et c'était par le sourire qu'elle répondait aux
sourires qui lui venaient de tous les côtés. Maintenant elle n'avait plus ni père, ni mère, ni personne
qui l'aimât, et dans tout ce qui l'entourait il n'y avait

plus pour elle que des sujets de tristesse. Comment eût-elle pu refouler ses larmes en s'enfonçant dans cette comparaison ; elle les avait laissées couler, et c'était au moment même où un sanglot s'échappait de sa gorge que Divine, en montant l'escalier sans lumière et en chaussons pour aller se coucher, l'avait surprise.

— Vous avez du chagrin, pas vrai, mademoiselle ?

— Oui ; je pense à maman.

— Ça doit être dur de perdre ses parents et de pleurer ceux qui nous aimaient ; moi je n'ai pas connu ça, parce je suis enfant de l'hospice ; je n'ai pas eu de parents, jamais personne ne m'a aimée, mais je sens ça tout de même, et quand je vous vois avec votre air triste, je vous assure que ça me fait deuil ; je ne dis rien parce que ce n'est pas mes affaires, mais vrai, ça me fait deuil.

Assurément dans sa position la sympathie de cette pauvre fille était bien faite pour la toucher, mais enfin elle ne suffisait pas pour remplir ses journées si longues ; quand Divine avait dit : « Ça me fait deuil de voir votre chagrin », elle avait tout dit, et si bien même qu'elle ne pensait pas à le répéter ; à quoi bon ? D'ailleurs, qu'eût ajouté cette répétition ?

Au contraire, la sympathie de Paulin, qui s'affirmait à chaque instant et de toutes les manières, était peu à peu devenue la préoccupation et la consolation de sa vie.

— Quel bon garçon ! se disait-elle.

Et rien que de penser qu'il y avait de braves gens

au monde, cela lui faisait trouver la vie moins misérable.

Le matin, c'était avec impatience qu'elle attendait qu'il arrivât ; et aussitôt qu'il entrait, c'étaient deux bonjours joyeux qui s'échangeaient.

— Bonjour, mademoiselle.
— Bonjour, monsieur Paulin ; et Psit ?
— Il va bien.

Si Bellocq était dans le bureau, ils ne se parlaient point, mais à la dérobée, ils se regardaient rapidement ; elle levait la tête, il abaissait la sienne, et ce signe suffisait ; ils s'étaient compris. Bellocq pouvait aller et venir, s'installer dans le bureau, les accabler de recommandations, les bousculer, peu importait pourvu qu'il ne fermât pas la porte de communication.

Souvent il arrivait que Bellocq recevait des visites dans lesquelles il devait se dire des paroles qu'il ne voulait pas que sa cousine entendît, car pour lui tout était mystérieux, même les choses les plus simples ; ce qui n'était pas dangereux aujourd'hui pouvait le devenir demain ou plus tard ; alors il lui faisait un signe et elle sortait, mais toujours par la porte de gauche et jamais par la porte droite, de façon à l'attendre dans le bureau de Paulin et non dans celui de Victor.

C'étaient ses bons instants que ceux-là ; il n'y avait pas à s'observer ; pas à se cacher ; il n'y avait pas à craindre d'être surpris ; la seule précaution qu'ils eussent à prendre, c'était de parler bas, car si Bellocq permettait que Marichette perdît son temps, il n'aurait pas toléré qu'elle fît perdre celui de son commis.

D'ailleurs, elle ne le lui faisait pas toujours perdre, et quand il dessinait, elle était la première à lui demander de continuer.

— Je vais vous regarder, disait-elle.

Et se plaçant derrière lui, elle s'amusait à suivre son crayon, quand il cherchait une distribution, ou son pinceau, quand il lavait une façade à l'aquarelle ; — ce qu'il réussissait joliment avec un sentiment très vif de la couleur et du pittoresque.

— Comme vous avez du talent ! disait-elle avec une admiration naïve.

— J'en aurai peut-être un jour quand j'aurai sérieusement travaillé ; mais ici le temps et les moyens me manquent. Où trouver des maîtres à Saint-Maclou ? Le peu que je sais je l'ai appris par hasard en restant derrière un peintre : il avait loué une cabane sur la grève et il vivait là dedans du matin au soir ; il faisait régulièrement ses trois aquarelles par jour : une vue du matin, une du midi, une du couchant ; il m'a permis de le regarder peindre, et j'en ai plus appris en quelques heures quand je passais par là, qu'en des années à étudier tout seul.

Alors il expliquait ses espérances et ses projets :

— C'est pour amasser un petit capital que je suis entré chez M. Bellocq : quand j'aurai quatre mille francs nous irons à Paris ma mère et moi, et je suivrai les cours de l'École des beaux-arts ; il me faut encore deux ans, car nous ne pouvons mettre que mille francs de côté par an, et encore maintenant comme je gagne moins nous économiserons moins.

— Et c'est moi qui suis cause de cela, en vous enlevant les copies que vous faisiez chez vous.

— Ce n'est pas votre faute ; et puis d'ailleurs cela est un bien pour moi. Je puis maintenant le soir travailler mes mathématiques, ce qui est mon côté faible et ce qui m'aurait peut-être empêché d'entrer à l'école. Une fois à Paris, nous vîvrons avec nos quatre mille francs et avec ce que je gagnerai de ci de là chez les entrepreneurs. J'aurais été seul, que je serais à Paris depuis deux ou trois ans, parce que tout seul on s'en tire toujours, et si l'on a de la misère, peu importe. Mais je ne pouvais pas exposer maman à la misère, et je ne pouvais pas non plus l'abandonner à Saint-Maclou. C'est une règle admise par bien des gens, qu'on doit tout sacrifier pour faire sa vie et assurer son avenir, même ses affections, même son bonheur et celui des siens. Moi, je ne sens pas comme cela. Ma mère a tout enduré pour moi : elle a travaillé, elle a pâti ; je trouve que j'ai des devoirs envers elle. Et pourtant, j'ai mon ambition. Si j'arrive, j'arriverai plus tard que d'autres, mais nous arriverons ensemble, et ça c'est quelque chose.

— J'aurais été si heureuse de pouvoir rendre un peu à ma mère de ce qu'elle a fait pour moi !

Il ne lui répondait point, car il ne savait pas de paroles qui pussent être une consolation pour elle ; mais il la regardait et leurs cœurs s'entendaient.

Ces jours-là, quand elle se retrouvait seule dans le bureau, penchée sur son papier la plume à la main, ou bien quand elle était dans sa chambre, ne dormant point, elle se trouvait moins seule, moins abandonnée ; le monde lui paraissait moins vide. Elle revenait à ce qu'il lui avait dit, et elle, qui n'avait pas d'avenir, vivait de celui de Paulin.

Comme il serait heureux !

III

Marichette n'avait que quinze ans.

Paulin en avait vingt-deux.

Elle était jolie : depuis son arrivée à Saint-Maclou, le vent de la mer lui avait rendu la fraîcheur de la jeunesse, le sang courait rose et vif sous le velouté de ses joues, ses paupières s'étaient raffermies, ses lèvres avaient rougi, ce n'était plus la pauvre fille pâlie et amaigrie par la vie renfermée, épuisée par les fatigues endurées au chevet de sa mère, qui avait quitté Paris à bout de forces et de courage; si son gracieux visage avait conservé son expression mélancolique, de même que son regard voilé, c'était un charme en elle et non un défaut, car en voyant sa tête penchée en avant, ses grands yeux profonds, sa bouche aux coins légerement abaissés et ses narines palpitantes, on n'eût pas compris qu'elle eût l'air enjoué.

Lui, il était ce qu'on appelle un beau garçon; grand, bien bâti, bien découplé, élégant dans sa démarche et dans sa tenue, mais d'une élégance naturelle sans pose et sans affectation, la tête fine encadrée d'une barbe naissante blonde et frisée, la physionomie affable, le regard doux, l'air discret et caressant des fils qui ont vécu dans les jupes de leur mère.

Elle était tendre, de tempérament sentimental, facile aux rêveries et aux émotions.

Lui il était de complexion amoureuse, et si, comme Victor, il ne racontait point à chaque instant des histoires de femme, c'était par sincérité, par horreur du mensonge, par respect de soi; mais ces histoires, qui emplissaient la bouche de son camarade, emplissaient sa tête et son cœur, et il les vivait en imagination... en attendant.

Combien de points de contact entre eux et d'attraction!

De plus ils avaient un secret partagé, — une association. Que de choses à se dire en cachette; mais aussi que de regards échangés qui ne parlaient pas seulement de Psit; sans doute, dans son premier coup d'œil, Marichette ne mettait qu'une interrogation, comme dans le sien Paulin ne mettait qu'une réponse : — Comment va-t-il? — Il va bien; mais ils ne s'en tenaient pas à cet unique coup d'œil : bien des fois dans la journée, elle le regardait en souriant, comme lui-même bien des fois aussi il la regardait avec le même sourire; et ce n'était plus de Psit qu'il était question; ils se regardaient, parce qu'ils avaient plaisir à se regarder, et se souriaient sans rien se dire de précis, pour se sourire.

Cela avait même amené un changement dans les

dispositions du bureau de Paulin, et aussi dans celle du bureau de Bellocq lui-même.

De la table à dessin sur laquelle il travaillait habituellement, Paulin ne pouvait voir Marichette, même lorsque la porte des deux bureaux était ouverte; pour l'apercevoir, il était obligé d'abandonner son travail et de circuler dans son bureau, ce qui n'était pas toujours facile si le patron était là. Alors un beau matin il avait changé sa table de place, en l'avançant auprès de la porte autant qu'il était possible. Puis, comme il ne se trouvait pas encore bien et qu'il ne pouvait plus approcher sa table sans barrer le passage, il avait le lendemain matin avancé la table même sur laquelle Bellocq et Marichette se faisaient vis-à-vis. C'était un changement presque insignifiant, mais qui, si petit qu'il fût, ne pouvait pas échapper à un homme comme Bellocq.

— C'est toi, dit-il à Marichette, qui as changé cette table?

Mais Paulin avait prévu la question, et comme il était à peu près certain que Bellocq, dès son entrée dans le bureau, s'apercevrait de ce changement, il s'était tenu sur ses gardes et il avait préparé sa réponse :

— C'est moi, dit-il en intervenant pour venir au secours de Marichette, interloquée et confuse. Quand je venais classer des pièces dans le cartonnier, je dérangeais mademoiselle; alors j'ai pensé qu'il valait mieux écarter la table; mais si vous trouvez qu'elle n'est pas bien ainsi, je peux...

— Non, dit Bellocq, qui ne se fâchait que quand

on affirmait son droit, et qui écoutait presque toujours celui qui reconnaissait ses torts ou qui s'appuyait sur une raison plus ou moins raisonnable pour chercher à se justifier, ou cédait devant son autorité.

Déjà Paulin avait regagné son bureau pour se remettre à son dessin, et, par-dessus la tête de Bellecq qui ne pouvait pas l'apercevoir, il souriait à Marichette, maintenant placée en face de lui.

C'était sans l'avoir consultée qu'il avait fait cet arrangement, et pour cela il était arrivé de bonne heure avant tout le monde, de façon à bien prendre ses mesures; mais maintenant ce sourire était une demande d'approbation.

— M'en voulez-vous? Me pardonnez-vous mon mensonge? Est-ce bien ainsi?

Et, profitant de sa position, il restait toujours les yeux fixés sur elle, attendant une réponse.

Cela était aussi clair, aussi précis, que s'il eût pu lui poser sa question de vive voix :

— Est-ce bien ainsi?

C'était en feuilletant des papiers que Victor venait de lui apporter que Marichette le voyait, et sans lever les yeux franchement, car elle avait son cousin devant elle qui pouvait l'observer.

Elle n'eut même pas la pensée qu'elle pouvait ne pas répondre.

A un certain moment elle avança la main pour prendre sa plume, et alors sa tête s'étant redressée, son regard croisa celui qui restait toujours posé sur elle; ce ne fut qu'un éclair, mais il suffit pour illuminer le visage de Paulin.

— Oui, c'est bien.

Et tout de suite se penchant sur son papier, elle se mit au travail sans que son cousin eût rien remarqué.

Pouvait-elle ne pas le remercier de cette nouvelle marque d'amitié?

Si elle n'avait pas vécu dans l'abandon et la solitude depuis son arrivée à Saint-Maclou, à qui le devait-elle? A lui.

Si elle avait rencontré un visage sympathique, n'était-ce pas le sien?

Un sourire? Le sien.

Quand son cousin lui parlait, ce n'était jamais que d'affaires ; pour le travail qu'il lui donnait, une recommandation; pour celui qu'elle lui soumettait, un grognement ou une réprimande.

Quand il la regardait, c'était pour l'examiner de la tête aux pieds, ou la dévisager, sans rien dire, et sans qu'elle pût rien deviner de ce qu'exprimaient ou de ce que ressentaient ces yeux noirs qui l'anéantissaient lorsqu'elle les sentait posés sur elle.

En dehors de ces quelques paroles et de ces regards, il semblait qu'elle n'existait pas pour lui. C'était à peine si aux bonjour et aux bonsoir qu'elle lui adressait respectueusement, il répondait par un signe de tête ou de main, et encore le plus souvent ne répondait-il pas du tout, en homme que ces politesses ennuient. Aux repas, il ne lui disait pas un mot, et après qu'il l'avait servie, c'était fini, elle n'existait pas pour lui; il mangeait comme il avait mangé depuis trente ans, au plus vite, pour ne pas perdre son temps. Elles étaient si embarrassantes pour elle, ces quelques minutes passées à table, que cela lui était un soulagement quand il ne déjeunait pas ou ne dînait pas à la maison, ce qui arrivait assez souvent; au moins elle pouvait rêver librement, et ces jours-là elle avait meilleur appétit.

Le plus long entretien qu'ils avaient eu depuis l'essayage de la robe avait eu lieu au retour du voyage à Paris.

— Je viens de m'occuper de toi, lui avait-il dit; ton conseil de famille, composé des amis de ta mère et de Sylvain, m'a nommé ton tuteur, avec Sylvain pour subrogé-tuteur. Nous voilà pour jusqu'à tes vingt et un ans ensemble.

Et ç'avait été tout.

Un mot de plus cependant, un mot d'affection, même un mot de compassion eût été doux pour elle.

Cela ne rentrait donc pas dans les devoirs du tuteur, les mots d'affection ou de compassion? Comme elle n'avait personne à qui elle pût demander en quoi consistaient ces devoirs, elle avait cherché dans le Code, le seul livre qui fût à sa disposition, et tout de suite elle avait trouvé, car il est très bien divisé, le Code : « Le tuteur prendra soin de la personne du mineur; il administrera ses biens en bon père de famille; quand il aura des sujets de mécontentement graves sur la conduite du mineur, il pourra porter ses plaintes devant le conseil de famille, et s'il est autorisé par ce conseil, il pourra provoquer la réclusion du mineur. » Évidemment il n'était question dans tout cela ni d'affection, ni de compassion; ce n'était pas pour elle qu'il devait être un bon père de famille, c'était pour ses biens ; et voilà le malheur, de biens, elle n'en avait pas. Il prenait soin de sa personne : elle ne couchait pas dans la rue, elle ne mourait pas de faim, c'était tout ce qu'il lui devait; elle n'avait pas le droit de se plaindre.

Aussi ne se plaignait-elle pas.

Seulement elle en pleurait lorsqu'elle était seule, et des larmes bien amères.

Eh quoi, ce serait ainsi, pendant six années encore, et après ces six années d'autres aussi sans doute! Éternellement elle vivrait dans ce vide et dans ce froid, le cœur mort!

Qu'avait-elle fait pour cela?

N'avait-elle point tendrement aimé son père et sa mère? N'avait-elle point été une bonne fille pour eux?

Elle n'eût cependant pas beaucoup demandé à son cousin; si seulement il avait voulu se laisser aimer. Qu'il n'eût point de tendresse, qu'il n'eût point de caresses pour elle, cela devait se comprendre; il avait toujours vécu seul, sans femme, sans enfants, sans famille; et les affaires aussi bien que le souci de la fortune et des honneurs dont elle le voyait constamment enfiévré suffisaient sans doute à occuper son esprit et son cœur; mais la tendresse, mais un mot d'affection, n'eussent-elles pas été douces pour lui, les jours où il rentrait le front sombre et l'humeur farouche comme cela se produisait si souvent?

Que fût-elle devenue dans cette maison nue, si elle n'y avait pas trouvé Paulin, si bon et si affectueux!

Comment ne lui eût-elle pas souri?

IV

Si Victor n'avait pas inventé la combinaison des tables, ce n'était pas qu'il ne cherchât point, lui aussi, à attirer l'attention de Marichette, mais c'était simplement parce que les dispositions des deux bureaux ne lui permettaient pas cette combinaison : Marichette lui tournait le dos.

Avec sa constante préoccupation de la femme, cette obsession de tous les instants, de sa pensée comme de ses rêves, qui tournait chez lui à une sorte de manie délirante, l'arrivée de Marichette l'avait jeté dans un état violent.

— Une femme dans la maison.

Il en avait presque perdu la tête.

A la vérité, cette femme n'était qu'une jeune fille, qu'une toute jeune fille ; mais cela n'était pas pour refroidir son enthousiasme, bien au contraire. Quelle différence entre cette jeune fille et la veuve de quarante-neuf ans !

Il en avait assez depuis longtemps déjà, de la veuve ; à vrai dire il en avait toujours eu trop ; et s'il ne rompait point avec elle, c'était par timidité et par faiblesse, parce qu'il était si malheureusement organisé, qu'il ne savait pas plus se décider à dire : « Je ne veux plus, » qu'à dire : « Je voudrais bien. »

Mais elle l'exaspérait autant qu'elle l'humiliait.

Pouvait-il supposer que ses camarades lui fissent tous les soirs des plaisanteries « sur la veuve aux pieds gelés », comme ils disaient? Comment savaient-ils qu'elle avait les pieds gelés? N'était-ce pas humiliant! — Victor, réchauffe-toi bien. — Prends du calorique. — Pour toi et pour Elle. — Ces plaisanteries étaient stupides. Combien de fois l'avaient-elles fait rentrer chez ses parents, alors qu'il était parti pour aller passer la nuit chez Elle !

C'était par la gourmandise qu'elle l'avait séduit, et cela était encore un sujet de griefs contre elle. Comment avait-il été assez bas, lui qui se sentait le cœur haut et chevaleresque, pour céder à l'appât d'un bon dîner ou d'un souper fin? — Reviens demain puisque tu as été content aujourd'hui du salmis de bécasses, je te ferai préparer demain un pain de levraut à la gelée. — On n'en mangeait pas chez le père Dedessuslamare, du pain de levraut; et c'était même tout juste si on mangeait du pain sec à sa faim; mais ce n'était pas une raison pour qu'il mît ainsi les passions de son ventre au-dessus de celles de son cœur.

Car il ne l'aimait pas, la veuve; il ne l'avait jamais aimée. Oui, ses salmis de bécasses étaient tendres et veloutés; mais elle était dure et sèche comme un morceau de bois. Oui, les séductions de sa cuisine étaient irrésistibles, mais pourquoi n'en avait-elle que dans les choses de sa cuisine ? pourquoi son âge était-il plus vénérable encore que celui de ses vins ? Avec cela acariâtre, hargneuse, jamais contente de rien, se plaignant de tout.

Il n'y avait pas de jour qu'il ne se promît de rompre une liaison qui l'abaissait à ses propres yeux ; car, enfin, fait comme il l'était, il méritait mieux qu'une vieille maîtresse, qui le mettait dans cette position ridicule de n'oser pas avouer ses amours vraies et d'en être réduit à se vanter de celles qui n'existaient... que dans ses désirs.

Avec Marichette, comme tout changeait !

Elle était adorable, celle-là ; elle avait la jeunesse, la grâce, la beauté ; ses yeux noirs étaient ceux qu'il aimait, de même ses cheveux blonds frisés. Quand il avait imaginé la femme idéale qu'il voudrait, c'était justement les charmes qu'il trouvait en Marichette qu'il lui avait donnés : les yeux profonds et tendres, cette carnation fraîche et veloutée, cette taille fine, longue et souple, — son type, comme il disait.

Il n'y aurait pas à rougir de celle-là ; on pourrait justement s'en vanter.

Quand cette idée avait commencé à prendre corps dans son imagination, il était devenu d'une sévérité qui allait jusqu'à l'injustice pour les inventions culinaires de la veuve, et un jour qu'elle lui avait servi un pâté de foie de canard arrivé de Toulouse le matin même, il avait déclaré que cela n'était pas fameux.

Que se passait-il donc en lui ? Elle avait été effrayée, car c'était la première fois qu'il se montrait injuste pour une de ces prévenances auxquelles il avait toujours été si sensible.

Il se passait qu'il avait honte de sa gourmandise ; pouvait-on prendre plaisir à manger du pâté de foie de canard quand on aimait une fille ravissante comme cette petite Marichette?

Car il l'aimait ; du jour où il l'avait vue, il l'avait aimée. Elle serait la seule femme dont il s'occuperait. Plus de promenades sur place à la recherche d'une passionnée qui se laissât prendre à ses yeux langoureux et à ses attitudes sentimentales. Plus de salmis de bécasses, plus de pain de levraut. Jamais il ne retournerait chez la veuve. Si elle le poursuivait, eh bien, il aurait le courage de se sauver.

Mais ce n'était pas tout d'aimer Marichette et de venir dix fois par jour se promener autour d'elle en la regardant tendrement. Assurément il avait foi dans la puissance du regard et particulièrement du sien. Mais elle était innocente, cette jeune fille, très innocente, naïve, pure; elle pouvait ne pas comprendre, et même, il fallait bien qu'il l'avouât, elle paraissait ne pas comprendre du tout.

Depuis qu'il s'était mis cet amour en tête, il avait changé toutes ses habitudes. Autrefois c'était pour les dimanches qu'il réservait ses toilettes de vainqueur, celles qui devaient, lui semblait-il, frapper les passionnées, et pendant la semaine il portait à son bureau des vieux vêtements qui étaient bien assez bons pour les menuisiers qui venaient acheter du bois, ou les débitants qui venaient goûter de l'alcool; dans l'hiver il mettait même des gros sabots qui lui permettaient de patauger à pied sec au milieu de la boue, du poussier de charbon ou de la sciure de bois des chantiers. Mais du jour où il avait aimé Marichette et où il avait voulu qu'elle comprît qu'il l'aimait, il avait arboré tous les jours la toilette des grandes circonstances : plus de vieux vêtements, plus de vieux sabots, mais la redingote noire, des bottines et des nœuds de cravates qui étaient tout un poème pour qui savait traduire leur langage symbolique. Pour sa personne, il avait eu la même coquetterie que pour sa toilette. Puisqu'elle avait les cheveux frisés, elle devait aimer la frisure chez les autres ; partant de ce raisonnement, il avait entrepris de se faire une tête frisée aussi ; sans doute cela serait assez difficile, parce qu'il avait les cheveux raides et qu'il les avait toujours portés longs et plats ; mais enfin cela ne devait pas être impossible, et pour vaincre cette difficulté, il s'était mis des papillotes tous les soirs, ce qui ne l'avait pas fait friser, mais l'avait ébouriffé d'une façon très drolatique. C'était quelque chose que cela ; ce n'était pas encore assez : comme il pensait sans cesse aux femmes, il s'était fait tout un répertoire de moyens de séduction qu'il croyait irrésistibles ; ainsi pour les odeurs : qu'une femme respirât certains parfums, et c'était fini, la plus vertueuse succombait infailliblement. Si ses appointements le lui avaient permis, il aurait dévalisé les boutiques des coiffeurs de Saint-Maclou, mais cette dépense lui étant interdite il avait dû se contenter de parfumer son linge en faisant dessécher des tiges fleuries de mélilot, cette plante qu'on trouve partout dans les haies et dont l'odeur augmente par la dessication.

Bien qu'il n'y eût pas d'intimité entre lui et Paulin ils n'allaient pas jusqu'à se détester et à ne pas se parler ; le « genre » de Paulin ne convenait pas à Victor, le caractère de Victor ne plaisait pas à Paulin, voilà tout, ils ne se seraient pas recherchés quand même la politique de Bellocq ne les aurait pas excités l'un contre l'autre, mais ils ne se fuyaient pas non plus.

Un matin que Victor tournait depuis plus d'un quart d'heure autour de Marichette en la regardant pendant qu'elle écrivait sans relever les yeux sur lui, Paulin entra dans le bureau, et se mit à fureter dans les coins.

— Qu'est-ce donc que vous cherchez? dit Victor.

— Je me demande d'où provient une odeur de foin qu'on sent depuis quelques instants.

— Comment, une odeur de foin ?

— Ne le sentez-vous pas aussi, mademoiselle? demanda Paulin.

— Parfaitement, répondit Marichette en souriant, c'est-à-dire que je sens une odeur d'herbe, mais je ne sais si c'est l'odeur du foin.

Tout en parlant, Paulin s'était approché de Victor.

— Mais c'est vous, dit-il, qui sentez cela. Avez-vous donc couché dans le foin ?

Victor se rengorgea indigné :

— Que vous êtes simple ! dit-il ; ce que vous prenez pour l'odeur du foin est un parfum très distingué, celui du mélilot, que je mets dans mon linge.

Il appuya longuement sur « très distingué », car c'était sa préoccupation constante qu'on le prît pour un homme distingué. Incontestablement il était ce qu'il y avait de plus chic à Saint-Maclou, — du moins il le croyait.

Sa nouvelle tenue distinguée et pleine de chic avait jeté ses camarades dans l'étonnement.

— Pour qui cette toilette ?
— Pour la veuve aux pieds gelés ?
— Allons donc !

On avait cherché, mais sans trouver ; il y en avait qui prétendaient qu'il s'habillait pour un être imaginaire comme celui qu'il aimait, mais cela était trop déraisonnable pour être admis ; il pouvait raconter aujourd'hui ses amours de demain, mais on ne s'habille pas pour la femme de demain ; ce n'était pas non plus pour la femme de demain qu'il emplissait ses armoires à linge de bottes de mélilot qu'on le voyait rapporter, les dimanches, de ses excursions dans la campagne.

On le plaisantait, on l'aiguillonnait.

— C'est une herboriste, lui disait-on.

Mais il ne se fâchait point :

— Justement, répondait-il.

V

Bien que Victor fît des stations de plus en plus longues dans le bureau de Marichette, il ne voyait pas que ses affaires en fussent plus avancées en rien.

Avec les mauvais jours, les travaux de construction avaient repris partout ; car c'était l'habitude de Bellocq de les ralentir autant que possible pendant l'été : en été, ses chevaux étaient employés à voiturer les baigneurs ; en hiver, ils l'étaient au transport des matériaux et aux terrassements. De cette façon, il n'y avait pas pour eux de morte-saison, et leur propriétaire n'était pas forcé de les revendre à l'automne en perdant sur le prix d'achat payé au printemps. Paulin, étant chargé de la surveillance de ces travaux, restait au bureau beaucoup moins longtemps qu'en août ou en septembre, et en son absence Victor avait la place libre.

Que n'osait-il abuser de cette liberté !

Mais il suffisait qu'il pût parler pour qu'aussitôt il se sentît incapable de rien dire.

Et cependant il était toujours préparé, et ce n'était

pas ce qu'il devait dire qui l'embarrassait, c'était la façon de le dire.

Seul dans sa chambre, où les bottes de mélilot qui emplissaient son armoire et sa commode lui donnaient assez souvent mal à la tête, il adressait à la Marichette imaginaire qu'il voyait devant lui les discours les plus passionnés et les plus persuasifs. Et quand il s'arrêtait pour réfléchir un peu au milieu de ses éjaculations oratoires, il était bien obligé de reconnaître sans aucune vanité que tout cela était vraiment irrésistible. Il faudrait qu'elle fût de glace pour n'en être pas touchée et subjuguée.

Et elle n'était pas de glace, il en était certain. Pour juger les femmes il avait des théories tout aussi sûres que pour les émouvoir; quand on avait ces lèvres en arc, cette bouche rose, ces yeux profonds, ces sourcils épais, cette nuque charnue, on n'était pas de glace ; ou bien alors les remarques qu'il avait faites... dans ses lectures, ne signifiaient rien ; et cela il ne pouvait pas l'admettre.

Qu'il débitât à Marichette le quart seulement de ce qu'il se répétait à lui tout seul, avec le même élan, le même feu, les mêmes yeux flamboyants, la même voix vibrante, et elle se jetait dans ses bras.

Quelle félicité alors ! Il aimait, il était aimé. Il ne rougissait plus de son isolement. Ses camarades ne se moqueraient plus de lui.

Et tout en suivant son rêve il s'habillait coquettement, se regardant dans sa glace, étudiant le nœud de sa cravate, tirant ses manchettes, faisant prendre certains plis à sa redingote.

— Ce serait pour ce jour-là... si une bonne occasion se présentait.

Et il attendait cette occasion, tout en se répétant un de ces discours.

Paulin partait pour surveiller ses travaux, Bellocq s'en allait ; ils étaient seuls dans la maison.

Alors il arrivait dans le bureau de Marichette.

Presque toujours il avait préparé une entrée en matière, insignifiante à la vérité, mais ne faut-il pas commencer par quelque chose ?

— Vous n'avez pas besoin de moi, mademoiselle ? vous ne voulez pas que je vous aide ?

Les premières fois elle avait été touchée de cette attention ; mais à la longue, en entendant presque tous les jours la même phrase, elle s'était blasée, se disant que c'était sans doute une politesse banale, une marque de complaisance qui n'engageait à rien.

— Merci, disait-elle.

Et elle continuait son travail en le regardant de temps en temps vivement, à la dérobée, toute surprise qu'il ne rentrât pas dans son bureau.

— Quel flâneur ! se disait-elle.

Car elle ne voyait qu'un besoin de flânerie dans l'habitude qu'il avait prise de s'installer près d'elle aussitôt que son oncle et que Paulin étaient sortis. Bien des fois, il est vrai, les regards langoureux de Victor, autant que ses soupirs, l'avaient étonnée, mais sans qu'elle s'appliquât à en deviner la cause. Que lui importait ? Il pouvait être ennuyeux, il n'était pas insupportable.

En effet, il se contentait de se promener en long et en large, et quand il paraissait fatigué de tourner ainsi comme une bête dans sa cage, il venait s'appuyer sur la table où elle travaillait, et il restait là.

C'était le moment attendu, l'occasion cherchée ; il n'avait qu'à parler ; c'était bien simple ; personne ne les dérangerait ; il irait jusqu'au bout.

Et il se disait, il se répétait qu'il devait aller jusqu'au bout.

Seulement pour cela il fallait commencer, et justement il ne pouvait pas commencer.

Tout ce qu'il avait à dire était prêt dans sa tête, bien en ordre, classé, divisé ; une fois qu'il serait en train, il n'aurait qu'à suivre.

Mais il fallait se mettre en train, et il ne s'y mettait pas.

A trois pas de Marichette, la tenant sous ses yeux, il s'encourageait à parler :

— Va donc, va donc, lâche ! murmurait-il.

Mais sa gorge se serrait, son regard se troublait, la sueur lui mouillait les mains, et instantanément ce qu'il avait si laborieusement préparé lui échappait ; son premier mot même, dont il était si sûr et qu'il s'était tant de fois répété, il ne le retrouvait plus.

Alors des mouvements de rage le prenaient, et sortant violemment sans qu'elle sût ce qui lui arrivait à l'improviste, il allait s'enfermer dans son bureau, furieux contre lui-même et désespéré.

— Est-ce assez stupide ?

Si encore il avait été en présence d'une femme imposante par la position, l'âge, la beauté, il se serait trouvé des excuses. Mais cette jeune fille était presque une petite fille ; de position, elle n'en avait aucune, et par sa beauté gracieuse et aimable elle n'avait absolument rien de décourageant ; c'était le sourire que provoquait son doux regard, ce n'était ni l'inquiétude ni l'embarras.

Et cependant...

Cependant, après s'y être repris dix fois, vingt fois, il fallut bien reconnaître qu'il ne pourrait jamais vaincre cette sorte de syncope qui le paralysait et l'anéantissait au moment décisif ; toutes les excitations, toutes les objurgations, tous les raisonnements n'y faisaient et n'y feraient rien : il était ainsi.

Si encore elle l'encourageait ! Qu'elle lui dît un mot seulement, qu'elle lui fît un signe, qu'elle le regardât d'une certaine façon, et assurément il se lancerait. Mais non, il était impossible de se montrer plus à son aise, d'être moins émue, moins troublée, toujours égale dans son humeur, toujours la même dans son attitude, comme si elle ne devinait rien ; et cela pendant qu'il la brûlait de ses regards et qu'il se tenait devant elle, tantôt sur un pied, tantôt sur l'autre, changeant de pose à chaque minute comme s'il avait été sur des charbons. Certainement les vieilles femmes étaient bien désagréables, il ne le savait que trop, mais sous d'autres rapports les jeunes, les trop jeunes, étaient bien ennuyeuses.

Était-il situation plus pitoyable que la sienne ?

Il se faisait honte à lui-même.

Et ses camarades se moquaient de lui.

C'était deux fois par semaine qu'ils se réunissaient, le dimanche et le jeudi soir, dans un petit café de la route de Criquefleur, dont l'unique avantage, grand pour plusieurs d'entre eux, sévèrement tenus, était d'avoir une entrée sur les champs, par laquelle on pouvait se glisser sans être vu de personne, et, dans toutes ces réunions, on ne parlait que de sa nouvelle conquête.

— Quelle tête Victor aura-t-il ce soir ?

— Il a l'air bien ennuyé depuis quelque temps.

— Ses affaires vont mal.

— A-t-il seulement des affaires ?

Mais ce doute qui, quelques mois auparavant, eût été universellement accepté, n'était plus admis par tous. Ce n'était pas pour rien, à coup sûr, qu'il avait adopté cette nouvelle tenue, ruineuse pour lui.

— Comment vont les amours ?

— La veuve aux pieds gelés était-elle inconsolable ?

— La nouvelle a-t-elle aussi les pieds froids ?

A côté des questionneurs, il y avait les douteurs.

— Il n'y a pas de nouvelle ; s'il y en avait une, Victor ne nous montrerait pas cette mine de pleureur.

— Alors les amours ne vont pas.

Rien ne pouvait le blesser autant, l'humilier et l'enrager, qu'on crût « que les amours n'allaient pas », comme disaient ses camarades ; aussi, au bout de trois ou quatre de ces soirées où on lui avait monté la scie « de la mine de pleureur », avait-il cru devoir prendre une mine de vainqueur.

Au lieu d'arriver la tête basse, le front soucieux, les yeux chagrins, on l'avait vu paraître superbe, confiant, fier et satisfait ; ne fallait-il pas faire contre mauvaise fortune bon cœur :

Parmi les divers genres de curiosité dont l'humanité est douée, il y en a un d'un genre spécial, — qu'on peut appeler « la curiosité des petites villes » et qui consiste à apprendre ce que fait le voisin, comment il vit, ce qu'il dit, ce qu'il reçoit, ce qu'il dépense, ce qu'il doit, ce qu'il pense, ce qu'il mange, qui il voit, et surtout... qui il aime. C'est dans les petites villes qu'il n'est pas besoin de lire des romans, ceux qu'on arrange ou qu'on observe sur ses voisins suffisent à la consommation des plus affamés. Puisque Victor se trahissait, c'était donc « qu'il avait vraiment des affaires ».

— Après tout, pourquoi pas ? n'était-il pas un homme comme un autre, malgré ses prétentions et ses ridicules ?

Alors on avait cherché avec qui il pouvait « avoir des affaires », et il n'avait fallu ni une grande finesse ni une sagacité extraordinaire pour trouver que ce ne pouvait être qu'avec Marichette.

Il n'allait plus chez la veuve aux pieds gelés, la seule maîtresse vraie qu'on lui connût, où allait-il ? Les recherches avaient été d'autant plus longues et d'autant plus difficiles qu'il n'allait chez personne et que la seule femme qu'il vît était Marichette.

— C'était donc la petite cousine de Bellocq aîné !

Quand on lui fit part de cette découverte il se trouva fort embarrassé. Comment dire non sans compromettre son prestige ? Comment dire oui sans compromettre la réputation de la jeune fille ?

— Croyez ce que vous voudrez, dit-il.

C'était beaucoup. Mais quoi, si elle n'était pas sa maîtresse aujourd'hui, elle la serait demain.

VI

Tandis que Victor passait des journées entières auprès de Marichette et même des heures en tête-à-tête avec elle, Paulin n'avait plus que de courtes occasions de la voir, et encore était-ce le plus souvent sans qu'ils pussent échanger une parole.

A la vérité, chaque matin ils se trouvaient réunis, car c'était le moment où Bellocq donnait ses instructions en distribuant le travail à chacun, après s'être fait rendre compte de la journée de la veille.

Généralement c'était par Paulin qu'il commençait, car il fallait que celui-ci partît aussitôt les ordres reçus, pour aller surveiller les ouvriers qui travaillaient dans les maisons en construction, disséminées çà et là le long de la côte, depuis Criquefleur jusqu'à Berneval-le-Mal-Gardé et même jusqu'à Vittetot-Normandeuse.

Le plus souvent les explications étaient longues : il y avait des plans, des devis à consulter, des notes à prendre, et pendant ce temps Paulin ne pouvait pas se permettre la plus petite distraction. Ce n'était pas avec un homme comme Bellocq que les distractions ou les légèretés étaient admises : il les eût vite relevées, et si raide qu'on en tremblait d'avance.

C'était seulement quand Bellocq était passé dans le bureau de Victor que Paulin avait quelques instants de liberté. Pour mettre en ordre les plans et les papiers qu'il devait emporter dans sa tournée, il restait à sa table ; mais aussitôt que le terrible patron s'était éloigné, il laissait là plans et devis, et relevant la tête il regardait Marichette. Celle-ci, qui était à sa place, penchée sur son papier, sentait venir ce regard, et alors elle relevait la tête, et durant quelques secondes ils restaient ainsi.

Puis Marichette lui adressait son coup de tête habituel :

— Et Psit ?

A cette interrogation de chaque matin, il répondait par un signe, presque tous les jours le même : « Il m'attend ur la place, je vais l'emmener ; » ou bien par un autre qui voulait dire : « Je l'ai laissé à la maison ; mais soyez tranquille, il va bien. »

Et ils se souriaient.

Mais Bellocq les rappelait à la réalité.

— Eh bien, vous ne partez pas ? criait-il de dedans le bureau de Victor et sans se déranger.

— Oui, monsieur, tout de suite.

En effet, il fallait partir sous peine de voir le patron arriver ; alors il ramassait ses papiers et s'en allait courir les chantiers, suivi de Psit, qui l'avait guetté sans oser franchir la porte, à cette heure sévèrement interdite.

Quelquefois il revenait après le déjeuner sous prétexte de prendre des plans qui lui étaient nécessaires, mais c'étaient là de rares bonnes fortunes; le plus souvent il ne rentrait qu'à la nuit tombante, crotté, mouillé, harassé, après avoir pataugé toute la journée dans les chemins glaiseux de la falaise et dans les terres fraîchement remuées des jardins qu'il jalonnait. Avant qu'il poussât la porte Marichette savait qu'il arrivait : sur le trottoir il tapait des pieds pour se débarrasser de la boue et du mortier qui hourdaient ses bottes; il secouait son pardessus blanc de plâtre et de chaux; à voix basse il adressait des recommandations à Psit. Enfin il ouvrait la porte, et dans la pleine lumière de la lampe, qui éclairait Marichette, il retrouvait le sourire qui avait accompagné son départ.

Quand Bellocq était là, il n'y avait rien à dire, Paulin se mettait au travail, devant sa table.

Mais assez souvent le patron, qui, lui aussi, surveillait ses ouvriers avec l'œil du maître, ne rentrait qu'après son commis, retenu et attardé par les mille et une affaires qu'il menait de front pour sa fortune, son ambition ou son plaisir, et alors on pouvait causer.

— Bonsoir, mademoiselle Marichette.

— Bonsoir, monsieur Paulin.

Il se débarrassait de son pardessus et vivement il venait auprès de Marichette.

— Quel temps ! disait-il.

— Au moment du grain, j'ai pensé à vous.

— Vraiment !

— La pluie tombait si fort et le vent soufflait si furieux !

— J'ai cru qu'il me jetterait à bas de la falaise ; à un certain moment j'ai dû me cramponner à des touffes d'herbes ; Psit s'était couché.

Mais il était rare qu'ils pussent s'entretenir en tête-à-tête : presque toujours Victor, qui à cette heure n'avait plus de clients à recevoir, venait se mettre en tiers entre eux ; alors ils ne pouvaient plus rien dire, car bien que les paroles qu'ils échangeaient fussent d'une innocence parfaite, il les paralysait, il n'y avait plus d'intimité.

— Comment ! vous vous plaignez de la tempête, disait Victor, il n'y a donc plus de jeunes gens ? Ah ! que j'aurais voulu être à votre place : calme, les bras croisés, la tête haute, j'aurais défié le vent.

Paulin se contentait de hausser les épaules, mais Marichette répliquait :

— Pourquoi ne défiez-vous pas le vent, le soir ?

— Mais je le défie, mademoiselle, et voilà pourquoi j'en parle ; je sais tout ce qu'il y a de poésie dans son âpreté. Cela ne vous tente donc pas quelquefois ?

— Oh ! moi, je ne défie rien, ni personne.

Mais cela ne calmait point l'enthousiasme de Victor, qui continuait à se promener à travers le bureau, les bras croisés sur la poitrine, la tête haute, le regard inspiré, défiant tout.

— Oh ! l'âpreté de la mer !

Il avait commencé un poème sur la poésie de la

mer, et ce lui était une occasion d'en réciter les premiers vers :

> Le flot suivant le flot se brisait sur la grève,
> La vague qui toujours sur la vague s'élève
> Se renversait, creusant de lumineux sillons...

Il aurait aimé à en réciter davantage ; mais s'il se bornait à ces trois vers, c'est qu'il n'avait jamais fait le quatrième, étant dans sa verve poétique presque aussi bref que dans ses discours amoureux : ce qui arrivait après que la vague s'était renversée, personne n'avait jamais pu le savoir, ni lui non plus d'ailleurs.

Malgré l'âpreté du vent de la mer, qui souffle si souvent sur ces côtes de la Manche, exposées au nord ou à l'ouest, l'hiver est cependant moins dur sur le rivage que dans l'intérieur des terres. Quand, sous le climat de Paris, tout est tué par les fortes gelées qui fendent les gros arbres et brûlent les arbustes à feuillage persistant, en Normandie pas un arbre des forêts ou des champs n'est atteint, et le long des haies les houx et les fragons gardent leurs fruits rouges au milieu de leurs feuilles vertes. Cet hiver-là, bien que ce vent du nord-ouest eût fréquemment soufflé, la végétation ne s'était pas partout arrêtée, et dans les jardins qui se trouvaient jusqu'à un certain point abrités par un pli de terrain, un rideau d'arbres, une haie ou un mur, il y avait encore sous les feuilles des violettes qui fleurissaient de temps en temps. Justement le petit jardinet de madame Morot, entouré de haies vives, était dans ces conditions d'abri, et le long d'une allée exposée au midi il y avait une bordure de violettes des quatre saisons qui donnait encore des fleurs.

Un matin, Paulin, qui était cependant le moins coquet des hommes, arriva au bureau avec trois ou quatre fleurs à la boutonnière de son paletot. Bellocq était parti de bonne heure en voyage, et le bureau ne se trouvait pas soumis à la rigoureuse discipline qui faisait ordinairement les matinées silencieuses.

— Ah! des violettes, dit Marichette. Il y a donc encore des fleurs?

— Vous voyez, mademoiselle.

Le premier mouvement de Paulin avait été d'offrir ces violettes à Marichette, mais était-il convenable d'offrir des fleurs qu'il avait portées? Cette réflexion l'avait arrêté.

— Vous aimez les fleurs, mademoiselle? demanda-t-il.

Elle eut un sourire mélancolique, comme elle en avait assez souvent :

— Je les aimerais si j'en avais ; mais ici il n'y a ni fleurs ni verdure.

Bien que bâtie dans une partie du village où il aurait été facile de trouver le terrain d'un jardin, la maison de Bellocq n'était entourée que de cours, d'écuries, de remises, de hangars, de magasins et de chantiers; pas la moindre pelouse, pas un arbuste; des amas de charbon de terre, des tas de planches et de bois de construction, des futailles gerbées les unes sur les autres, des voitures, des échafaudages, des pierres de toutes sortes, des briques, des ardoises, des tuiles. Au milieu de tout cela il n'y avait pas de place pour des fleurs, qui d'ailleurs n'avaient jamais manqué au maître.

Le lendemain matin, quand Paulin arriva, Bellocq était dans le bureau et les conversations de la veille ne pouvaient pas reprendre. Comme tous les jours, il commença par travailler avec Paulin ; puis après, traversant son bureau où Marichette était déjà à l'ouvrage, il passa dans celui de Victor.

Pendant quelques instants Paulin prépara les papiers qu'il devait emporter ; puis entrant dans le bureau de Bellocq, il vint au cartonnier qui se trouvait derrière Marichette, l'ouvrit avec un certain tapage, et parut chercher quelque chose au milieu des papiers qui bruissaient.

Tout à coup Marichette, qui lui tournait le dos, vit tomber sur son papier deux brins de violette. Vivement et sans réfléchir, elle se redressa et regarda derrière elle : la main de Paulin était encore en l'air ; il ne l'abaissa point, mais il la porta à ses lèvres pour demander le silence, et avec un doux sourire il resta durant quelques secondes les yeux sur Marichette.

— Vous m'avez dit que vous aimiez les fleurs, voulez-vous accepter celles-ci ?

C'était là ce que disait son sourire.

— Oui, répondit celui de Marichette.

Quand son oncle et Paulin furent sortis, elle monta à sa chambre, et dans un petit verre qu'elle emplit d'eau, elle plaça son bouquet — le premier qu'elle eût jamais reçu.

Le lendemain matin Paulin eut encore affaire au cartonnier, et deux brins de violette tombèrent encore sur le papier de Marichette.

Ce fut ainsi tous les matins, jusqu'au moment où la neige couvrit la terre ; quand elle eut fondu, ce fut des perce-neige qu'il apporta, des primevères, des scilles, des épines noires, suivant chaque matin la marche du printemps.

VII

Quand Victor se disait que Marichette était une fille honnête et innocente, il ne se trompait pas. Mais honnêteté et innocence ne sont pas synonymes de niaiserie et d'aveuglement, surtout chez une fille de quinze ans.

Si jamais aucun homme ne lui avait parlé d'amour, elle s'en était parlé elle-même.

Et pour cela, elle n'avait pas attendu jusqu'à quinze ans.

Est-ce que, quand elle était petite fille, encore toute petite fille, le mot amour ne retentissait pas déjà à ses oreilles ou ne passait pas sous ses yeux? Dans ses livres de dévotion, au sermon de M. le vicaire, est-ce qu'il n'était pas question à chaque instant d'amour, de fiancé et d'époux? Amour divin, il est vrai, fiancé céleste, époux du ciel : « Oh! mes chères filles, quelles joies ineffables il donne à ses fidèles, l'amour du divin Jésus! »

Elle avait précisément une de ces natures qui trouvent des joies ineffables à se griser d'idées vagues, puisées dans le sentiment plutôt que dans l'esprit.

Ce qu'était l'amour, elle n'en savait rien, mais elle sentait qu'il devait justement donner ces joies ineffables dont on lui parlait.

Amour céleste, amour terrestre, qu'importait! elle n'avait pas de distinction à établir; une seule chose certaine, l'amour était un état de béatitude parfaite.

Pour elle d'autant plus grande, cette béatitude, qu'elle était de complexion tendre, ayant toujours eu besoin d'être embrassée et caressée. Ç'avait été par le nez et par les joues que ses poupées avaient péri, pour avoir été trop souvent et trop passionnément bécottées.

Au temps où elle avait son père et sa mère, elle allait de l'un à l'autre, les embrassant et se faisant embrasser, sans raison, sans prétexte, pour rien, pour le plaisir. Mais cela n'empêchait pas qu'elle pensât au moment où elle aurait un mari qui, lui aussi, l'embrasserait bien. Et quels baisers elle lui donnerait sur les *nieux!* Alors, elle rêvait les félicités qu'une femme devait trouver dans le mariage, faites uniquement de tendresse et de caresses, n'imaginant pas qu'on pût se marier pour autre chose que pour s'embrasser et se caresser. Il y avait bien aussi les belles robes et les bijoux que donne le mari, mais cela n'était que secondaire. Avant tout, l'amour. Et le mari lui-même, jeune, beau, bon, disposé à se laisser aimer.

Son père mort, elle n'avait plus eu que sa mère à caresser; sa mère morte, elle n'avait plus eu personne, puisque son cousin n'avait pas besoin d'affection.

Alors, il n'avait plus été question de mari. Où était-il, le mari rêvé ? Une pauvre fille comme elle ne se marierait pas.

C'était dans le néant qu'elle était tombée en arrivant à Saint-Maclou, et pendant bien des heures de ses longues nuits elle avait cru qu'elle aussi était morte ; au moins l'était-elle pour l'amour et les espoirs de son enfance. Plus jamais autour d'elle d'affection. Plus personne à aimer. Elle vivrait seule, sans autre but dans sa vie que de vivre, dans le vide du cœur. Plus d'amour.

Cependant, il n'avait pas fallu bien des semaines pour qu'elle devinât que c'était de l'amour que ces deux jeunes gens éprouvaient pour elle ; et cela sans cesser d'être une innocente et honnête fille.

Ce n'était pas seulement pour lui donner des nouvelles de Psit que Paulin avait dérangé leurs tables ; il n'y avait pas seulement de la compassion dans son sourire, et même il n'y avait pas seulement de la sympathie ; ce n'était pas seulement parce qu'elle aimait les fleurs que tous les matins il lui avait apporté des violettes, des scilles, des primevères.

De même ce n'était pas par pure coquetterie que Victor frisait ses cheveux plats d'une façon si drolatique, ni qu'il embaumait le foin comme un botteleur ; ce n'était pas pour se dégourdir les jambes qu'il venait tourner autour d'elle comme une bête dans sa cage ; ce n'était pas parce qu'il avait mal aux dents ou mal au ventre qu'il poussait des soupirs à faire tourner des moulins.

Si elle n'avait jamais vécu avec des amoureux, et si elle n'en avait jamais eu elle-même, ses réflexions, son instinct féminin et aussi ses lectures lui avaient éveillé les idées.

Dans ses deux dernières années passées auprès de sa mère, ce n'avait plus été seulement les livres de dévotion de la pension où il était question d'amour divin, qu'elle avait lus, mais toute une collection de journaux, de publications illustrées, de romans que les hasards des relations lui avaient mis aux mains. En avait-elle vu des amants dans ce monde romanesque, depuis les princes charmants jusqu'aux héros du bagne.

Elle ne pouvait pas s'y tromper, ils l'aimaient ; tout le montrait, tout le prouvait, il eût fallu vraiment qu'elle fût aveugle ou stupide pour ne pas le voir.

Mais ce double amour ne pouvait pas produire le même effet sur elle ; si l'un la charmait, l'autre l'effrayait.

Ce n'était jamais sans émoi qu'elle voyait Victor entrer, l'air inspiré, résolu, en vainqueur. Qu'allait-il dire ? Il lui fallait vraiment faire un effort pour paraître indifférente et pour continuer de travailler avec toutes les apparences d'une tranquillité parfaite. En réalité, elle avait peur, très peur. Elle était seule avec lui, dans cette vaste maison, et les jours de froid ou de vent, les portes et les fenêtres closes. Que répondre s'il parlait ? Et puis elle ne craignait pas seulement qu'il parlât ; dans les romans qu'elle avait lus, les amoureux ne s'en tenaient pas aux paroles dans la scène de la déclaration. Que ferait-elle s'il voulait lui embrasser les mains ? Quand il se contentait d'allusions plus ou moins directes, en disant ce qu'il était et ce qu'il serait, c'était bien, elle pouvait avoir l'air de ne pas comprendre. Quand il lui expliquait que du jour où il aurait fait fortune, ce qui ne pouvait manquer d'arriver, il reprendrait le nom qu'avaient porté ses ancêtres et auquel son père avait renoncé par suite du malheur des temps : De Dessus La Mare, en quatre mots, — elle pouvait aussi en rire. Tout cela n'était pas d'un danger immédiat. Mais quand il la regardait en roulant des gros yeux blancs, avec une face rouge comme s'il allait éclater, ou bien, quand tout à coup, après un long moment de silence, il poussait un formidable soupir, elle n'était pas maîtresse de son premier mouvement et vivement elle cachait ses mains sous la table.

Au contraire, ce n'était jamais sans trouble qu'elle voyait Paulin arriver. Au commencement de son séjour à Saint-Maclou, elle ne s'inquiétait pas de savoir si elle serait la première ou la dernière au bureau ; pourvu qu'elle y fût en temps pour satisfaire son oncle, cela suffisait ; mais bientôt elle avait voulu être là quand il entrait. Avant qu'il eût mis la main sur le bouton de la porte extérieure, elle avait reconnu son pas, et tout bas elle se disait :

— C'est lui, le voilà.

Jamais elle ne se demandait : « Que va-t-il dire ? »

Et s'il lui fallait faire un effort, c'était pour ne pas montrer à tous son contentement.

C'est qu'elle n'avait pas peur qu'il parlât, celui-là.

Ce qui tout d'abord l'avait touchée, c'était l'extrême réserve qu'il avait mise à lui témoigner de la sympathie; ce qui la charmait, c'était la discrétion qu'il apportait dans leurs relations de chaque jour.

A son sourire, le sourire pouvait répondre; avec lui, il n'y avait jamais à se demander si le moment n'était pas venu de se cacher les mains sous la table.

A la vérité, il ne ressemblait pas aux amoureux des livres qu'elle avait lus; mais si elle en avait imaginé un, elle ne l'aurait pas voulu autre que n'était celui-là.

Que pouvait-elle désirer de plus?

Elle n'était plus seule; son cœur, qu'elle avait cru mort, vivait; l'effroyable peur du néant qui l'avait paralysée ne pesait plus sur elle; il était là.

Et elle n'avait pas autre chose à lui demander que d'être là.

Il était son sauveteur; il l'avait repêchée.

Elle le voyait chaque jour, et quand elle ne le voyait pas, elle pensait à lui; elle se rappelait ce qu'il avait dit; elle se réjouissait de le voir le lendemain; dans sa vie, il y avait un but; dans son cœur, une espérance ou un souvenir.

Qu'adviendrait-il de cet amour? Elle ne cherchait pas à le deviner: tout était bien ainsi; elle avait été assez malheureuse pour se contenter du présent sans s'inquiéter de l'avenir, car maintenant elle avait un présent.

Il en était de son cœur comme de la chambre qu'elle habitait.

Depuis qu'elle était à Saint-Maclou, rien n'avait été changé à l'ameublement de cette chambre ; c'était toujours le même lit de sangle posé sur des X, la même vieille table de nuit, la même chaise dépaillée ; aux fenêtres, on n'avait pas mis de rideaux ; et sans quelques clous qu'elle avait enfoncés aux murs pour accrocher ses vêtements, sans une caisse que Divine lui avait trouvée pour serrer son linge, les choses eussent toujours été dans le même état qu'à son arrivée, aussi froides à l'œil, aussi misérables pour le bien-être.

Et cependant, ce froid et cette misère qui si souvent l'avaient glacée lorsqu'elle les comparait à la chaleur et au moelleux du nid de son enfance, n'étaient plus sensibles pour elle. Après le dîner en tête-à-tête avec son cousin qui n'avait pas dit un mot, quand elle montait à sa chambre pour se coucher, elle ne voyait plus ni le pauvre lit de sangle dont une servante n'aurait pas voulu, ni la vieille table de nuit, ni la chaise dépaillée. Dans cette immense pièce sombre, il y avait un tout petit verre posé sur le marbre de la cheminée qui la meublait et l'éclairait : celui dans lequel, chaque matin, elle déposait religieusement les quelques fleurs que Paulin avait laissées tomber au-dessus de sa tête.

De même dans son cœur, il y avait une fleur qui le parfumait : la tendresse de Paulin.

VIII

Si Marichette ne désirait rien de plus que ce qui était, Paulin commençait à avoir d'autres exigences qu'elle.

Lorsqu'il s'était mis à sa disposition le soir où elle était arrivée à Saint-Maclou, il n'y avait eu dans son acte de complaisance que le simple empressement d'un jeune homme auprès d'une belle fille. Elle n'eût pas eu ces beaux yeux noirs et ces jolies frisettes blondes que l'idée ne lui serait assurément pas venue d'emmener Psit chez sa mère ; pitoyable aux bêtes, il l'était, mais pas au point cependant de ramasser et de recueillir tous les chiens perdus.

Il est vrai que tout de suite elle l'avait charmé par la façon simple et gracieuse dont elle lui avait pris la main pour que Psit comprît que c'était celle d'un ami. Ami, il l'était devenu instantanément, et quand, en la quittant, il était remonté chez sa mère, il avait été surpris, tout en marchant, de sentir combien fortement elle l'avait frappé : il revoyait son regard mélancolique, il entendait la musique de sa voix si douce, si harmonieuse ; il se répétait ses paroles. C'était son habitude de rapporter chaque soir à sa mère, en dînant, ce qu'il avait fait dans sa journée ; lorsqu'il lui avait parlé de cette jeune fille, elle avait été toute surprise de son enthousiasme, elle l'avait interrogé, et toute la soirée il n'avait été question entre eux que de Marichette.

Cet enthousiasme avait rapidement grandi à mesure qu'elle s'était fait connaître.

Était-il possible d'être plus gracieuse ? Chaque mouvement qu'elle faisait était une révélation.

Était-il possible d'être plus intelligente ? Chaque mot qu'elle disait avait sa marque ou sa portée.

Et puis était-il situation mieux faite pour inspirer la sympathie que celle de cette pauvre fille, sous la main du terrible Bellocq qui n'aurait jamais pour elle une parole de tendresse, seule au monde, sans parents, sans amis, sans personne à quinze ans, dans un pays où elle n'avait même pas une connaissance ?

Comment ne se fût-il pas épris d'amour pour elle !

Ce n'était point la première femme qui eût fait battre son cœur, mais c'était la première qu'il trouvait digne d'être aimée, comme il voulait aimer, comme il comprenait qu'on aimât.

Il ne ressemblait en rien à son camarade Victor : jamais il ne lui était venu à l'idée d'aller se pavaner les dimanches d'été sur la plage pour voir si quelque Parisienne passionnée ou ennuyée ne se laisserait pas prendre à ses œillades provocantes. Pour lui, il n'y avait pas de veuves aux pieds gelés et à la cuisine appétissante, pas plus qu'il n'y avait de pêcheuses de crevettes ou des petites ouvrières.

L'amour qu'il voulait devait réunir toutes sortes de qualités rares et merveilleuses qu'il avait longuement discutées dans ses rêveries, mais qu'il n'avait arrêtées d'une façon précise qu'en voyant Marichette : — celles-là précisément qui se trouvaient en elle. La blonde valait-elle mieux que la brune ? Maintenant il était fixé : il n'y avait qu'une femme qu'on pût aimer, — une blonde puisque Marichette était blonde. Y avait-il plus de charme dans le regard tendre que dans le regard enjoué ? Là-dessus aussi il était fixé d'une façon définitive : Marichette avait le regard tendre.

Parti de ce pas il avait marché vite et il n'avait pas tardé à ne plus se contenter des sourires échangés d'une table à l'autre, ni du muet remerciement qui accueillait chaque matin sa jonchée de violettes ou de primevères.

L'aimait-elle ?

Savait-elle qu'elle était aimée, passionnément aimée ?

Voilà ce qui devait être précisé, car tandis que Marichette lisait clairement en lui, il en était encore à se demander ce qui se passait en elle.

Il y avait des heures où se rappelant son sourire, retrouvant un accent ému, un signe de tendresse, il se disait qu'elle avait tout deviné et qu'il était aimé ; mais il y en avait d'autres, et elles étaient les plus nombreuses, où il restait livré aux angoisses de l'incertitude et du doute.

Pourquoi l'aimerait-elle ? A quoi sentirait-elle

qu'elle était aimée ? Qu'avait-il fait pour elle ? Qu'était-il pour se faire aimer ?

S'il était exigeant pour les qualités que devait réunir la femme aimée, il ne l'était pas moins pour les mérites qui devaient appartenir à l'amant. Les qualités de Marichette, il les voyait, elles s'imposaient aux yeux comme au cœur ; mais ses mérites à lui, quels étaient-ils ? Qu'avait-il fait jusqu'à ce jour pour donner sa mesure, non seulement aux autres, mais encore à lui-même ? Ce qu'il était, en réalité, il ne le savait pas ; pourquoi une autre le saurait-elle ?

En lui rien du vainqueur ; tout au contraire un sincère et un modeste.

Pour qu'elle l'aimât, si toutefois il était permis d'espérer qu'il fût jamais aimé, ne fallait-il pas que, tout d'abord, elle sût qu'elle était aimée : l'amour enfante l'amour.

Il devait donc parler et ne plus s'en tenir à des sourires, si tendres qu'ils fussent, ni à des fleurs.

Mais ce ne fut pas sans de poignantes émotions, sans des hésitations, sans des luttes qu'il arrêta cette résolution.

Que deviendrait-il si elle ne l'aimait point ?

A cette pensée il devenait lâche, et il se disait que ce serait sagesse que d'attendre ; le temps ne pouvait-il pas amener une circonstance heureuse qui supprimerait les dangers d'une déclaration solennelle ? Il ne parlerait point.

Mais, d'autre part, quel transport de joie si, à cette déclaration, elle répondait par un aveu ! Plus de doutes, plus de luttes. Il parlerait donc

Ainsi il était arrivé au même résultat que son camarade Victor ; tous deux, devant cette petite fille, restaient bouche close ; mais les raisons qui les faisaient se taire n'étaient pas du tout les mêmes chez l'un que chez l'autre : Paulin avait peur de Marichette ; Victor avait peur de lui-même ; c'était l'émotion de ce qu'il avait à dire qui faisait taire l'un ; et l'autre c'était l'émotion de ce qu'il pouvait entendre.

Dans ces conditions, ce qui devait se produire, c'était que Victor ne parlât jamais ; tandis que Paulin, au contraire, pouvait rompre le silence le jour où il croirait avoir plus à espérer qu'à craindre.

Il avait attendu, s'enhardissant lorsque Marichette se montrait un peu plus affectueuse que de coutume, s'effrayant lorsqu'il la voyait distraite ou préoccupée ; elle ne l'aimait point ; elle ne pensait point à lui ; elle ne l'aimerait jamais.

Les tristes journées d'hiver s'écoulèrent ; le printemps arriva ; le laisserait-il passer comme avait passé l'hiver ? Maintenant les occasions de se trouver seul avec Marichette étaient plus fréquentes ; Bellocq, bien souvent, restait absent du matin au soir, et Victor, qui pendant l'hiver ne sortait guère de son bureau, avait, depuis que les travaux reprenaient pour tout le monde, une bonne partie de son temps occupée dans les magasins et les chantiers où il devait surveiller les livraisons de matériaux faites aux ouvriers et aux petits entrepreneurs. Jamais, depuis qu'il aimait Marichette, les circonstances n'avaient été aussi favorables à un entretien en tête-à-tête ; ne les mettrait-il pas à profit ?

Une après-midi de mars, rentrant plus tôt que d'ordinaire, il trouva Marichette seule : Bellocq ne reviendrait que dans la soirée et Victor faisait charger une voiture d'ardoises, ce qui devait le retenir assez longtemps.

— Déjà ! dit Marichette.

Il l'examina en tâchant de deviner le sentiment qui avait inspiré ce « déjà » : était-elle contrariée qu'il rentrât si tôt ; en était-elle heureuse ?

Le regard qu'il rencontra n'exprimait nullement la contrariété ; ouvert, accueillant, avec quelque chose de joyeux qui n'était pas ordinaire chez elle, car dans son sourire il y avait habituellement un fond de mélancolie.

— Je croyais que vous rentreriez tard ? dit-elle.

— Pourquoi donc ?

— Il fait si beau temps qu'on doit être heureux de rester dehors aujourd'hui !

Un mot lui vint sur les lèvres : « Ce n'est pas dehors que je suis heureux, c'est ici ; » mais il le refoula, ce n'était point ainsi qu'il voulait lui parler, incidemment, en disant une fadaise ; mais franchement, sérieusement ; et comme il continuait de la regarder il crut sentir que l'heure était venue de le faire.

Par un hasard assez rare elle n'avait point à travailler, et au lieu d'être assise à sa table, à la place où elle avait passé tant d'heures depuis son arrivée à Saint-Maclou, elle était debout devant la fenêtre, regardant les nuages courir, — ce qui était sa manière de jouir de la campagne.

Doucement, avec résolution, il vint auprès d'elle, pâle, frémissant, mais cependant ferme et décidé.

— Vous n'avez point deviné, n'est-ce pas, pourquoi je rentre de bonne heure aujourd'hui?

Sans attendre une réponse, tout de suite il continua :

— C'est dans l'espérance de vous trouver seule et d'avoir avec vous un entretien qui doit décider de ma vie.

Elle avait une confiance si grande, que malgré l'émotion qu'elle voyait dans toute son attitude, elle l'écoutait avec un calme parfait ; à ces mots, elle commença à se troubler, et l'émotion qui était en lui passa en elle.

Elle leva la main comme pour arrêter ce qu'il allait dire ; mais au lieu de se laisser fermer la bouche, il prit cette main dans les siennes :

— Je vous aime...

— Ah ! monsieur Paulin, s'écria-t-elle, en faisant un geste pour se dégager.

— Je vous aime, chère Marichette, je vous aime depuis le jour où vous êtes arrivée ici.

Elle détourna un peu la tête en reculant d'un pas.

— Pourquoi le dire? murmura-t-elle.

— Parce que je ne peux plus vivre près de vous sans que vous le sachiez.

Plus faiblement encore, mais cependant d'une voix distincte, elle murmura :

— Je ne le savais donc point?

Bouleversé, éperdu, il poussa un cri de joie triomphante :

— Vous saviez, vous saviez! s'écria-t-il.

— Oui, et voilà pourquoi vous n'auriez pas dû le dire.

— Mais moi, ne faut-il pas que je sache si je peux espérer que vous m'aimerez jamais ?

— Vous ne le saviez donc point encore?

XI

Ils étaient restés en face l'un de l'autre, ne parlant plus, se souriant.

De temps en temps seulement il répétait :

— Vous m'aimez, vous m'aimez!

Elle ne répondait rien, mais elle continuait de le regarder et doucement, à petits coups, elle lui serrait les mains.

Aux premiers mots de Paulin, quand elle avait compris ce qu'il allait dire, elle avait été prise d'une émotion qui lui avait étouffé le cœur et l'avait anéantie; mais maintenant elle n'avait plus peur du tout, et même elle se sentait envahie par des mouvements de joie qui la transportaient.

Et cependant avant qu'il parlât elle savait qu'elle était aimée, mais ce n'était pas la même chose de se le dire tout bas, que de l'entendre dire par lui tout haut.

Fermant les yeux à demi, elle le regardait en l'admirant ; elle n'avait jamais imaginé qu'on pût si bien dire : « Je vous aime, » avec un accent si doux au cœur, avec tant de grâce, tant de charme.

Et lui, de son côté, la regardait aussi avec béatitude et avec le même sentiment d'admiration; lui non plus n'avait pas imaginé qu'on pût si bien dire : « Je vous aime, » au moins avec cette délicatesse en même temps qu'avec cette chaste franchise. Etait-il rien de plus délicieux, de plus touchant, que la façon dont elle avait avoué son amour?

— Et je doutais, s'écria-t-il; je ne croyais rien, je ne voulais rien voir, je n'osais rien croire!

— Et moi qui étais heureuse de penser que vous ne parleriez jamais!

— Vous m'en voulez donc d'avoir parlé?

Elle eut un léger sourire :

— Ai-je l'air de vous en vouloir? demanda-t-elle. Regardez-moi.

— Je m'habituerai à mon bonheur, mais il est si foudroyant que je cherche si j'ai ma raison ou si je suis dans le rêve.

Elle lui serra les mains tendrement :

— Est-ce le rêve, cela?

— Je me suis si longtemps demandé s'il était possible que vous m'aimiez jamais, que du doute dans lequel je me débattais depuis six mois je ne peux pas passer ainsi tout à coup dans la certitude; j'avais de douces heures quand j'imaginais que vous vous laisseriez toucher, mais j'en avais tant de cruelles et de désespérées! J'aurais voulu faire quelque chose d'extraordinaire qui forçât votre amour.

— Vous l'avez faite, cette chose extraordinaire.

— Laquelle?

— J'étais seule, vous êtes venu à moi ; j'étais désespérée, vous m'avez donné l'esperance ; je ne voyais dans la vie que tristesse, chagrin, douleur, dureté, vous m'avez montré qu'il y avait aussi de la bonté, de la pitié, de la générosite, de la tendresse ; j'étais morte, vous m'avez ressuscitée.

— Je n'ai rien fait que de vous aimer, mais ne jugez pas l'avenir par le passé ; vous verrez que je serai digne de vous et de votre amour. Il me semble que mon bonheur, si grand qu'il soit, ne serait pas complet si je ne vous disais pas aujourd'hui même ce que je veux pour vous, pour nous.

— Dites.

— Nous sommes bien jeunes l'un et l'autre, vous avez quinze ans...

— Bientôt seize.

— ... J'en ai vingt-deux ; mais quand l'amour entre dans notre cœur, un amour comme celui que je ressens, il nous impose des pensées d'avenir qui font notre raison plus âgée qu'elle ne l'est réellement. Avant de vous aimer, je ne pensais qu'à moi ; depuis que je vous aime, je pense à vous, à nous ; j'arrangeais ma vie, j'arrange la nôtre. Quand je vous ai parlé de mes projets d'aller à Paris, je commençais déjà à vous aimer, mais sans me rendre bien compte de ce que j'éprouvais, si c'était un caprice de jeunesse ou un amour véritable ; je vous trouvais charmante, j'étais attiré vers vous, c'était tout, et naturellement je poursuivais les idées qui dirigeaient ma vie depuis plusieurs années. Si vous voulez rappeler vos souvenirs, vous verrez que depuis longtemps déjà je ne vous parle plus ni de Paris, ni de l'Ecole des beaux-arts.

— Il est vrai.

— C'est que du jour où j'ai senti combien profondément je vous aimais, j'ai renoncé à Paris.

— Est-ce possible ?

— Ma vie n'est-elle pas liée à la vôtre; puis-je aller à Paris quand vous restez à Saint-Maciou?

— Ce que vous me dites là me donne une grande joie, mais en même temps me désespère ; je ne dois pas vous faire manquer votre avenir, jamais je n'accepterai cela.

— Mon avenir maintenant, c'est de vous aimer. Mais laissez-moi vous expliquer comment je l'ai arrangé, cet avenir, et vous verrez que vous pouvez sans inquiétude accepter ce que je veux pour vous. Pour aller à Paris dans deux ans, comme j'en avais l'intention, il faut ou que nous nous séparions, ou que nous partions ensemble. Pouvons-nous nous séparer?

Elle le regarda un moment sans répondre.

— Votre regard attendri et attristé répond pour vous, dit-il en continuant. D'ailleurs il faut l'accord de deux volontés pour une séparation, et alors même que vous consentiriez à me laisser partir, moi je ne pourrais jamais me résigner à ce départ. Je ne puis donc pas aller à Paris sans vous. Pouvez-vous y venir avec moi? Je ne vous pose pas cette question pour que vous répondiez. Vous ne vous appartenez pas et pour plusieurs années encore vous ne vous appartiendrez pas. Mais si je la posais à M. Bellocq, vous savez comme moi quelle serait sa réponse. Il est votre tuteur, votre patron et chacun de ces titres le rend... hostile à notre amour. M. Bellocq, dans sa situation de fortune, peut-il permettre que sa cousine et sa pupille aime un garçon qui n'est rien et n'a rien? M. Bellocq, le chef de cette maison, peut-il supporter qu'on lui enlève une employée qui lui rend des services réels, en qui il a une confiance qu'il n'aurait pas en une autre et... qui ne lui coûte rien?

Elle fit un geste pour l'interrompre, mais vivement il continua :

— Ce n'est pas pour blâmer M. Bellocq que je parle ainsi, ce ne sont pas des accusations que je porte contre lui; j'en aurais à formuler que je ne me les permettrais pas en m'adressant à vous. C'est une situation que je constate parce que, pour toutes sortes de raisons, il est indispensable que tous les deux nous comprenions bien quelle elle est. Je serais quelqu'un, j'aurais de la fortune, j'irais trouver M. Bellocq, et je lui dirais : « J'aime mademoiselle Marichette, donnez-la-moi pour femme. » Mais que je risque cette demande, vous savez comment elle sera accueillie; de même vous savez que je serais renvoyé d'ici si M. Bellocq venait à apprendre que je vous aime; un pauvre garçon comme moi n'a pas le droit de lever les yeux sur la cousine d'un homme comme lui.

— Qu'est-elle donc?

— Sa parente. Et pour lui cela suffit. D'ailleurs je reconnais qu'un homme moins fier que M. Bellocq serait pleinement dans son droit en refusant sa fille à un garçon de mon âge qui est ce que je suis, — c'est-à-dire rien. Nous sommes donc obligés de cacher notre amour; au moins je crois qu'il le faut sous peine d'être séparés; le croyez-vous aussi?

— Oh! assurément, s'écria-t-elle avec un élan qui trahissait son émoi et sa crainte.

— C'est une grande humiliation pour moi de vous parler ainsi et de vous demander de pareilles précautions; j'aurais été si heureux, si fier de dire à tous que vous m'aviez jugé digne d'être aimé! Mais elles ne seront pas éternelles, ces précautions. Je vais travailler plus que je ne l'ai encore fait; en même temps je vais m'efforcer de me créer des relations, — ce que j'ai négligé jusqu'à présent comme étant chose inutile pour moi, puisque je ne devais pas rester à Saint-Maclou. Malgré ma jeunesse, des entrepreneurs qui m'ont vu à l'œuvre ont confiance en moi; plusieurs propriétaires à qui j'ai eu affaire m'ont pris en affection; et sans jactance je crois pouvoir dire que le jour où je me sentirai en état de quitter M. Bellocq, je trouverai du travail. Sans doute je n'aurai point le savoir et le talent que j'aurais voulu acquérir, mais je ne serai plus un commis, et si je ne peux pas vous offrir une situation digne de vous, au moins sera-t-elle honorable. Je pourrais vous citer des architectes du pays qui n'en savent pas plus que moi et qui gagnent très largement leur vie; je suis resté pendant plusieurs années à Saint-Maclou pour ma mère; pour vous j'y resterai toujours, si cela ne vous effraye pas.

— Ce qui m'effraye, c'est votre résolution d'abandonner votre avenir de gloire.

— La gloire vaut-elle l'amour? J'ai l'amour; qui sait si j'aurais jamais la gloire! Ne faudrait-il pas que je fusse fou pour sacrifier mon bonheur à... à je ne sais quoi, à rien du tout, très probablement?

— Que suis-je pour que vous me fassiez cet abandon, et comment le payer jamais?

— En vous laissant aimer. D'ailleurs, si nous voulions peser ce que nous faisons chacun, ma part serait de beaucoup la plus faible. Si quelqu'un peut dire justement : « Que suis-je? » n'est-ce pas moi, qui n'ai à répondre que par un peut-être?

— Vous m'aimez?

— Et vous, chère Marichette, ne m'aimez-vous point?

— Moi, je ne suis qu'une pauvre créature, qu'une orpheline, et votre amour est pour moi le salut; ce n'est pas seulement le bonheur d'être aimée et d'aimer qu'il me donne, c'est aussi la sécurité dans le présent, la confiance dans l'avenir, le sentiment de la vie. Je n'étais plus depuis que j'avais perdu mon père et ma mère; par vous je suis, je crois, j'espère.

— Moi, je n'étais qu'un timide et qu'un indécis, vous m'avez donné la foi en moi et le courage; parce que vous m'aimez, il me semble que je suis quelqu'un; votre amour est l'affirmation que je vaux quelque chose.

Comme s'ils n'avaient plus besoin de paroles pour s'entendre, ils restèrent les mains dans les mains, les yeux dans les yeux.

X

Il arrivait souvent que Bellocq dînât sans laisser paraître qu'il voyait Marichette à table, lui faisant vis-à-vis.

Mais ce soir-là, lorsqu'ils s'assirent en face l'un de l'autre, il l'examina curieusement.

— Qu'as-tu donc? lui demanda-t-il en l'enveloppant de ce regard qui la faisait toujours trembler.

Elle se sentit rougir, pâlir, et dans son trouble elle ne trouva rien à répondre : il lisait donc en elle? il voyait donc dans ses yeux et sur son visage le rayonnement du bonheur qui la transportait? Cependant il fallait dire quelque chose et ne pas rester sous le feu de ce regard noir.

— Je vous remercie, mon cousin, je ne suis pas malade.

— Je ne te dis pas que tu es malade, je te demande ce que tu as.

— Mais, rien... Je ne crois pas.

Il continua à l'examiner, mais sans pousser plus loin ses questions; cependant, elle l'entendit murmurer entre ses dents :

— Tiens, tiens, tiens !

Surprise, elle s'enhardit à relever les yeux sur lui, mais le regard qu'elle rencontra la remplit de trouble et de confusion, d'embarras et de malaise, car au lieu de l'indifférence ou de la dureté qu'elle était habituée à lire dans ce regard, elle y trouva un sourire vague et énigmatique auquel elle ne comprit rien. Pourquoi souriait-il de cette façon? Et pourquoi ce sourire, qui aurait dû être agréable et doux pour elle, la gênait-il?

Tant qu'il resta à table, elle tourna et retourna ces questions sans leur trouver de réponse; mais aussitôt qu'il se leva pour s'en aller à ses affaires. le sentiment de gêne qui l'oppressait s'effaça, et elle ne pensa plus qu'à Paulin.

Elle avait vraiment autre chose en tête que de chercher la signification de ce sourire ou ce qu'il cachait : — son bonheur, son amour.

Comme elle aurait voulu marcher librement, courir au bord de la mer, respirer le plein air, crier son ivresse! Mais depuis huit mois elle n'était pas sortie de cette maison, et tout à coup elle ne pouvait pas s'échapper.

Elle monta à sa chambre : là au moins elle serait libre; porte close, fenêtre ouverte, elle pouvait se souvenir et rêver en face de la mer.

— Il m'aime, c'est donc vrai !

Comme ces deux mots « il m'aime » ressemblaient peu aux raisonnements qu'elle arrangeait pour se persuader qu'elle était aimée avant qu'il eût parlé!

Comme ce qu'elle se disait alors était loin de ce qu'il avait dit.

Je vous aime.

Elle retrouvait dans son cœur la musique de sa voix ; elle voyait ses yeux ; elle sentait dans ses mains les étreintes de ses doigts.

Était-il possible qu'un si grand bonheur fût pour elle, la malheureuse et la misérable !

De ses lectures il lui restait le souvenir des transports de joie qu'éprouvaient les femmes ou les jeunes filles qui étaient aimées ; c'était même cela qui s'était gravé dans son esprit bien plus profondément que les histoires dans lesquelles ces femmes figuraient, leurs aventures ou leurs caractères, car ce qui l'avait toujours frappée dans un livre, c'était ce qui se rapportait à l'amour ; mais combien ces transports lui paraissaient mesquins à côté des siens !

C'est que ces femmes n'étaient pas seules au monde ; elles avaient des parents, des amis ; l'amour n'était pas tout pour elles ; tandis que dans son isolement il était la vie même ; cet amant n'était pas seulement l'homme qui l'aimait et qu'elle aimait, il était plus encore, père, mère, famille entière ; ce n'était pas seulement le bonheur dans le présent qu'il lui donnait, mais c'était encore une main ferme pour la guider dans l'avenir.

Jusqu'à une heure avancée de la nuit, elle resta à sa fenêtre, les yeux perdus dans les profondeurs bleues du ciel étoilé, frissonnante, frémissante, se répétant :

— Il m'aime, il m'aime !

Le lendemain matin elle était la première au bureau longtemps avant l'arrivée de Paulin, l'attendant, le guettant. Il avait eu la même pensée qu'elle, car il devança son heure habituelle.

Ils étaient seuls; elle put courir à lui, comme il put courir à elle.

— Je vous attendais.

— Et moi, je voulais vous attendre.

— Nous avons eu la même pensée.

— Puisque nous avons le même cœur.

Il ne lui avait tendu qu'une main; de l'autre il portait une petite boîte ficelée; il l'ouvrit et en tira un bouquet de violettes blanches encore tout emperlées de la rosée de la nuit.

— Si ce n'est point notre bouquet de mariage, au moins c'est celui de nos fiançailles.

Ils entendirent un bruit de pas dans le vestibule; Marichette dut se sauver, emportant son bouquet, qu'elle n'eut que juste le temps de cacher dans son pupitre.

Paulin avait pris ses dispositions pour rester ce jour-là à la maison, et ne pas quitter Marichette; mais il avait compté sans son maître; il n'était pas au bureau depuis dix minutes qu'il fallut partir pour aller à trois lieues de Saint-Maclou à pied, — la journée perdue.

Une heure après Paulin, ce fut Bellocq qui partit à son tour, et aussitôt Victor vint rôder, tourner autour de Marichette; plus que jamais il était parfumé et frisé; plus que jamais il était tout à la tendresse.

Comme il l'aimait !

Il avait une journée à lui, n'en profiterait-il pas enfin ?

De même qu'il avait des théories sur les parfums et sur la toilette, il en avait aussi sur les saisons : au printemps une femme était bien plus facilement prenable qu'à l'automne. Justement c'était le printemps qui devait infailliblement exercer sa vertigineuse influence sur la tête de Marichette et même très probablement sur ses sens.

Et subissant lui-même cette influence, il se promenait par le bureau en poussant à de courts intervalles des soupirs déchirants.

Si, en temps ordinaire, Marichette trouvait ces soupirs ridicules, ce matin-là ils l'exaspéraient. N'étaient-ils pas une offense pour son amour, une injure pour Paulin ?

Habituellement elle paraissait ne pas les remarquer et elle continuait de travailler comme si elle ne les entendait pas ; mais dans les dispositions où elle était il lui fut impossible de s'imposer cette réserve. Ne la laisserait-il pas tranquille ? Ne pourrait-elle pas être à Paulin tout entière ? Cela était intolérable et honteux.

S'il avait eu des yeux pour voir, il aurait compris aux regards qu'elle lui lançait de temps en temps qu'il avait mal choisi son heure ; mais c'était à lui qu'il pensait bien plus qu'à elle, à ce qu'il avait à dire et qu'il ne disait pas.

A un soupir plus fort que les autres, elle éclata :

— Ce que je fais est difficile, dit-elle, j'aurais besoin de n'être pas distraite.

Il fut abasourdi.

— Mais, mademoiselle, je ne vous dis rien.

— Cela me trouble de vous voir vous promener ainsi ; obligez-moi de me laisser seule.

Qu'avait-elle donc, elle toujours si discrète et si réservée ? Ne le devinant pas, il se soumit.

— Je vais travailler, dit-il.

Quand il fut revenu dans son bureau, au lieu de se mettre au travail, il réfléchit pour tâcher de comprendre la cause de cette humeur nerveuse, et il arriva à cette conclusion que cette impatience était due à l'influence du printemps.

— Elle est vexée que je ne parle pas, se dit-il ; quel lâche je suis !

Et ce fut contre lui qu'il se fâcha, non contre elle ; réellement il ne pouvait pas lui en vouloir.

Mais puisque les choses étaient ainsi, il devait profiter de l'occasion qui s'offrait à lui, sous peine de ne la retrouver jamais, car c'était encore une de ses théories que les femmes ne pardonnent pas qu'on les dédaigne, — et elle pouvait croire qu'elle était dédaignée.

Il ne laisserait donc pas perdre cette occasion comme toutes celles qui s'étaient déjà présentées, et puisque malheureusement il ne pouvait point parler, il écrirait ; devant le papier blanc, sa main aurait les audaces que ses lèvres n'avaient pas devant Marichette ; — il savait ce qu'il devait dire, s'il ne pouvait pas le dire.

Sa lettre fut rapidement écrite; depuis le temps qu'il s'était préparé, il n'avait pas à chercher ses mots. Mais ce n'était rien d'écrire cette lettre, le difficile, c'était de la remettre, car il y avait là un fait direct et immédiat tout aussi effrayant pour lui que la déclaration de vive voix.

Il le supprimerait, ce fait direct, et alors le succès serait certain; rien d'impossible à cela.

En revenant de déjeuner, il entra dans le bureau de Marichette.

— Voulez-vous copier cette facture, mademoiselle? dit-il en posant devant elle un livre de comptes grand ouvert.

Puis tout de suite il ajouta :

— Vous tournerez la page.

Et, avant qu'elle eût levé les yeux sur lui, il disparut.

Ce qu'elle devait trouver en tournant la page, c'était sa lettre qu'il avait intercalée entre deux feuillets du livre.

Sans se douter de rien, et avec son soin habituel, elle se mit à copier la facture; ce fut seulement quand elle tourna la page qu'elle trouva la lettre, dont les premiers mots lui sautèrent aux yeux : « Je vous aime, mademoiselle. »

Elle n'alla pas plus loin; vivement elle referma le livre, indignée, pour la première fois de sa vie furieuse.

Victor qui, du fond de son bureau, la guettait, suivant tous ses mouvements, fut stupéfait : — « Comment, elle ne lit pas! »

Pendant quelques instants, il la vit réfléchir, puis tout à coup se lever, prendre le livre et se diriger vers son bureau.

— Que veut-elle donc? se demanda-t-il.

Il ne tarda pas à le savoir.

— Voici un livre, dit Marichette, dans lequel vous avez oublié des papiers qui ne sont pas pour moi.

— Mais, mademoiselle...

— Je vous prie de veiller désormais à m'éviter pareil... ennui.

Ce fut le soir seulement qu'il releva la tête. Il devait justement voir ses amis ce jour-là; allait-il paraître devant eux en vaincu? Mieux valait mourir.

Il se montra si fier et si superbe qu'ils l'applaudirent.

— Alors, elle a capitulé?

— Parbleu!

IX

C'était l'habitude que Paulin dit tout à sa mère, — ce qu'il faisait, ce qu'il pensait, ses projets comme ses espérances.

Cependant il ne lui avait pas avoué son amour pour Marichette, et bien qu'il n'eût jamais laissé passer un jour sans parler d'elle, il ne s'était point encore expliqué franchement sur son compte. S'il ne devait point être aimé, à quoi bon imposer à sa mère le partage de son chagrin et de ses tourments ?

Mais, après leur entretien, il n'avait plus cette réserve à observer : il était aimé ; il fallait qu'il criât son amour ; qui pouvait-il prendre pour confident si ce n'est sa mère ?

Jamais il n'avait monté la côte de Criquefleur d'un tel pas ; il avait des ailes ; tout en courant il répétait son nom :

— Marichette, Marichette !

Jamais nuit ne lui avait paru aussi belle ; jamais les étoiles n'avaient eu cet éclat. Ah ! qu'il était doux de vivre !

— Marichette, je t'aime ! je t'aime !

C'était vrai, elle l'aimait ; le monde était à lui.

Quand il ouvrit la porte de leur maison, Psit, comme tous les soirs, accourut à lui. Au lieu de lui donner les deux ou trois caresses du retour, il le prit dans ses bras et à plusieurs reprises il l'embrassa :

— Ah ! Psit, quel bon chien ! Es-tu un bon chien !

Et Psit, tout heureux, rendait les caresses qu'on lui donnait, sans se douter qu'elles étaient une sorte de remerciement.

Surprise des éclats de voix de son fils, madame Morot, qui était penchée dans la cheminée pour tremper la soupe, s'interrompit dans son occupation et, se retournant, la cuiller à pot à la main, elle regarda Paulin :

— Qu'as-tu donc ? demanda-t-elle.

Sans répondre, il alla à elle, et la prenant à pleins bras, il la releva.

— Ah ! maman, maman ! dit-il en l'embrassant.

— Mais qu'est-ce que tu as, mon garçon ? Tu me fais peur.

— Regarde-moi, tu verras que tu n'as pas à t'inquiéter.

En effet, à la lueur de la chandelle des douze accrochée à la hotte de la cheminée, elle vit qu'il avait le visage rayonnant.

— Pour sûr, tu as quelque chose !

— Je te dirai cela en dînant.

— Eh bien, dînons vite.

Et tout de suite elle posa la soupière sur la table où le couvert était mis, tandis que Paulin, allumant une lanterne, allait, accompagné de Psit, tirer du cidre dans la cave, située au fond de la cour.

Ils s'assirent en face l'un de l'autre; madame Morot, avec la placidité des paysans qui ne se laissent jamais impatienter par la curiosité, Paulin remuant, agité, ne tenant pas en place. Lentement elle le servit; puis tout aussi lentement elle se servit elle-même, et se mit à manger sa soupe avec une sorte de gravité religieuse, en femme qui accomplit un devoir.

— Ah! bien non, s'écria Paulin tout à coup, je mangerai après.

— Ta soupe va se refroidir.

— Cela ne fait rien. Tu sais que je t'aime, n'est-ce pas, et que tu seras toujours la première?

— Comment, la première? demanda-t-elle étonnée et ne comprenant pas.

— La première dans mon affection et ma tendresse.

Cette fois elle s'interrompit de manger sa soupe, et, restant la cuiller en l'air, elle parut réfléchir.

— Ah! mon Dieu! s'écria-t-elle, te serais-tu amouraché de quelque fille?

— Quand cela serait?

— A ton âge, dans ta position; mon pauvre enfant, quel coup tu me donnes; tu veux donc la misère?

Elle poussa son assiette sur la table.

— Tu m'as coupé l'appétit.

Paulin n'avait pas pensé à cela; décidé à s'ouvrir à sa mère, il n'avait qu'une crainte : l'inquiéter dans son affection, et c'était pour prévenir cette inquiétude et cette jalousie maternelle qu'il avait pris la précaution de commencer par l'assurer qu'elle serait toujours la première ; mais qu'elle s'effrayât à cause de son âge et de sa situation, cela ne lui était même pas venu à l'idée, justement parce que cette préoccupation n'était ni de son âge ni de sa situation. Ce n'est pas quand on a vingt-deux ans et qu'on est pauvre qu'on a souci des choses d'intérêts. Il resta un moment décontenancé, car rien de ce qu'il avait préparé pour gagner sa mère n'avait plus de sens ; c'était d'amour qu'il comptait parler, non d'argent ; si les raisons qu'il avait à donner pour prouver qu'il ne pouvait pas aimer une femme plus charmante que Marichette étaient nombreuses, il ne croyait pas du tout à celles qu'il pouvait invoquer pour démontrer qu'elle était un bon parti au point de vue de l'intérêt.

— Et quelle est cette fille ? demanda-t-elle.

— Celle-là même dont je t'ai si souvent parlé depuis huit mois, celle dont tu étais la première à reconnaître les mérites, — mademoiselle Marichette.

— La cousine de M. Bellocq !

— Il n'y a qu'une Marichette.

— Tu l'aimes ?

— J'ai commencé à l'aimer le jour où je l'ai vue pour la première fois.

— Et elle ?

— Aujourd'hui elle m'a promis d'être ma femme ; nous sommes engagés ; c'est là ce qui me rend si heureux.

Vivement elle se leva et, tournant autour de la table, elle vint l'embrasser :

— Pardonne-moi, mon garçon.

Il la regarda abasourdi.

— Il ne faut pas m'en vouloir, tu sais bien que je ne suis qu'une pauvre femme sans éducation, je ne comprends pas tout de suite ; j'aurais dû deviner que tu ne pouvais pas aimer une fille qui n'aurait rien.

Cela n'était pas fait pour le remettre de sa surprise.

— La cousine de M. Bellocq ! continua madame Morot, son héritière ! Et elle t'aime ?

Il eut le cœur serré. Eh quoi ! sa mère le supposait capable de n'aimer Marichette que parce qu'elle était l'héritière de M. Bellocq ? Héritière ! il n'avait jamais eu l'idée qu'elle pouvait le devenir un jour. C'était l'orpheline qu'il avait aimée, la pauvre fille abandonnée, malheureuse. Et même c'était parce qu'elle était orpheline et pauvre qu'il l'avait aimée. S'il avait vu en elle l'héritière de Bellocq, il n'aurait certainement pas pu s'empêcher de la trouver charmante ; mais il n'aurait pas été poussé vers elle par la sympathie ; et quand il aurait senti l'amour naître, il aurait bien su sans doute lui résister. Il n'était point de ceux qui courent après les héritières.

Ce fut la réponse qui lui vint aux lèvres ; heureusement il eut la présence d'esprit de la retenir à temps : ce n'était pas à lui de plaider contre Marichette. Assurément il eût préféré que sa mère l'acceptât pour ce qu'elle valait réellement plutôt que pour la qualité d'héritière, mais ce n'était pas le moment de discuter là-dessus.

— Et le consentement de M. Bellocq? demanda madame Morot.

— Crois-tu que si j'allais le lui demander, il me le donnerait? Non, n'est-ce pas? Aussi avons-nous décidé d'attendre. Nous nous aimons. Pour le moment cela nous suffit. Plus tard nous ferons notre demande, quand elle aura de meilleures chances pour être bien accueillie. Mais avec toi nous ne pouvions pas attendre.

Madame Morot avait repris sa place et elle mangea sa soupe, faisant une pause entre chaque cuillerée.

— Et tes projets, dit-elle enfin, Paris, l'École des beaux-arts?

Ç'avait été une question longuement discutée entre eux, que celle du voyage à Paris, et sur laquelle la mère n'avait cédé que par tendresse pour son fils, ne comprenant rien à toutes les raisons qu'il lui donnait pour le justifier. C'était une bonne femme et surtout une bonne mère, mais comme elle le disait, « elle n'avait pas d'éducation »; fille de paysans, elle était restée paysanne, et les idées qui passionnaient son fils n'avaient jamais pu entrer dans sa tête étroite; l'ambition, la gloire, l'étude, le talent étaient pour elle des mots vides de sens ou à peu près. L'ambition qu'elle admettait c'était celle qui s'employait à gagner de l'argent. Et pour la gloire elle ne voyait pas en quoi il était plus glorieux de construire une maison à Paris qu'à Saint-Maclou. Restée veuve, elle avait mis toute sa vie dans l'économie, dans l'ordre du ménage, dans la dévotion pour son fils en même temps que pour la sainte Vierge, et tout cela s'accommodait mal avec les projets de Paulin : sans avoir jamais vécu de la vie de Paris elle sentait d'instinct que l'économie et l'ordre ne devaient pas être là aussi faciles qu'à Saint-Maclou.

— Bien entendu, dit Paulin, il n'est plus question de Paris ; Marichette reste à Saint-Maclou, nous resterons à Saint-Maclou. Sois tranquille, je trouverai à faire ma vie ici.

— Je te l'ai toujours dit. Mais rassure-toi, je n'en voudrai pas à Marichette de t'avoir convaincu, quand tu ne voulais pas croire ta mère. Je suis trop heureuse de ce qui arrive pour me fâcher. C'est un grand merci que je lui dois. Est-ce que j'aurais pu vivre à Paris ? quand on est une campagnarde, on vit à la campagne. La belle figure vraiment que j'aurais faite à Paris avec mon bonnet de linge et mon caraco !

Toute la soirée et jusqu'à une heure avancée, devant l'âtre, où quelques charbons brillaient encore dans les cendres blanches, il s'entretinrent de Marichette : Paulin parlant de la femme, madame Morot, de l'héritière.

Elle était si bien établie dans la croyance publique, la fortune de Bellocq aîné, que madame Morot se grisait de cette idée d'héritage, sans que Paulin pût rien dire pour la calmer. Jamais elle n'avait, même en rêve, souhaité un si beau mariage pour son fils. A un certain moment, Paulin ayant timidement risqué qu'il était peut-être chimérique d'escompter l'héritage d'un homme de l'âge de Bellocq, elle se fâcha.

12.

— Je ne dis pas qu'il va mourir tout de suite pour que vous héritiez ; mais une fois que tu seras le mari de sa cousine, il ne pourra pas ne pas te donner un intérêt dans ses affaires et ta fortune sera faite. Tu le remplaceras. Ce sera Célanie Belloquet qui jettera de beaux cris.

XII

Que sa mère poussât plus loin que lui l'enthousiasme pour Marichette, c'était ce que Paulin n'avait pas prévu. Il avait cru qu'elle l'accepterait parce qu'elle ne se refusait à rien de ce qu'il voulait, mais c'était tout ce qu'il avait imaginé. Et, encore avait-il craint une certaine résistance. Ne pouvait-elle pas être blessée de partager avec une autre la tendresse de son fils, qu'elle avait eue tout entière jusqu'à ce jour ? Ne pouvait-elle pas trouver que Marichette était trop jeune ? Il faudrait donc lutter.

Mais au lieu de l'opposition à laquelle il s'attendait, c'était de l'approbation qu'il rencontrait, et même mieux qu'une simple approbation, un concours empressé.

Par ce que Paulin lui avait rapporté, madame Morot savait combien Marichette souffrait de son isolement, et cela lui suggéra une idée qui, selon elle, pouvait avoir les plus heureux résultats. Pour être une paysanne sans éducation, il ne s'ensuit pas qu'on est dénuée de finesse et d'esprit de prévision : combien souvent, au contraire, les paysans battent-ils par la finesse, ceux qui, pour un peu de savoir plus ou moins mal digéré, se croient supérieurs à eux !

— Certainement, dit-elle à Paulin, le lendemain de cette soirée passée au coin du feu, j'ai confiance en Marichette, elle t'aime et elle t'aimera encore dans un an ou dans deux ans, mais enfin, malgré tout, il n'est pas mauvais de prendre ses précautions.

— Quelles précautions ?

— Celles qui peuvent resserrer les liens qui vous attachent l'un à l'autre ; c'est bien long un an pour une jeune fille !

— Pas pour Marichette.

— Enfin, cela ne peut pas te déplaire de la voir plus souvent, n'est-ce pas ?

— Que veux-tu donc ?

— Qu'elle vienne ici le dimanche.

— Elle ne sort jamais.

— Justement, il lui sera agréable de sortir, comme il lui sera agréable aussi de trouver des marques d'affection et de tendresse qui lui manquent chez son oncle. Je ne dis pas que je peux remplacer sa mère, mais si elle se sent aimée, cela lui sera doux, c'est si triste à son âge, d'être orpheline. Sois sûr qu'il est bon qu'elle s'habitue dès maintenant à regarder notre maison comme la sienne.

— Je le voudrais comme toi ; mais comment décider M. Bellocq à la laisser venir ici ?

— En le lui demandant ; je tâcherai d'arranger ça dimanche, en sortant de la messe.

Bien que Bellocq n'entrât à l'église qu'à l'occasion

des enterrements et des mariages, il avait tenu à ce que Marichette assistât à la grand'messe du dimanche : « Toutes les dames et les demoiselles de la société vont à la messe; tu es une demoiselle de la société. » Et elle avait été heureuse de lui obéir. Si elle n'avait plus les ardentes dévotions de son année de première communion, elle n'avait cependant pas perdu toutes ses espérances religieuses; et puis la messe c'était une distraction, son unique occasion de sortie; il lui restait trente-sept sous de son voyage, c'était assez pour payer sa chaise, et donner aux quêteurs, sans rien demander à son oncle. Les femmes l'avaient regardée, dévisagée, surtout madame Voisard, la femme du médecin, et mademoiselle Horlaville, la receveuse des postes, qui étaient toutes deux les maîtresses de Bellocq et qui avaient la curiosité d'étudier la nièce de leur amant; une seule lui avait parlé, madame Morot, qui, le second dimanche qu'elle l'avait vue à l'église, lui avait fait une place dans son banc. De là étaient nées entre elles des relations qui chaque semaine avaient un caractère un peu plus affectueux; madame Morot avait de la compassion pour cette pauvre orpheline; Marichette voyait en elle la mère de Paulin. Souvent madame Morot revenait avec elle jusqu'à la porte de Bellocq, où elle la quittait avec un mot d'amitié.

Le samedi, Paulin avertit Marichette des intentions de sa mère :

— Demain, maman veut vous prier de venir dîner avec nous après la messe.

— Je serais si heureuse ! Mais mon cousin...

— Maman demandera la permission de vous emmener ; il ne peut pas toujours vous garder à la chaîne.

Cette nuit-là, Marichette ne dormit guère. L'idée de passer quelques heures avec Paulin la rendait folle de joie ; ils pourraient se promener sous les arbres, s'asseoir dans l'herbe. Quel bonheur ! Pourvu que son oncle ne refusât point !

Justement il était assis devant sa porte, surveillant le chargement de la voiture de midi, lorsqu'elles revinrent de la messe. Tout de suite, et avec son sourire le plus affable, madame Morot lui adressa sa demande.

— Que Marichette aille dîner avec vous ? dit-il brusquement. Pourquoi faire ?

Puis, tout de suite, avant que madame Morot eût trouvé une réponse à cette question bizarre :

— Si cela lui est agréable, cela m'est bien égal, dit-il.

— Je vous la ramènerai pour les vêpres, dit madame Morot.

— Quand vous voudrez ; elle est maîtresse de son temps.

Et, sans plus s'occuper d'elle, il continua de donner des ordres au facteur de la messagerie.

Marichette était trop heureuse pour être sensible à la façon dont la liberté lui était donnée : elle allait voir Paulin, qu'importait le reste !

Si madame Morot avait voulu la suivre, elle aurait monté la côte du même pas que Paulin le soir où

« il avait des ailes »; elle aussi en avait, et le bonheur la portait.

La route était sèche, le soleil brillait dans un ciel sans nuages; les oiseaux chantaient sur les branches des saules et des coudriers en fleur; c'était une journée à souhait.

— Nous allons trouver Paulin à la maison, dit madame Morot s'arrêtant pour souffler; le dimanche tout en travaillant, il soigne le pot-au-feu pendant que je suis à la messe; il empêche le feu de s'éteindre et veille à ce que le bouillon ne se sauve pas; par bonté, par prévenance, il ferait tout; ça ne le *détourbe* pas de son travail, c'est le dimanche qu'il dessine pour lui.

Marichette écoutait ravie, et pour entendre madame Morot, elle ralentissait le pas aussi.

Elles ne le trouvèrent point dessinant, car ce dimanche-là il n'avait point travaillé; il était bien trop ému, trop angoissé : Bellocq aurait-il permis qu'elle vînt? C'était la question qu'il s'était répétée tout en dressant le couvert. Quand il avait entendu sonner la sortie de la messe, incapable d'attendre dans la maison, il avait été avec Psit à l'entrée de la cavée; de là, il la verrait venir... ou il verrait sa mère.

Il n'avait pas eu besoin de l'apercevoir pour savoir qu'elle arrivait; à un certain moment, Psit qui depuis quelques instants s'agitait inquiet, était parti comme un trait, en aboyant follement. C'était elle. Alors il s'était mis à descendre la côte en courant aussi.

Lorsqu'elle était rentré chez madame Morot en allant à Criquefleur, elle avait été frappée de la propreté de la maison, mais cette fois c'était plus que de la propreté qui sautait aux yeux : sur la table était étalée une nappe ; à côté des assiettes brillaient des couverts d'argent ; dans un verre s'épanouissait un gros bouquet de violettes blanches.

— Avez-vous faim, mademoiselle Marichette ? demanda madame Morot.

— Faim ? Oui. Je ne sais pas. Ah ! le beau bouquet de violettes.

Et ses yeux allèrent du bouquet à Paulin.

Déjà madame Morot avait attaché derrière sa tête les brides de son bonnet, et la cuiller à pot en main elle s'occupait à verser le bouillon sur le pain taillé à l'avance dans la soupière.

On se mit à table, Marichette à côté de madame Morot, Paulin en face ; il voulut que Psit eût sa chaise aussi à côté de lui, vis-à-vis sa maîtresse.

— Il faut bien qu'il soit heureux aussi, dit-il, pour décider sa mère, qu'il voyait rétive à l'idée d'accorder tant d'honneurs à une bête.

Avec son esprit d'économie, madame Morot n'avait pas consenti à faire le dîner de gala que Paulin aurait voulu. — Si elle ne vient pas ! avait-elle dit. Et partant de cette idée que Bellocq pouvait refuser Marichette, elle avait arrangé son dîner en conséquence : si Marichette ne venait pas, le pot-au-feu de tous les dimanches ; si elle venait, on ajoutait à ce pot-au-feu un morceau de veau cuit d'avance et une salade de pissenlits avec des œufs durs.

— C'est moi qui ai cueilli les pissenlits, dit Paulin.

— Comme ils sont blancs ! dit Marichette, je n'en ai jamais mangé d'aussi tendres.

A la vérité, elle n'avait jamais rien mangé de meilleur que ce pot-au-feu et ce veau froid, comme elle n'avait jamais vu ciel si pur, soleil si radieux, violettes si fraîches et si parfumées : tout la ravissait, la grisait ; pour un peu elle eût fait comme Psit, qui de temps en temps laissait échapper des cris de joie.

De cette maison elle ne connaissait que la cuisine ; quand on se leva de table elle voulut voir où Paulin travaillait. Pour cela il n'y eut qu'une porte à ouvrir, et elle se trouva dans une assez grande pièce qui avait été autrefois un cellier, que Paulin avait transformé en atelier et en chambre à coucher : les murs étaient tout simplement passés à la chaux, mais au lieu d'une teinte uniforme d'un blanc cru comme dans les maisons de paysan, Paulin avait employé des couleurs qui contrastaient harmonieusement entre elles et formaient ainsi une décoration aussi originale que gaie ; devant la fenêtre une grande table à dessin, contre le mur une étagère pleine de livres, dans un coin une couchette en merisier.

— Oh ! des livres ! s'écria Marichette en courant à l'étagère.

C'étaient des livres de prix, des ouvrages d'architecture, et quelques volumes de poésie et de romans que Paulin achetait quand il pouvait prélever trois francs sur ses économies.

— Si vos ambitions ne se réalisaient pas, dit Marichette à voix basse, comme on serait bien ici !

Pendant que madame Morot mettait sa cuisine en ordre, ils sortirent et, suivis de Psit, ils allèrent s'asseoir à un endroit abrité du vent, en plein soleil, d'où la vue s'étendait librement sur la mer en passant par-dessus les cimes des arbres ; et ils restèrent là la main dans la main, s'étreignant pour une parole de tendresse, s'étreignant pour un silence !

— Il y a quelques mois, dit Marichette, je me demandais ce que j'avais fait pour être si malheureuse ; maintenant je me demande ce que j'ai fait pour être si heureuse, et j'ai comme peur.

— Je vous aime, vous m'aimez, que pouvez-vous craindre ?

Ils furent interrompus : une sonnerie de cloche passait dans la brise ; madame Morot arriva derrière eux.

— Voilà les vêpres qui tintent, dit-elle, il faut que je vous reconduise, mademoiselle Marichette, pour qu'on vous laisse revenir un autre dimanche.

XIII

Après avoir été prisonnière pendant plus de huit mois, Marichette eut des occasions de sortir coup sur coup.

Deux fois elle retourna, le dimanche, chez madame Morot où elle retrouva les joies et le bonheur de la première journée, puis un soir, en se mettant à table, son oncle lui annonça qu'elle dînerait avec lui, le samedi suivant, chez madame Voisard.

Elle resta aussi surprise qu'embarrassée ; comment voulait-il qu'elle allât dans une maison qui avait une réputation d'élégance à Saint-Maclou, avec sa robe noire qu'elle portait tous les jours depuis huit mois?

— Pourquoi me regardes-tu ainsi? demanda-t-il, en remarquant cet étonnement ; étant ma cousine, tu es une demoiselle de la société et cela t'impose certaines obligations; crois-tu que cela m'amuse d'aller dîner chez un tas de gens?

Si cela ne l'amusait pas, au moins cela l'enorgueillissait-il; il était « un monsieur de la société », le porte-balle ; on lui souriait, on lui faisait la cour, on le sollicitait, plus d'un de ceux qu'il avait enviés dans ses années de misère se mettait maintenant à plat ventre devant son argent ou son autorité ; il était passé le temps où parlant de lui on disait tout simplement « Simon Bellocq » ; maintenant il était « monsieur Bellocq ».

Pour son malheur Marichette avait reçu en naissant deux qualités qui, pour une pauvre fille comme elle, étaient deux terribles défauts : la tendresse et la fierté ; c'est aux heureux que la tendresse est douce ; c'est avec la fortune que s'accommode la fierté. C'était justement cette fierté qui l'avait empêchée de jamais dire à son cousin un mot de sa toilette. Depuis qu'elle était à Saint-Maclou elle n'avai eu que la robe noire commandée par Célanie et payée par son cousin Simon ; les trois chemises qu'elle avait apportées dans son petit paquet n'étaient plus qu'une dentelle à laquelle il fallait tous les jours une reprise ; pour prolonger l'existence de ses chaussures à la mince semelle, elle avait dû se tricoter des chaussons qu'elle pouvait heureusement porter toute la semaine, puisqu'elle ne sortait pas ; le chapeau qu'elle avait mis les dimanches pour aller à la messe était toujours le petit caloquet en paille qui lui avait servi pour le deuil de son père ; de bas, elle n'en aurait plus eu depuis longtemps si elle ne s'en était pas tricoté aussi ; sa grande peur était le rhume, n'ayant plus de mouchoirs de poche, par bonheur elle n'était jamais enrhumée.

N'osant pas répondre et ne voulant pas parler de sa misère, elle baissa les yeux.

— Te moques-tu de moi ? demanda Bellocq, que regardes-tu là ?

— Rien, mon cousin.

— Tu regardes ta robe. Est-ce pour me dire qu'elle n'est plus assez bonne pour aller chez madame Voisard? Pourquoi ne parles-tu pas franchement? Crois-tu que je m'amuse à faire attention à ta toilette? As-tu besoin d'une robe ?

— Vous voyez.

— On t'en fera une. As-tu besoin d'autre chose? Tâche de le dire sans rien oublier ; comprends que tu ne dois pas me faire honte, tu es ma cousine.

« Tu es ma cousine » ; comme elle eût été heureuse s'il lui avait adressé ces quelques mots dans d'autres circonstances ! et comme elle eût été heureuse aussi de sa générosité, s'il n'avait pas dit : « Tu ne dois pas me faire honte. »

Pour ne pas lui faire honte, elle lui remit une liste des objets qu'elle jugeait indispensables à sa toilette, et il l'accepta sans observation ; pendant huit jours ce fut une allée et venue continuelle de fournisseurs : couturière, modiste, lingère, cordonnier.

— Comme vous serez belle! disait Paulin.

— Pourquoi le dimanche n'est-il pas la veille du samedi?

Sans doute c'était un soulagement pour elle que d'être affranchie de l'humiliation d'une toilette ridicule et misérable : mais elle n'en était pas moins fort tourmentée à la pensée d'aller dîner, « si belle » qu'elle fût, chez cette madame Voisard, qui à l'entrée et à la sortie de l'église, aussi bien que pendant la messe, la devisageait toujours avec une persistance si gênante.

Pourquoi la regardait-elle ainsi ?

Si Marichette avait été au courant de ce qui se passait à Saint-Maclou et de ce qui s'y disait, elle aurait su que madame Voisard, qui était la maîtresse de Bellocq depuis plusieurs années, avait l'espérance d'épouser son amant quand elle serait veuve, et que par conséquent elle était intéressée à savoir quelle était la jeune fille installée près de celui dont elle voulait faire son mari. De là cette curiosité à l'église; de là aussi cette invitation à dîner.

Ce n'était point l'amour qui avait fait cette liaison, c'était simplement l'intérêt d'un côté comme de l'autre.

Pendant plusieurs années, le docteur Voisard et Bellocq avaient été ennemis déclarés, et si acharnés l'un contre l'autre qu'il ne se passait pas de séance du conseil municipal sans qu'il y eût entre eux une prise d'armes. Cette hostilité gênait d'autant plus Bellocq que le médecin exerçait une influence considérable dans le pays, surtout sur le monde bourgeois, et que cette influence bien souvent annihilait celle que Bellocq avait su acquérir à la longue sur les marins et les paysans. Tout ce que Bellocq avait essayé pour perdre le médecin ou pour le gagner avait misérablement échoué ; aux coups aussi bien qu'aux avances amicales, Voisard répondait en plaisantant, et comme sur ce terrain il était beaucoup plus fort que son adversaire, toujours prêt à s'emporter devant la contradiction, il mettait les rieurs de son côté. Jamais les conseillers municipaux n'avaient été aussi exacts que depuis que cette guerre était déclarée. On venait à la mairie rien que pour voir les deux ennemis aux prises. — Ne manquez pas la séance, il y aura une forte prise de bec entre Bellocq et le docteur Voisard. — Vous verrez qu'un jour ou l'autre Bellocq jettera Voisard par la fenêtre. — Il faudra être là.

Cependant ce spectacle attendu par plus d'un conseiller avait manqué. Un beau jour Bellocq s'était précipité sur le médecin, et plusieurs conseillers se levaient précipitamment pour les séparer ou pour fermer les fenêtres, quand on les avait vus se serrer les mains avec toutes les démonstrations de l'amitié la plus chaude : ne pouvant gagner le mari franchement, Bellocq avait agi sur la femme.

C'était d'ailleurs chez lui une habitude prise depuis longtemps et un principe arrêté d'employer les femmes au service de ses affaires et de son ambition, trouvant cela aussi commode qu'économique. Avec les hommes il faut toujours avoir l'argent à la main, et il tenait à son argent. Auprès des femmes il suffit d'avoir des promesses ou des belles paroles à la bouche, et de cette monnaie il était largement prodigue, avec une grande finesse, une extrême adresse, pour retarder indéfiniment l'échéance définitive. Au début il avait été modeste dans ses entreprises, ne s'adressant qu'à de pauvres femmes ou de pauvres filles qui pouvaient peu pour lui, mais il ne dédaignait pas les petits bénéfices et il les acceptait tous si petits qu'ils fussent... en attendant. Le succès le poussant, il était devenu plus difficile dans ses exigences, abandonnant celles qui lui avaient rendu de petits services pour celles qui pouvaient maintenant lui en rendre de plus importants. Toutes lui étaient bonnes, aucune ne le rebutait ; ni la beauté, ni la laideur, ni l'âge ne comptaient quand son intérêt était en jeu. Beau parleur quand il le voulait avec sa faconde du Midi originale dans un pays du Nord, entreprenant, audacieux, aussi prodigue de promesses que de menaces selon les circonstances, mais avec cette nuance bien connue que l'effet d'une menace ne se faisait jamais attendre, il était arrivé à cette conviction que les femmes étaient à prendre, et qu'il n'y avait qu'à les vouloir pour les avoir ; toutes pouvaient rendre des services quand on savait jouer d'elles et quand on avait la sagesse de ne pas leur demander plus qu'elles ne pouvaient donner.

A mesure que sa fortune avait monté, il avait monté, lui aussi, dans le choix de ses maîtresses. A la femme d'un brigadier de gendarmerie dont il s'était longtemps servi pour faire dresser les contraventions à ses adversaires, avait succédé madame de la Broquerie, la femme du juge de paix qui, sur l'oreiller, soufflait à son mari, la veille de certains jugements, la leçon qu'elle avait reçue quelques instants auparavant. Puis, à celle-là, il avait ajouté la receveuse des postes, mademoiselle Horlaville, une fille de trente-neuf ans, enragée de sa virginité autant que de sa pauvreté, qui avait cédé plus encore devant les menaces que devant les promesses, et une fois qu'elle s'était donné ce maître terrible, avait dû lui livrer les secrets de son bureau, toutes les lettres, toutes les dépêches qu'il avait intérêt à connaître, — véritable esclave entre ses mains, qu'il avait cessé bien vite d'honorer de son amour, mais qu'il tenait toujours soumise et tremblante par la peur de la destitution, du déshonneur et de la misère. — Qui trouverait-elle pour la défendre, le jour où il la dénoncerait parce qu'elle aurait essayé de se révolter contre lui ? Qui admettrait jamais tout haut que c'était pour M. Simon Bellocq, maire de Saint-Maclou, conseiller d'arrondissement, un personnage, une puissance, qu'elle décachetait certaines lettres, supprimant celles-ci, retardant celles-là ? Et puis comment aurait-elle le courage d'accuser ce tyran qui ne l'aimait plus, mais qu'elle aimait toujours? D'ailleurs quand elle le compromettrait, cela la sauverait-il ? Pour l'accuser, ne devait-elle pas commencer par s'accuser elle-même ? Il les tenait bien, les femmes sur lesquelles il avait mis sa lourde main ; celles qui avaient essayé de lui échapper avaient été perdues, tout le monde connaissait dans la contrée les histoires de celles qui avaient été réduites à la misère ou à l'exil pour n'avoir pas courbé la tête quand elles devaient se soumettre, mais personne ne s'en révoltait:

— C'est un rude homme que Bellocq aîné, disait-on.

Et c'était tout.

Fallait-il plaindre celles qui à Saint-Maclou avaient été assez bêtes ou assez faibles pour se laisser prendre? Elles savaient ce qui les attendait.

13.

Il en était d'elles comme des servantes qui entraient chez lui. N'était-il pas notoire que toute fille qui restait plus de huit jours à son service sortait de chez lui enceinte? Ce n'était pas pour son ambition ou ses affaires qu'il les prenait, celles-là, mais simplement pour sa commodité, parce qu'en rentrant le soir il les avait sous la main. Si elles ne voulaient pas s'exposer à cette aventure, elles n'avaient qu'à rester chez elles.

XIV

Que la femme du brigadier, que celle du juge de paix, que la receveuse des postes et que bien d'autres fussent devenues les maîtresses de Bellocq, on se l'expliquait; l'une était une niaise, l'autre une coquine, celle-ci une débauchée, celle-là (la receveuse), une innocente et pauvre créature, il y avait des raisons connues de tous pour qu'elles eussent succombé.

Mais madame Voisard !

Ni niaise, ni coquine, ni innocente celle-là, et bien supérieure au maître qu'elle s'était donné, par l'éducation, les manières, les relations, les habitudes.

Par un seul point elle lui était inférieure, — la fortune, et c'était justement celui-là qui avait fait leur liaison.

Bien que médecin très occupé, Voisard n'était pas riche, il s'en fallait de tout; il aimait les belles choses, les bonnes choses, surtout le bon vin, la bonne chère, les longs déjeuners et les fins dîners, de sorte que tous les ans il se trouvait avoir dépensé plus qu'il n'avait gagné, et cela à sa grande surprise aussi bien qu'à celle de sa femme, qui avait les mêmes goûts que lui. Alors on remettait les économies à l'année suivante, en se promettant de ne plus se laisser entraîner.

Malheureusement il y avait des habitudes prises, un train qu'il fallait continuer, sous peine de déchoir dans l'opinion publique, et ils n'étaient ni l'un ni l'autre d'humeur à s'imposer cette humiliation. Le mari avait ses chevaux, ses voitures, dont il tirait vanité, ses parties fines au dehors, sa vie de café, d'autant plus dispendieuse qu'il était très hospitalier et toujours prêt à mettre la main à la poche; la femme avait sa toilette qui coûtait cher et sa maison plus cher encore, car elle tenait table ouverte.

Si encore Voisard avait eu de longues années devant lui, ils auraient pu mettre leur espérance dans l'avenir; il gagnerait davantage, et sur l'excédent des bénéfices on ferait des économies. Mais précisément il était condamné à mourir jeune, miné par une maladie de poitrine connue de tous et de lui mieux que personne. Cela était si bien admis que c'était un mot de la conversation courante de madame Voisard de dire : « Quand je serai veuve. »

Quand elle serait veuve, la vérité était qu'elle mourrait de faim, si elle ne trouvait pas à se remarier. Trouverait-elle ce mari? Là était la question pleine d'angoisse, car elle savait aller au fond des choses et ne pas s'endormir dans des illusions. Elle avait trente-six ans, un reste de beauté contestable et pas le sou ; cela suffirait-il pour tenter un mari ? Et si par une heureuse chance il s'en présentait un, quel serait-il ? Elle n'était pas femme à subir le premier venu, et elle accepterait plutôt la misère toute seule qu'à deux.

C'était ce mot : « quand je serai veuve » qui avait décidé le plan de Bellocq et qui avait fait son succès.

Sans doute ce n'était pas l'homme qu'elle aurait choisi ; il était bien commun, *mon sieurre* Bellocq aîné, bien vulgaire, bien brutal ; mais, comme mari, il avait des mérites qui n'étaient pas à dédaigner, la fortune d'abord, le génie des affaires, l'intelligence, la volonté, l'ambition ; c'était un personnage avec qui les plus forts devaient compter : où n'arriverait-il pas si une femme intelligente et ambitieuse elle-même, douée des qualités qui lui manquaient, savait prendre assez d'influence sur lui pour le guider, et où n'arriverait-elle pas avec lui ? A la vérité ce ne serait qu'un grossier parvenu qui ferait et lâcherait des pataquès, mais on les mettrait sur le compte de son accent. D'ailleurs elle n'avait pas l'embarras : ça ou rien ; elle aimait encore mieux ça.

Où Bellocq excellait, où il déployait sa finesse et sa subtilité, sa hardiesse et sa rouerie, c'était dans la négociation d'une affaire ; c'était avec lui qu'on devait traiter, avec lui seul, car lui seul était en situation d'offrir certains avantages exceptionnels qu'il savait si adroitement présenter, qu'il les faisait toucher du doigt. Qu'il s'agît de cent mille francs ou de cent sous il était le même, car il avait l'orgueil de réussir tout ce qu'il entreprenait ; et il eût été presque aussi humilié de manquer la vente d'une pièce de vin que la construction d'un monument.

Avec madame Voisard, il avait mis à la négociation de son affaire toute sa finesse et sa rouerie, et ils s'étaient bien vite entendus : — Quand je serai veuve. — Vous ne le serez pas longtemps.

Alors, manœuvré par sa femme, Voisard était devenu le meilleur ami de celui dont il avait été pendant si longtemps l'adversaire, comme Bellocq était devenu le chaud partisan de celui qu'il avait si rudement poursuivi de sa haine. Grand sujet de curiosité pour Saint-Maclou, et par conséquent grande admiration pour Bellocq quand on avait commencé à comprendre : — Est-il habile ce mâtin-là ! — De ce jour, les séances du conseil avaient perdu leur attrait. A quoi bon se déranger pour entendre toujours la même phrase : « Comme vient de vous le dire mon ami Bellocq » ? Ou bien : « Comme vient de l'expliquer mon ami le docteur Voisard. »

Elles ne retrouveraient leurs émotions d'autrefois que le jour où ils se fâcheraient. Mais se fâcheraient-ils ?

Ils avaient l'un et l'autre trop d'intérêt à rester amis, pour rompre.

Non seulement Bellocq était débarrassé d'un adversaire qui plus d'une fois avait failli lui donner une congestion ; mais en plus il avait pour maîtresse une femme supérieure à toutes celles qu'il avait eues jusqu'à ce jour, et qui, pour prix des bons conseils qu'elle lui donnait dans certaines circonstances

difficiles, ne demandait rien que des promesses :
« Quand je serai veuve » ; elle ne l'était pas, et lorsqu'elle le deviendrait, il verrait à se dégager : justement quand elle serait veuve, Voisard ne serait plus à craindre, et l'embarras d'une rupture n'a jamais arrêté les hommes qui ne s'apitoient pas facilement.

De son côté Voisard se trouvait bien d'être l'ami de Bellocq ; s'il y perdait quelques coups de langue, combien y gagnait-il sous d'autres rapports ! Car ce n'était pas une petite chose d'être ou de n'être pas l'ami de Bellocq. En réalité à Saint-Maclou il n'y avait que deux classes de citoyens : ceux qui étaient les ennemis de *mon sieurre* le maire, et ceux qui étaient ses amis. Aux uns toutes les faveurs, toutes les protections, tous les passe-droits ; aux autres, toutes les rigueurs, toutes les persécutions, toutes les injustices. Ami du maire tout vous était permis, vous aviez toujours raison ; son ennemi, tout vous était défendu, vous aviez toujours tort. Il faut avoir vécu au village ou connaître à fond les lois sur l'organisation municipale pour savoir ce que peut un maire intelligent et partial en faveur de ses administrés ou contre eux. Et Bellocq était un maire intelligent et partial ; c'était même sur cette partialité qu'il avait établi sa politique et sa fortune ; vous étiez son partisan, il vous défendait comme il vous couvrait contre tout et contre tous, quoi que vous eussiez fait, jusqu'au point de se compromettre lui-même ; vous étiez son adversaire, il vous poursuivait implacablement jusqu'à la ruine et au déshonneur sans que rien ni personne pût vous tirer de ses mains terribles. Pour lui, ni justice, ni injustice, ni crime, ni innocence, ni tort, ni raison, une seule chose : amitié ou inimitié. Son ami, vous pouviez dégrader les propriétés de la commune, encombrer les rues, lâcher vos bêtes, contrevenir à tous les arrêtés de police, on ne vous disait pas un mot; son ennemi, vous aviez le garde champêtre à vos trousses du 1er janvier au 31 décembre, l'agent voyer, les gendarmes, et un jour ou l'autre vous étiez pris, si bien que vous fussiez sur vos gardes, vous, les vôtres, vos domestiques, vos poules ou votre chien. Qu'un cabaretier achetât son eau-de-vie chez Bellocq, et il était assuré qu'on ne dresserait jamais contre lui le moindre procès-verbal, donnât-il à boire à des ivrognes tapageurs jusqu'à deux ou trois heures du matin; après onze heures du soir les gendarmes suivaient les itinéraires les plus bizarres pour ne point passer devant les débits de boisson des clients du maire; qu'un autre fût assez audacieux au contraire pour ne point se fournir chez Bellocq, et les gendarmes stationnaient devant sa porte, pour un mot trop haut, pour cinq minutes de retard, on ne le manquait pas. Et qui trouvait-il sur le siège du ministère public, lorsqu'il comparaissait devant le tribunal de simple police ? M. le maire, qui s'était toujours opposé à ce qu'il y eût un commissaire de police à Saint-Maclou, afin de pouvoir requérir lui-même l'application de la loi contre ses adversaires ou invoquer l'indulgence pour ses partisans. Au temps où il était en guerre avec son maire, combien souvent Voisard avait-il eu des procès-verbaux dressés contre lui pour défaut de balayage à l'heure réglementaire, vagabondage de ses poules, divagation de ses chiens et autres contraventions de ce genre qui, pour n'être point importantes en soi, n'en finissaient pas moins par l'exaspérer. Au contraire, du jour où la paix avait été signée, le balayage avait toujours été bien fait, les poules n'avaient plus vagabondé, les chiens n'avaient plus divagué. Dans les petites comme dans les grandes choses, la main protectrice de l'autorité s'était étendue sur lui, les siens, ses amis, ceux à qui il s'intéressait, et il n'avait plus eu le crève-cœur de voir à chaque instant de pauvres diables qui avaient besoin des secours du bureau de bienfaisance impitoyablement refusés uniquement parce qu'il les protégeait.

Dans cette intimité il n'y avait qu'un ennui pour Voisard : le sourire qu'il remarquait sur les lèvres de ceux qui lui parlaient de « son ami Bellocq ». Il était trop fin pour ne pas deviner ce qu'il y avait sous ce sourire. Mais en même temps il se croyait trop fin pour admettre qu'on pouvait le tromper sans qu'il s'en aperçût.

Sa femme ! Bellocq ! Il se serait trouvé ridicule de s'arrêter une minute à une pareille idée. Bellocq était une brute, sa femme avait du goût et de l'esprit.

Si elle voulait un amant elle attendrait à coup sûr qu'il fût mort, cela lui paraissait naturel et logique.

Peut-on empêcher les gens de parler? C'était la mauvaise réputation de Bellocq qui faisait qu'on ne pouvait le voir assidu dans une maison sans qu'aussitôt les suppositions et les langues prissent leur vol. Mais c'était aussi cette mauvaise réputation qui devait faire la sécurité d'un mari sensé : quelle femme ayant de la délicatesse consentirait à partager avec toutes les maîtresses qu'on donnait à Bellocq, et pour plusieurs desquelles il y avait notoriété publique ?

XV

Bien que condamné à mort, Voisard vivait comme s'il avait été en pleine santé, sans se priver d'aucune satisfaction, d'aucun plaisir ; et comme à Saint-Maclou le premier de tous les plaisirs était celui de la table, quand il ne dînait pas chez ses amis, c'étaient ses amis qui dînaient chez lui. Ces jours-là, si quelqu'un désirait avoir le plus beau poisson pêché dans la nuit à Saint-Maclou, il était inutile qu'il se présentât à la vente de la pierre à poisson. Au lieu d'allumer ses clients par son boniment ordinaire : « A combien, à combien, à combien ! » qu'il criait pendant cinq minutes, Lichet prenait un air important et, se renversant en arrière, raffermissant sur son nez ses lunettes vertes à grosse monture, avec lesquelles il avait la prétention de cacher les éraillures de ses paupières enflammées par l'eau-de-vie, Lichet offrait tout de suite en vente la plus belle pièce de la pêche et la mettait à prix un tiers ou moitié au-dessus de sa valeur réelle : « A dix francs la barbue. Quelqu'un dit-il onze francs ? Il ne faut pas vous regarder les uns les autres comme des imbéciles. Quelqu'un met-il quinze francs ? Non. C'est bien vu, bien entendu, pas de regret. Vous savez que c'est moi qui suis dessus, pas pour moi, malheur ! mais pour les boyaux fins. Y a-t-il un boyau plus fin dans la société ? Non. Alors c'est vu, c'est vu, c'est vu, vu, vu, vu, vu ; vendu à Lichet. Allons en prendre une. » Une c'était une lichette d'eau-de-vie qu'on allait boire à l'auberge du *Joyeux Matelot*, et que payait à Lichet et à ses camarades l'heureux pêcheur qui avait pris la barbue, ce qui ne le ruinait pas, car depuis que Bellocq faisait le commerce de l'alcool, l'eau-de-vie avait tellement baissé de prix dans la contrée que, pour deux sous, un mousse pouvait se soûler ; les résultats de ce commerce intelligent ne s'étaient pas fait attendre : la consommation s'était développée par l'abaissement du prix ; les femmes elles-mêmes versaient de l'eau-de-vie dans leur café au lait, et là où on vendait autrefois un fût d'eau-de-vie de cidre difficilement, grâce à Bellocq on vendait maintenant avec une agréable facilité dix pipes d'alcool du Nord.

Ce que Lichet, qui blaguait tout, même son nom, appelait « les boyaux fins », c'étaient les convives du docteur Voisard : — d'abord le doyen, un vieux prêtre de quatre-vingts ans, bon homme, brave homme, indulgent et charitable, qui depuis quelques années n'avait plus qu'un souci : rester assez vigoureux pour porter le Saint-Sacrement dans les processions, ce qu'il espérait réussir en soignant sa nourriture ; — M. de la Broquerie, le juge de paix, un petit noble besogneux, vivant uniquement de sa place, marié à son ancienne servante qui le déshonorait ; — le notaire « et sa dame » ; — Nantou le pharmacien, grand spéculateur de terrains, grand pêcheur, grand chasseur, grand joueur de billard, un des meilleurs clients de Bellocq pour les constructions, le fidèle partenaire de Voisard au café et dans toutes ses parties fines ; — le conducteur du service hydraulique, et quelques propriétaires auxquels Voisard demandait surtout pour mérite de bien boire, de bien manger, et de ne pas s'endormir le soir.

Plus d'une fois madame Voisard, curieuse de voir de près Marichette, avait prié Bellocq de l'amener avec lui ; mais toujours il s'en était défendu, ne trouvant aucun plaisir à se faire accompagner de cette gamine.

— Elle est en grand deuil !

Et comme s'il avait été l'homme de la correction et du savoir-vivre, il s'était enfermé dans cette réponse :

— Elle est dans le chagrin de la mort de sa mère, vous comprenez !

Madame Voisard connaissait trop bien son Bellocq pour jamais insister auprès de lui ou pour le contrarier ; ce n'était pas le moyen pour se l'attacher par des liens indestructibles. Avec un homme susceptible, orgueilleux et inquiet comme lui, il fallait toujours craindre de le blesser. C'était même cette crainte qui l'avait empêchée d'essayer de le corriger de quelques-uns de ses ridicules, comme de dire : *mon sieurre* le sous-préfet, et de couper son pain avec son couteau. Quand le mariage aurait créé ce lien indestructible, il serait temps de former aux belles manières le paysan parvenu.

Mais ce qu'elle ne voulait pas risquer elle-même, elle savait très habilement le faire faire par les autres : elle voulait voir Marichette, l'examiner, l'interroger ; elle saurait bien obliger Bellocq à la lui amener.

— Que faites-vous de votre chère cousine, monsieur Bellocq? demanda le doyen au milieu d'un dîner.

— Il la garde en prison, interrompit madame de la Broquerie, qui ne perdait jamais une occasion de se venger par une raillerie des infidélités de son ancien amant.

— Ne nous l'amènerez-vous jamais? continua le doyen.

— Elle est en deuil! répliqua Bellocq, répétant son moyen de défense.

Nantou, que sa position de fortune autant que son caractère goguenard poussaient à l'indépendance, se mit à rire :

— Il se moque de nous, l'ami Bellocq.

— En quoi? demanda Bellocq de son air raide et en lançant au pharmacien un de ses regards noirs.

— C'est justement parce qu'elle est en deuil, continua Nantou sans se troubler, que vous devriez profiter des occasions de distraction qui se présentent pour cette jeune fille. Croyez-vous donc que vous pourrez la garder toute la vie au fond de votre bureau à la faire travailler comme un expéditionnaire?

— Elle ne travaille pas trop.

— Non, mais elle s'ennuie trop. Quand on a une

jolie fille chez soi, on ne se conduit pas avec elle comme un Turc.

— M. Bellocq protecteur de la vertu, ça c'est drôle, dit madame de la Broquerie, qui se permettait tout, bien certaine à l'avance que Bellocq ne pouvait rien répondre en public.

— C'est ma cousine, dit Bellocq, furieux

— Justement, répliqua madame de la Broquerie en riant, c'est ce que nous disons, n'est-ce pas, monsieur Nantou ?

Ce fut à la suite de cet assaut que Bellocq se décida à l'amener au prochain dîner : en réalité, il n'avait pas de raisons pour la laisser à la maison, si ce n'est l'ennui de s'embarrasser d'elle ; on verrait qu'il ne voulait pas la garder au fond de son bureau, ni se conduire comme un Turc.

Ce ne fut pas sans émotion que Marichette s'habilla pour ce dîner : cette robe neuve que la couturière venait d'apporter, ces chaussures, cette lingerie, ce chapeau, la laissaient indifférente, car le mot de son cousin : « Tu es ma cousine, je ne veux pas que tu me fasses honte », lui emplissait toujours le cœur. Ce n'est pas seulement par la toilette qu'on peut faire honte, c'est encore par ce qu'on dit et par la façon dont on le dit, c'est par l'attitude, les manières, même par le silence. Quelle attitude allait-elle avoir, qu'allait-elle dire dans cette maison où elle ne connaissait personne, sous le coup d'œil terrible de son oncle, qui la paralysait et la rendait stupide quand ils étaient en tête-à-tête ? Que deviendrait-elle si elle voyait, ou même seulement si elle soupçonnait qu'elle lui faisait honte? Le regard admiratif de Paulin au moment du départ ne suffit pas pour la rassurer ; c'était avec les yeux de l'amour qu'il la voyait.

— Si madame Voisard te parle de ta mère, dit Bellocq en marchant près d'elle, tu n'auras pas besoin de raconter la pauvreté de ses dernières années ; tu en resteras au temps du magasin de toiles.

— Oui, mon cousin.

Ce n'était pas elle seulement qui pouvait faire honte, c'était aussi sa mère.

— Surtout ne te laisse pas tirer les vers du nez.

— Non, mon cousin.

— Parle, mais pas trop.

Tout cela n'était pas pour la rassurer. Comment observer cette limite ? A quoi s'apercevrait-elle qu'elle allait trop parler ? Comment saurait-elle si elle avait assez parlé ?

Elle avait le cœur serré, lorsque, sur les pas de son cousin, elle entra dans le salon de madame Voisard. Venant au-devant d'elle, celle-ci, qui était seule, lui prit les deux mains et l'embrassa avec des démonstrations affectueuses ; puis, s'adressant à Bellocq :

— Laissez-moi cette chère enfant, dit-elle, et allez au billard, vous y trouverez le docteur avec M. Nantou.

Lorsque Bellocq fut sorti, madame Voisard la fit asseoir près d'elle sur un canapé, et pendant quelques secondes elle l'examina des pieds à la tête, l'enveloppant de ce regard curieux plein d'interrogations qui tant de fois avait troublé Marichette à l'église et qui maintenant redoublait son embarras.

— Pourquoi cette émotion? dit madame Voisard. Vous êtes près d'une amie qui s'intéresse de tout cœur à votre jeunesse et qui, du jour où elle vous a vue, s'est sentie attirée vers vous par la sympathie. Ne voulez-vous pas d'une amie qui adoucirait la sévérité de votre existence auprès de M. Bellocq?

— Mon cousin est très bon pour moi, madame.

— C'est un homme; il a ses affaires qui ne laissent pas de liberté. Vous devez bien vous ennuyer dans cette grande maison?

— Non, madame; je travaille.

De nouveau Marichette sentit le regard curieux de madame Voisard descendre en elle et la fouiller.

— Mais en dehors du travail, continua madame Voisard, il y a les distractions qu'une jeune fille de votre âge doit désirer. Vous ne sortez point. Nous sortirons ensemble. J'irai vous prendre, nous nous promènerons. Vous viendrez avec moi sur la plage, cet été. Je vous conduirai dans quelques maisons. Je vous ferai faire des connaissances agréables et... utiles. Si vous restiez toujours cachée au fond de votre bureau, vous ne vous marieriez jamais. J'ai justement un mari en vue pour vous...

Marichette ne put pas retenir un mouvement.

— Un jeune homme charmant... doué de toutes les qualités... dans une belle position... Il vous a vue à l'église... et vous avez fait sur lui la plus vive impression... Quand vous le connaîtrez, je suis certaine qu'il vous plaira.

Chaque mot avait été détaché, chaque phrase avait

été graduée pour tenter une fille dans la situation de Marichette, et c'était en voyant le trouble de celle-ci que madame Voisard avait redoublé.

— Nous obtiendrons le consentement de M. Bellocq... j'en fais mon affaire, et aussi une belle dot, soyez-en sûre. Je n'ai pas voulu vous le présenter avant de vous en avoir parlé ; mais, la semaine prochaine, je vous ferai dîner avec lui.

— Je vous remercie, madame... mais je ne veux pas me marier.

Que signifiait cette réponse? madame Voisard ne put pas insister. Madame de la Broquerie entrait, suivie d'autres invités, la conversation devint générale.

— Espérait-elle épouser Bellocq, cette sainte-nitouche? Seule chez lui elle pouvait devenir dangereuse.

XVI

Si madame Voisard cherchait les raisons qui pouvaient empêcher Marichette de vouloir se marier, Marichette, de son côté, se demandait pourquoi madame Voisard paraissait si désireuse de lui trouver un mari. D'où venait ce subit intérêt chez une personne qu'elle ne connaissait pas? Pourquoi ces questions vagues? Pourquoi ces regards inquisiteurs?

Interrompues le jour du dîner, ces questions avaient été bientôt reprises, car, selon sa promesse, madame Voisard était venue chercher Marichette au bureau pour la promener, et pendant ces promenades les interrogations avaient recommencé, de même qu'avaient recommencé aussi les propositions de mariage. Est-il raisonnable de refuser un mari qu'on ne connaît pas ! Pourquoi ce refus? Répondre qu'on ne veut pas se marier, ce n'est pas une raison sérieuse. Toute jeune fille veut se marier... à moins qu'elle n'ait un amour ou des espérances dans le cœur.

C'était bien ce qui la bouleversait, cet amour et ces espérances de son cœur. Madame Voisard soupçonnaît-elle la vérité? Dans son inquiétude elle avait consulté Paulin, mais bien entendu sans lui parler du jeune homme charmant, doué de toutes les qualités. Paulin n'avait rien pu répondre. Ils n'avaient aucune imprudence à se reprocher; madame Voisard, si elle avait des soupçons, ne pouvait les baser sur rien; alors c'était de sa part simple curiosité, curiosité d'une femme intrigante. Paulin avait des développements à donner sur cette curiosité d'une femme intrigante; mais comme il les garda pour lui, ne pouvant pas expliquer à cette jeune fille, honnête et innocente, ce qu'il savait sur le compte de la femme du médecin, Marichette ne fut pas beaucoup plus avancée après qu'elle ne l'était avant. Curiosité d'une femme intrigante! Cela n'était ni pour l'éclairer, ni pour la rassurer.

Mais ce qui l'étonna plus encore ce fut que madame de la Broquerie, qui maintenant lui parlait à l'entrée ou à la sortie de l'église, et qui quelquefois l'accompagnait, lui adressât à peu près les mêmes questions que madame Voisard, et dans une forme équivoque aussi où il y avait tout et où il n'y avait rien. Que voulait celle-là qui n'avait point « de charmant jeune homme » à mettre en avant? N'était-ce pas bizarre que ces femmes fussent toujours à la questionner sur son oncle? Si ce qu'il faisait, ce qu'il pensait, ce qu'il disait, ce qu'il était les intéressait si vivement, pourquoi ne s'adressaient-elles pas à lui directement? Elles étaient ses amies depuis des années et le connaissaient mieux qu'elle ne pouvait le connaître elle-même, elle qui n'était à Saint-Maclou que depuis quelques mois. Son cousin n'était pas si affectueux et si tendre que leur amitié en pût être jalouse. Ah! comme elle était plus tranquille dans son isolement, quand personne ne s'occupait d'elle et qu'elle pouvait du matin au soir penser à Paulin librement, ne vivre que pour lui, être à lui tout entière!

Après le dîner chez le médecin il y en avait eu un chez le notaire, puis un autre chez le pharmacien, puis un autre ailleurs, car maintenant c'était l'habitude qu'on l'invitât avec son cousin, et partout elle retrouvait ses curieuses qui l'observaient quand elles ne la questionnaient point.

Maintenant elle ne savait plus jamais à l'avance si, le dimanche, elle serait libre d'aller dîner avec Paulin, car il suffisait que madame Voisard lui fît dire qu'elle la prendrait après la messe pour qu'elle fût obligée de refuser l'invitation de madame Morot. Ce n'est pas son cousin qui aurait toléré qu'au plaisir de se promener dans les rues du village ou sur la grève avec la femme de son ami Voisard, elle préférât celui d'aller dîner avec la mère d'un de ses employés.

Jamais ces dîners à la chaumière de la cavée de Criquefleur ne lui avaient été plus chers; quand Paulin lui disait : « Viendrez-vous dimanche? » et qu'elle était obligée de répondre : « Je ne sais pas » c'était pour elle un désespoir. Elle eût été si heureuse d'avoir une certitude et de vivre toute la semaine des joies du prochain dimanche!

Le printemps accomplissait son œuvre de transformation, et chaque fois qu'elle pouvait maintenant accompagner madame Morot, elle trouvait une campagne nouvelle qui était un émerveillement pour son ignorance de Parisienne. Élevée à la ville, elle n'avait jamais suivi un renouveau ; les saisons étaient pour elle un changement de décors, voilà tout. On les plantait en un seul bloc ; il y en avait un avec des feuilles vertes, un avec des fleurs, un avec des feuilles tabac, un sans feuilles, et cela faisait une pièce en quatre actes dans lesquels se passait l'année ; mais la transformation des bourgeons en feuilles qui se déplissent et festonnent la branche nue, mais l'éclosion des boutons en fusées de fleurs, elle n'en avait aucune idée.

Que de changements d'un dimanche à l'autre ! Combien, pour former le décor des feuilles vertes, il y avait d'opérations successives et lentes qu'elle n'avait même pas soupçonnées !

— Comme il est long à se faire, le printemps ! disait-elle.

— Voudriez-vous donc qu'il fût déjà fini ?

— Je ne veux rien, ni ceci ni cela ; mais je ne sais rien, et c'est mon ignorance qui pousse des exclamations.

Alors il était tout glorieux de se faire son maître et de parler en marchant près d'elle, tandis qu'elle fixait sur lui ses grands yeux étonnés et ravis.

On dînait vite et, aussitôt le fromage à la crème mangé, ils quittaient la table pour aller dans la cour à la recherche de quelque nouvelle découverte qu'il lui avait signalée. Il y avait des jonquilles épanouies de la veille, ou bien des coucous, ou bien un nid.

Tout les matins avant de descendre s'atteler à sa tâche chez Bellocq, aussitôt le soleil, il chaussait ses gros sabots jaunes et, sans peur de prendre un bain de rosée, il cherchait si, pendant la nuit, il n'avait pas éclos une fleur nouvelle dont il pourrait annoncer la trouvaille à Marichette, s'il ne la cueillait pas pour la lui porter. La vache était encore à l'étable; les poules étaient enfermées dans leur poulailler; les chansons des oiseaux troublaient seules la douce sérénité du matin; et dans l'herbe ruisselante il marchait le nez baissé, longeant la levée de terre sur laquelle les arbustes de la haie commençaient à verdir ou à se couvrir de fleurs, — ce qu'on appelle en Normandie la masse du fossé.

Quelle affaire quand il avait trouvé! A la façon dont il portait la tête en entrant au bureau, elle devinait qu'il arrivait avec une bonne nouvelle.

— Qu'est-ce qu'il y a? demandait-elle aussitôt qu'ils pouvaient échanger quelques paroles.

Il disait ce qu'il y avait, et c'étaient des ah! et des oh! avec de tendres regards.

Si Victor les entendait, il haussait les épaules d'un air de pitié et de mépris.

— Pouvez-vous, mademoiselle, vous amuser de ces niaiseries!

Il était jaloux de ces dîners chez madame Morot qui avaient créé entre Marichette et son camarade une intimité avouée qui l'exaspérait, et de plus, en paysan qu'il était, il trouvait que les herbes, les fleurs et les bêtes, ça n'avait aucun intérêt.

Un matin Paulin arriva avec un sourire plus triomphant que de coutume, mais la présence de Bellocq retarda la question de Marichette; il fallut attendre.

— Qu'est-ce qu'il y a?
— Un nid.
— Un nid. Comment est-il?
— C'est un nid de merle.
— Cela ne me dit rien; en fait de nids je n'ai vu que les paniers qu'on dispose dans les cages à serins.

Il expliqua ce qu'était un nid de merle et même il le dessina.

— C'est demain dimanche, vous verrez.
— Si madame Voisard me laisse libre.

Comme ce dimanche-là le froid avait repris avec cette brusquerie et cette dureté qui fait du printemps sur ces côtes la saison la plus fantasque, aujourd'hui été, demain hiver, madame Voisard n'eut pas idée de se promener par les rues de la ville couvertes de neige fondue et Marichette put accompagner madame Morot.

Au milieu de la côte elles furent prises dans une tourmente de neige qui les aveuglait et les glaçait.

— Heureusement que Paulin nous aura fait une bonne fouée, dit madame Morot.

Bien que cette bonne fouée flambât dans l'âtre, Marichette, avant de se mettre à table, voulut voir le nid de merle, et avec Paulin qui la précédait elle courut au fond de la cour couverte de neige. Avant d'arriver à la haie où le nid se trouvait, dans une cépée de charme, Paulin s'arrêta et, prenant Marichette par la main, il la conduisit doucement sans parler jusqu'à un endroit d'où l'on apercevait le nid, la cépée étant sur la pente rapide d'un terrain en contre-bas. Cependant Marichette fut assez longtemps sans le découvrir ; mais comme elle suivait la direction que lui indiquait le doigt de Paulin, elle reçut tout à coup un rayon noir : c'était la femelle qui, posée sur son nid, au milieu des rameaux nus blancs de neige, la regardait de son œil inquiet ; sur ses ailes étendues les grains de grésil qui n'avaient pas encore fondu la poudraient à frimas.

Au milieu de la semaine elle le vit arriver portant un petit panier, et comme Bellocq était déjà sorti, elle put de suite lâcher la bride à sa curiosité.

— Qu'est-ce qu'il y a ?

Au lieu de répondre, il leva le couvercle de son panier : il était plein de petites boules ovoïdes de couleur grise ou jaune, percées de trous, qui exhalaient une odeur pénétrante.

— Oh ! des éponges, dit-elle.

Il lui expliqua que c'étaient des morilles et ce qu'étaient les morilles, en lui promettant qu'elle en trouverait elle-même le dimanche suivant.

Mais le dimanche suivant, elle fut prise par madame Voisard et ce fut quinze jours seulement après la visite au nid de merle qu'elle put aller cueillir des morilles.

Pendant cette quinzaine, le printemps s'était franchement établi, et si une neige blanche couvrait encore l'herbe plus longue et plus verte, c'était celle que la brise tiède faisait tomber des pommiers en pleine floraison : toutes les feuilles s'étaient déplissées, tous les bourgeons s'étaient ouverts, les herbages et les fossés du chemin n'étaient qu'un tapis de fleurs baigné dans une chaude lumière.

— C'est aujourd'hui qu'il fait bon se promener, dit madame Morot après le dîner, la terre est en amour.

Marichette, qui ne connaissait pas cette locution de paysan, détourna la tête avec confusion; mais lorsqu'en sortant elle mit sa main dans celle de Paulin, celui-ci la sentit toute chaude et toute vibrante.

XVII

Quand Marichette restait maintenant à la fenêtre, le soir, à regarder la mer et les étoiles, elle ne poussait plus ces soupirs qui lui avaient valu la compassion de Divine.

Qui lui eût dit quelques mois auparavant, au commencement de l'hiver, quand elle désespérait de tout et ne voyait autour d'elle que mort, tristesse, solitude, abandon, vide du cœur, froid et misère, qui lui eût dit que, pour elle, il y aurait un renouveau, comme il y en avait un pour la nature? Et cependant à l'hiver avait succédé le renouveau; plus de solitude, plus d'abandon, plus de vide du cœur, plus de misère : elle aimait, elle était aimée, elle avait une famille. Si madame Morot n'avait point remplacé sa mère il n'en était pas moins vrai qu'elle éprouvait pour elle un sentiment d'affection qui allait jusqu'à la tendresse, reconnaissante de sa sympathie, touchée de ses prévenances. Quand elle pensait à elle, c'était toujours dans sa maisonnette qu'elle la voyait, dans cet intérieur si propre, si soigneusement rangé, entourée des objets curieux et étranges qui lui venaient de son mari, allant et venant avec son air affable et discret, son beau sourire sur les lèvres, et surtout ce regard attendri dont elle couvait son fils.

Comment n'eût-elle point été heureuse ! Comment des soupirs eussent-ils encore pu gonfler sa poitrine ! Si madame Voisard et madame de la Broquerie lui causaient des ennuis par leur curiosité et leur rage questionneuse, cela n'allait pas jusqu'à peser sur ses pensées quand elle était seule. C'était Paulin qui occupait son esprit et son cœur, ce n'était ni la femme du médecin, ni celle du juge de paix; c'était de lui qu'elle rêvait; c'était lui qu'elle voyait, qu'elle entendait; c'était avec lui qu'elle voyageait dans ces espaces imaginaires qui s'ouvraient devant elle au milieu des profondeurs bleues de ces nuits de printemps.

Quand on entendait maintenant des soupirs dans la maison, c'était Divine qui les poussait. Plusieurs fois Marichette l'avait surprise pleurant dans sa cuisine, et il était rare qu'on la rencontrât sans qu'elle eût les yeux rouges ou qu'elle se les essuyât. N'eût-elle pas soupiré, n'eût-elle pas pleuré, il eût été encore facile de voir en la regardant qu'il se passait en elle quelque chose de grave : les traits de son visage étaient tirés, son teint avait jauni en prenant un ton terreux; elle paraissait toujours lasse et accablée.

Qu'avait-elle ?

C'était ce que se demandait Marichette, qui s'était attachée à elle.

Son chagrin venait-il de ce que depuis quelque

temps elle était plus bousculée, plus rudoyée qu'elle ne l'avait jamais été par son maître, qui semblait toujours en fureur contre elle?

Un jour que Marichette l'avait ainsi surprise, pleurant à sanglots dans sa cuisine, elle l'avait interrogée avec de douces paroles de sympathie et de pitié :

— Qu'avez-vous donc?

— Je n'ai rien.

— Vous pleurez?

— Qu'est-ce qui ne pleurerait pas à ma place?

— Alors vous voyez bien que vous avez quelque chose; si vous êtes malade, pourquoi ne pas le dire?

— Je ne suis pas malade.

— Vous changez!

— Qu'est-ce qui vous a dit que je changeais? s'écria-t-elle.

— Personne ne me l'a dit; je le vois moi-même, votre figure porte l'empreinte de la souffrance.

— Ah! la figure, la figure; vous savez, on a bonne mine un jour et mauvaise mine un autre; ça ne fait rien; on n'est pas toujours malade pour ça.

— Enfin vous vous tourmentez, puisque vous pleurez.

— Ça oui.

— Eh bien, pourquoi vous tourmentez-vous?

— J'ai tort de me tourmenter; je n'ai rien à dire; bien sûr que je n'ai rien.

— C'était pour vous venir en aide que je vous interrogeais; quand vous m'avez vue pleurer, vous avez eu compassion de ma douleur et j'en ai été touchée.

— Vous êtes une bonne jeune fille.

— J'aurais voulu faire pour vous ce que vous avez fait pour moi.

— Je vous remercie bien et je vous assure que ce que vous me dites là me remue le cœur, mais vous ne pouvez rien pour moi.

— Pourquoi?

— ... Puisque je n'ai rien.

— Ce qui vous rend malheureuse est-ce la brusquerie de mon cousin?

— N'est-ce pas, comme il est rude avec moi? Qu'est-ce que je lui ai fait?

— Si vous voulez, j'essaierai de lui parler.

Divine parut effrayée.

— Ne faites pas ça; pour moi comme pour vous ne faites pas ça, s'écria-t-elle.

Marichette n'insista pas; elle comprenait l'effroi de Divine, et il avait fallu que son désir de venir en aide à la malheureuse fût vraiment grand pour avoir le courage de proposer une pareille intervention. Qu'eût-elle obtenu? Un accès de fureur probablement contre elle aussi bien que contre la servante; il ne supportait pas qu'on se mêlât de ses affaires, son cousin.

Cependant il fallait trouver quelque chose pour secourir cette pauvre fille.

— Voulez-vous que je dise à M. Voisard de venir vous voir? demanda-t-elle.

— M. Voisard! s'écria Divine, pourquoi faire? pourquoi voulez-vous qu'il vienne?

— Mais parce que vous êtes souffrante. On ignore son mal bien souvent. Vous dites que vous n'êtes pas malade, c'est-à-dire que vous ne vous croyez pas malade; mais on ne change pas comme vous avez changé, on n'est pas triste comme vous l'êtes depuis quelques mois sans avoir quelque chose, et ce quelque chose le médecin le trouvera, il vous guérira.

— Non, pas de M. Voisard; vous ne savez pas ce que vous me proposez...

Puis, s'arrêtant brusquement et se reprenant comme si ces paroles lui avaient échappé :

— Vous comprenez bien que si M. Voisard venait pour moi, tout le monde saurait que je suis malade.

— Eh bien, qu'importe? Quand on est malade, il n'y a pas de déshonneur à recevoir la visite du médecin.

— Non, bien sûr; mais croyez-vous qu'il me garderait si j'étais malade? Il me mettrait à la porte, et tout de suite; dur qu'il est pour ceux qui manquent à leur service. C'est pour cela qu'il ne faut pas dire que je suis malade. Vous comprenez.

Marichette ne comprenait que trop. C'était vrai que son cousin était dur pour ceux qui manquaient à leur service. Combien de fois l'avait-elle vu renvoyer de pauvres diables qui n'avaient d'autres torts que d'être malades!

— Si quelquefois on vous disait que je suis malade, répondez que ce n'est rien; c'est le plus grand service que vous pouvez me rendre; ce que j'ai passera. Mais enfin soyez sûre que je vous suis reconnaissante de vos bonnes paroles ; si vous saviez quel bien ça fait dans ma position !...

Les larmes lui coupèrent la parole : elle se mit à sangloter sans que Marichette trouvât rien à lui dire.

— Merci, murmurait Divine, ça fait du bien ; vous êtes une bonne demoiselle.

Puis elle étouffa ses sanglots et tâcha de sécher ses yeux avec le coin de son tablier.

— Il ne faut pas s'abandonner, murmurait-elle, l'ouvrage commande ; qu'est-ce qu'il dirait si *elle* n'était pas *faite ?*

Il était le maître, le dur maître au parler rude et aux résolutions implacables.

Evidemment il y avait un mystère sous ce chagrin. Lequel ? C'était ce que Marichette ne comprenait pas. Mais ce qui lui prouvait qu'elle ne se trompait pas en devinant un mystère, c'était l'attitude de Paulin et de Victor quand par hasard il était question de Divine. Un jour que Victor avait commencé à parler de la servante, elle avait cru voir Paulin faire un signe à son camarade comme pour lui recommander le silence. Lorsqu'elle avait été seule avec Paulin, elle l'avait questionné ; il avait paru embarrassé et n'était sorti des questions qu'elle lui posait que par des réponses vagues. Alors elle n'avait pas insisté.

Le temps avait marché et la santé de Divine n'avait pas semblé se rétablir ; loin de là, les traits étaient de plus en plus tirés, le teint était de plus en plus terreux. Autrefois on la voyait toujours les bras nus, la taille libre sous un léger corsage, serrée seulement par le cordon de son jupon, en vraie campagnarde; maintenant, au contraire, elle s'habillait correctement, sanglée dans un corset, par-dessus lequel elle portait un caraco flottant qui tombait sur le tablier, plus bas que les hanches. Cependant elle ne se plaignait plus; et si sa physionomie exprimait toujours la souffrance et la préoccupation, jamais on ne voyait de larmes dans ses yeux. Si Marichette lui demandait comment elle allait, toujours sa réponse était la même :

— Merci, cela va mieux.

Mais le triste sourire qui accompagnait ces paroles les démentait : assurément elle n'était pas mieux comme elle disait.

Un soir que Marichette était restée tard à sa fenêtre, au moment où elle se décida enfin à la fermer pour se coucher, elle entendit un bruit insolite dans la chambre de Divine, située à l'étage supérieur ; elle écouta, mais elle ne put pas distinguer quel était ce bruit que dominait le fracas de la mer qui, ce soir-là, était grosse. Alors s'imaginant que Divine, plus malade, pouvait avoir besoin de secours, elle monta à sa chambre.

Quand elle arriva, le bruit avait cessé; elle écouta en collant son oreille à la porte fermée, et, n'entendant rien, prise de peur, car elle était sûre de ne s'être point trompée, elle frappa ; Divine ouvrit. A la lueur d'une chandelle fumeuse la chambre parut en désordre : au milieu était un panier ouvert, à moitié rempli de linge et de hardes.

— Comment, c'est vous, mademoiselle ? fit Divine.

— J'ai entendu du bruit dans votre chambre, et je suis montée pour voir si vous n'aviez pas besoin de secours.

— Il me renvoie, mademoiselle, et je fais mon panier pour partir demain matin ; si c'est juste !

Et Divine, fondant en larmes, se laissa tomber sur son lit.

Marichette ne savait que dire.

Assurément non, il n'était pas juste de renvoyer cette pauvre fille parce qu'elle était malade ; mais ce n'était pas de l'avis de ceux qui l'entouraient que son cousin se préoccupait lorsqu'il faisait une chose ou prenait une résolution, c'était de son seul intérêt.

— Si c'est juste ! répétait Divine, si c'est juste !

— Vous n'avez pas de place ? demanda Marichette pour dire quelque chose.

— Où voulez-vous que j'aie une place ? Qu'est-ce qui voudrait de moi ?

— Où allez-vous ?

— Je ne sais pas, je m'en vas.

Et Divine recommença à pleurer, répétant :

— Si c'est juste !

Puis, tout à coup, elle se leva.

— Si vous saviez ! s'écria-t-elle.

Mais brusquement elle s'arrêta :

— Allez-vous-en, dit-elle, vous ne pouvez rien pour moi, et s'il rentrait il ne faut pas qu'il vous trouve ici ; il croirait que je vous raconte des choses, et comme je ne serai plus là demain, il vous les ferait payer.

Tout cela était bizarre et incohérent, mais Marichette n'y pouvait rien ; les questions qu'elle adresserait à Divine ne changeraient rien à la situation.

— Croyez bien que je vous plains, dit-elle, et que je suis fâchée de ne rien pouvoir pour vous.

— Vous avez pu me faire amitié, et vous me l'avez faite. Adieu, mademoiselle Marichette, cela me soutiendra de penser à vous.

Marichette entra dans sa chambre émue et affligée. Pas de place, pas de parents, malade, la malheureuse ! Elle avait beau se dire que son cousin devait avoir des raisons bien fortes pour renvoyer cette servante, cela n'affaiblissait pas sa sympathie. Elle ne les connaissait pas ces raisons. Pour elle, Divine était une bonne fille qui lui avait témoigné de la compassion, et c'était à cela qu'elle était sensible, c'était cela seulement et sa maladie qui la touchaient. Mais c'était la tristesse de sa position d'orpheline et de misérable de ne rien pouvoir pour ceux qu'elle aurait voulu secourir ; de quelle utilité était sa sympathie pour la pauvre fille ?

Elle dormit mal, cette nuit-là. Comme le jour commençait à se faire, blanchissant à peine les vitres de sa chambre, elle crut entendre un bruit de pas à sa porte. Elle écouta : les pas s'étaient arrêtés, mais elle entendit le souffle d'une respiration.

— Qui est là ? demanda-t-elle à voix basse.

Ce fut la voix de Divine qui répondit faiblement :

— C'est moi ; si vous ne dormez pas, voulez-vous m'ouvrir ; ne faites pas de bruit.

Marichette ouvrit sa porte avec précaution et Divine se glissa dans la chambre.

— Êtes-vous plus mal? demanda Marichette.

— Merci. Ce n'est pas pour moi que je viens, c'est pour vous.

— Pour moi?

— Pour vous parler.

Ces quelques mots s'étaient échangés à voix basse. Marichette regarda Divine; à la pâle clarté du petit jour elle la vit tremblante, le visage décomposé.

— Hier, commença Divine, j'ai voulu vous parler, et je n'ai pas osé, et je vous ai demandé de vous en aller. Toute la nuit, je n'ai pensé qu'à cela : si je devais vous parler ou si je ne le devais pas.

— Mais que voulez-vous donc me dire? demanda Marichette, qu'une crainte vague commençait à gagner.

— C'est là le difficile, et c'est pour cela que j'ai tant hésité. Vous êtes une jeunesse, et ce n'est pas des choses qui doivent offenser l'oreille d'une jeunesse, je sens ça. Mais vous n'avez personne pour vous défendre; vous êtes censé comme j'étais..... puisque vos parents, c'est comme si vous n'en aviez pas. Alors je me suis dit que si je ne vous mettais pas en état de vous défendre vous-même, je serais coupable envers vous qui avez été bonne pour moi, et que s'il vous arrivait mal j'en porterais la faute.

Marichette écoutait, sans comprendre ces paroles que Divine, penchée sur son lit, lui soufflait si bas qu'il y avait des mots qui lui échappaient.

— Me défendre ! dit-elle.

— Écoutez-moi. Laissez-moi dire les choses comme elles me viennent, j'ai assez de mal à les trouver ; vous me comprendrez toujours trop. Et puis, il faut nous hâter avant qu'il se lève, pour qu'il ne me voie pas sortir de votre chambre. Je vous ai dit que je n'avais rien ; cela n'est pas : je suis enceinte.

Par un mouvement de pudeur instinctive, Marichette se couvrit le visage avec son drap.

— Je vous l'ai dit, continua Divine, ce n'est pas des choses pour l'oreille d'une jeunesse comme vous, et voilà pourquoi je ne voulais pas en parler ; mais quand il faut, il faut, et il faut que vous sachiez. Je vas avoir un enfant... et le père de mon enfant... c'est... votre cousin.

— Oh ! Divine ! s'écria Marichette bouleversée.

— Ce n'est pas par vengeance que je parle, c'est aussi vrai qu'il y a un Dieu au ciel ; et je le dis, c'est pour votre bien, c'est pour qu'il ne vous arrive pas ce qui m'est arrivé.

Marichette eut un cri d'indignation :

— C'est de mon cousin que vous parlez, s'écria-t-elle, et ce n'est pas à moi d'entendre une pareille accusation.

— Il faut pourtant que vous l'entendiez, car c'est pour votre bien. Vous ne connaissez pas votre cousin : c'est un homme terrible. Toutes les filles qui sont entrées ici sont sorties enceintes : Rosalie Chouquet, Amanda Jamet, la fille au père Pointel, et les autres encore que ça ne servirait à rien de nommer, puisque vous ne les connaissez pas ; mais faites causer madame Morot, elle vous dira si ce n'est pas la vérité vraie.

Jamais Marichette n'avait éprouvé pareille confusion ; la honte qui la serrait à la gorge l'étouffait.

Toujours penchée sur elle et toujours parlant à voix basse, sifflant ses paroles, Divine continuait :

— Quand il a été question que je devais entrer en place ici, on n'a pas manqué de me dire que j'y passerais comme les autres y avaient passé. Je n'ai pas voulu croire ; ça me faisait rire. Bête et folle que j'étais ! Eh bien ! j'y ai passé. S'il n'y avait eu que l'ennui de la chose, je ne me serais pas plainte ; quand on est chez les autres, ce n'est pas pour son agrément, n'est-ce pas ? Mais il y a l'enfant. Qu'est-ce que j'en ferai ? Rosalie Chouquet, Amanda Jamet, la fille au père Pointel avaient des parents ; elles se sont retirées chez eux. Moi, je n'ai pas de quoi l'élever. Il faudra donc qu'il soit un enfant de l'hospice comme j'en ai été. Si c'est juste ! Qu'est-ce que j'ai fait au bon Dieu !

Elle montra le poing au ciel.

— Quand j'ai vu que je grossissais, j'ai eu envie de me périr, et puis j'ai pensé qu'il ne pouvait pas abandonner son enfant, car enfin il savait que c'était de lui ; pour un homme dans sa position, avec sa fortune, ce n'est point un embarras, n'est-ce pas ? d'élever son enfant ; il y en a qui sont pauvres qui s'exterminent à travailler pour ça. Alors je me suis décidée à lui dire que j'étais enceinte. Savez-vous ce qu'il m'a répondu ?

Marichette, étouffée par la honte, ne pensait pas à parler.

— Il m'a répondu, continua Divine, que cela ne le regardait pas, que mon enfant pouvait avoir pour père un autre que lui, et qu'il n'était pas assez bête pour s'occuper des enfants de ses servantes. Il m'a dit aussi que je m'arrange comme je voudrais, mais qu'il ne fallait pas qu'on connût ma grossesse, parce que le jour où cela arriverait je n'aurais qu'à partir. Il voulait bien me garder par pitié, mais il ne pouvait pas supporter que je déshonore sa maison. C'est pour cela que j'ai mis un corset et que quand vous me demandiez ce que j'avais, je vous répondais que je n'avais rien. J'espérais toujours qu'il se laisserait toucher et que, s'il n'avait pas pitié de moi, il aurait pitié de son enfant. C'est bien naturel, cela, n'est-ce pas ? Dites, mademoiselle Marichette.

— Oui, murmura Marichette.

— Mais c'est un homme sans pitié. Il paraît qu'on a parlé de moi à la pierre à poisson. Vous savez, Lichet est terrible ; tout ce qui lui passe par la tête, et qui peut amuser le public, il le dit. Alors M. Bellocq, l'ayant appris, m'a dit hier qu'il fallait partir. Je l'ai prié, je me suis mise à genoux. Il m'a donné douze heures pour sortir de sa maison. Et je m'en vas. Qu'est-ce que vous voulez que je fasse ? Il a le droit de me renvoyer, il me renvoie. Puisqu'il dit que son enfant n'est pas son enfant, qu'est-ce qui me protègerait si je voulais résister ? M. Bellocq d'un côté, de l'autre côté une servante, pensez donc !

Divine fit une pause; elle avait jeté ses paroles d'un trait, dans un élan furieux, et quand Marichette entr'ouvrait les yeux, elle voyait, se détachant sur la pâle lumière qui blanchissait les vitres, son visage convulsé et son profil crispé; elle parut se recueillir

— Je vas partir, continua-t-elle en parlant plus lentement, comme pour peser ses mots, mais je ne veux pas m'en aller d'ici sans avoir tout fait pour que mon sort ne soit pas le vôtre. M. Bellocq a une drôle de manière de vous regarder...

— Mon cousin! s'écria Marichette indignée, taisez-vous, taisez-vous!

— Vous avez raison de ne pas vouloir m'écouter, moi j'ai raison de parler quand même, vous le verrez plus tard. Je ne veux pas qu'il en soit de vous, comme il en a été de moi. Vous avez été bonne c'est mon merci. Si je ne parlais pas, ça porterait malheur à mon enfant. Il viendra un jour où il ne se contentera pas de regarder; alors rappelez-vous ce que je vous ai dit : ne restez pas comme une innocente que vous êtes, que j'étais, sans comprendre; défendez-vous; criez au secours. Si vous n'avez pas peur de lui il aura peur de vous. Malgré son air terrible, c'est un capon. S'il croit qu'on peut vous entendre, il vous lâchera; plus vous crierez fort, plus il se sauvera vite. Que ce soit demain, que ce soit dans un an, n'oubliez pas mes paroles et alors vous aurez un bon souvenir pour une pauvre malheureuse. Adieu, mademoiselle Marichette.

Et sans un mot de plus elle sortit doucement par la porte qu'elle entr'ouvrit.

XVIII

Divine partie, Marichette s'enfonça la tête sous ses draps, frisonnante.

Ce n'était pas seulement ses oreilles qui étaient offensées, comme disait la servante, c'était tout son être qui se révoltait; son cœur battait à coups sourds, ses dents claquaient; des larmes coulaient sur ses joues; elle éprouvait un si grand trouble dans ses idées, qu'elle ne savait ce qu'elle pensait, mais toujours lui revenaient les paroles de Divine qui l'oppressaient, qui l'étouffaient.

— Son cousin !

Mais ce qu'il y avait d'horrible, c'est qu'en même temps lui revenaient aussi les paroles de Célanie, qui bien des fois l'avaient assiégée, qu'elle avait toujours chassées loin d'elle, mais qui maintenant s'imposaient aveuglantes et implacables : « Toutes les servantes de Simon Bellocq sont sorties enceintes de chez lui; tout ce qu'il approche est flétri et à jamais déshonoré; quand les femmes ne servent pas à ses plaisirs, elles servent à ses intrigues, à son espionnage. »

Célanie, elle n'avait pas voulu la croire; contre Divine, elle s'était révoltée; mais maintenant les accusations d'autrefois se mêlaient à celles qu'elle venait d'entendre, et, s'ajoutant les unes aux autres, elles l'épouvantaient.

Était-il vraiment possible que son cousin « eût une drôle de manière de la regarder » ?

Cette malheureuse, dans son égarement, ne savait ni ce qu'elle voyait ni ce qu'elle disait.

Mais elle n'était pas égarée, Célanie, quand de son côté elle avait dit qu'une honnête fille n'habitait pas sous le toit de M. Bellocq aîné.

Par une bizarre opération de la mémoire, ces paroles qu'elle avait toujours repoussées s'étaient gravées dans son esprit, et elles lui revenaient maintenant mot à mot avec une cruelle fidélité.

De même lui revenaient aussi les questions de madame Voisard et de madame de la Broquerie, dont la première fois elle entrevoyait le sens mystérieux.

« Toute jeune fille qui a vécu auprès de M. Bellocq doit renoncer à se marier. »

A cette évocation elle se redressa brusquement et poussa un cri :

— Paulin!

Que ces femmes eussent pu la soupçonner, c'était horrible, mais lui?

Affolée, elle sauta à bas de son lit, ne sachant ce qu'elle faisait, répétant machinalement, sans penser qu'on pouvait l'entendre :

— Paulin, Paulin.

Mais ce cri inconscient qui ressemblait à la plainte d'un enfant appelant « maman, maman », lui rendit la raison.

De pareils soupçons ne pouvaient pas atteindre une âme comme celle de Paulin ; c'était lui faire injure que d'avoir peur.

Cette pensée la calma un peu, mais elle ne chassa pas l'horrible impression des confidences de Divine. Que Paulin fût au-dessus et en dehors de cette mer d'infamie, cela était tout naturel. Mais enfin il n'en restait pas moins évident qu'elle-même se débattait au milieu de cette mer, et tout ce qui venait d'être dit, de même que les paroles de Célanie comme celles de madame Voisard et de madame de la Broquerie la paralysaient.

Que faire ?

L'heure de descendre au bureau arriva sans qu'elle eût rien arrêté, car toutes les résolutions efficaces qui se présentaient à son esprit troublé étaient impraticables ; celles qui paraissaient faciles étaient absurdes ou chimériques.

Une seule mettait fin d'une façon radicale aux hontes et aux dangers de cette situation, — la fuite. Mais fuir cette maison, c'était en même temps fuir Paulin. Que penserait-il ? Que lui dirait-elle ? Fuir, n'est-ce pas s'avouer coupable ?

Et puis où aller ?

Elle ne voulut descendre que lorsque Paulin serait arrivé. Elle resta donc à sa fenêtre, le guettant. Justement il était en retard, ce matin-là. A la fin elle l'aperçut, marchant à pas hâtés, ne pensant pas à regarder en l'air. Ce fut seulement en approchant de la maison qu'il redressa la tête et qu'il la vit penchée à la fenêtre. Alors ralentissant le pas et tenant les yeux élevés vers elle, il tira de sa poche un petit bouquet de roses de Bengale, les premières de la saison.

— Voilà la cause de mon retard, disait son regard heureux.

Elle ne répondit rien ; mais ce simple regard chassa instantanément les horreurs de la nuit ; quand on est aimée comme elle se sentait aimée, on n'a rien à craindre.

Maintenant elle pouvait descendre ; il serait là.

Comme elle traversait le vestibule, elle trouva le facteur de la messagerie qui balayait ; c'était une espèce de loustic appelé Benjamin, le meilleur ami de Lichet, presque aussi grand ivrogne que celui-ci, et dont l'ambition était de devenir garçon de cave, afin de pouvoir boire à sa soif du matin au soir sans compter et sans payer.

— Eh bien, mademoiselle Marichette, dit-il en lui barrant le passage avec son balai, il y a du nouveau à la maison.

Se doutant de ce qu'il voulait dire, Marichette essaya de passer ; mais il continua :

— Divine est partie par la voiture de six heures ; elle va rejoindre les autres. Houp ! ça lui apprendra.

Marichette fut indignée.

— Que vous avait-elle fait ? dit-elle.

Il parut étonné.

— Ma foi, rien.

— Eh bien ! ce que vous dites là est mal, très mal.

Et elle passa devant lui sans qu'il comprît un mot à cette algarade.

— Alors, si on ne peut plus rire des filles enceintes !

Quand elle entra dans le bureau, son oncle était à sa place habituelle, et elle dut passer devant pour s'asseoir à son pupitre ; elle eut alors la sensation qu'un regard noir l'enveloppait, mais elle tenait ses yeux si obstinément baissés qu'elle ne se troubla pas autant qu'elle l'avait craint. Paulin n'était-il pas là d'ailleurs ?

Mais bientôt Paulin dut partir, et peu après Bellocq sortit aussi : elle avait quelques heures devant elle.

Elles passèrent vite et le moment du déjeuner arriva ; c'était l'instant critique, celui où elle allait se trouver seule avec son oncle s'il rentrait.

Il ne lui avait rien dit en partant, et bien entendu elle n'avait pas osé l'interroger. Quel soulagement s'il ne rentrait pas ; il est vrai qu'après le déjeuner il y aurait le dîner, mais elle ne voyait que le moment présent ; du temps gagné, tout était gagné.

A son heure habituelle il arriva, et de la porte, sans entrer dans le bureau, il lui fit signe de le suivre. Elle eut une seconde d'hésitation, mais elle obéit et le rejoignit dans la salle à manger.

Pendant toute la matinée elle s'était dit qu'elle ne devait point céder à la peur comme elle l'avait fait en descendant au bureau, et qu'au lieu de baisser les yeux de façon à ne rien voir, elle devait les lever sur son cousin et affronter son regard.

Divine pouvait très bien s'être trompée ; elle était assez malheureuse pour avoir perdu le sentiment de la justice et admettre des soupçons qui en réalité ne reposaient sur rien. Ce n'était pas ce que disaient les autres qui devait l'effrayer ou la rassurer, c'était ce qu'elle constatait elle-même.

« Il la regardait d'une drôle de manière. »

Ce qui pouvait être drôle pour Divine exaspérée, pouvait être tout naturel pour elle.

À la vérité, elle s'était toujours sentie mal à l'aise sous son regard ; mais c'était par timidité, par peur, parce qu'elle voyait en lui un homme dur, prompt aux reproches, insensible à tout ce qui n'était pas son intérêt. Jamais, si grande que fût sa gêne, elle n'avait cherché ce qu'il pouvait y avoir dans ce regard, en dehors de la responsabilité qu'elle avait peut-être encourue et des reproches qu'elle méritait sans savoir pourquoi et à propos de quoi.

Comment une autre idée eût-elle pu traverser son esprit? Si, depuis longtemps déjà, il n'était point un second père, comme elle croyait qu'il en serait un lorsqu'elle était arrivée à Saint-Maclou la tête et le cœur encore pleins des paroles de sa mère, — au moins ce n'était pas un homme, surtout ce n'était pas un jeune homme.

Mais maintenant les paroles de Divine avaient porté une lumière sinistre dans son esprit, et toutes sortes de choses obscures qu'elle soupçonnait à peine, sans même leur donner un nom, sans même les croire possibles, s'étaient dressées devant elle menaçantes, comme si tout à coup Divine avait écarté un rideau qui les lui cachait.

Maintenant il fallait qu'elle les admît, ces choses, et même il fallait qu'elle les regardât.

Elle s'était affermie dans cette idée, et c'était parce qu'elle s'était imaginé que plus elle aurait le temps de la réflexion plus elle se donnerait de courage qu'elle avait espéré qu'il ne rentrerait pas déjeuner; mais puisqu'il était rentré elle ne devait pas faiblir.

En arrivant dans la salle à manger, elle leva donc les yeux, et pour la première fois de sa vie elle le regarda en face.

Mais lui ne la regardait point : il avait ouvert le buffet et il prenait des assiettes et des verres pour les mettre sur la table.

— J'ai renvoyé Divine, dit-il, elle est partie ce matin. C'était une coureuse. Elle ne pouvait pas rester ici plus longtemps. Nous voilà donc sans servante.

Elle n'avait rien à répondre.

— En attendant que j'en aie trouvé une autre, veux-tu nous faire la cuisine ?

— Volontiers ; mais je dois vous dire que je ne sais pas faire la cuisine.

— Tu feras ce que tu pourras, je ne suis pas difficile. Benjamin t'aidera pour le gros ouvrage. Pour aujourd'hui nous nous contenterons de ce qu'il y a.

Il n'y avait que du beurre et du fromage ; aussi le déjeuner fut-il promptement expédié. Au bout de cinq minutes Bellocq se levait de table et s'en allait.

Il ne lui avait pas dit un mot, il ne l'avait pas regardée.

XIX

Après le déjeuner, Marichette resta toute confuse.
— Comment avait-elle pu l'accuser ?

Elle rougit en pensant aux craintes qui, pendant la matinée, avaient hanté son esprit. Où avait-elle été chercher tout cela ?

Divine avait des raisons pour le soupçonner.

Elle s'accusa d'ingratitude. En réalité, elle n'avait qu'un grief contre lui : il manquait de tendresse. Mais vraiment, avait-elle le droit de vouloir qu'il fût tendre avec elle ? Qu'avait-elle fait pour lui jusqu'à ce jour ? Quelles marques d'affection ou de dévouement lui avait-elle données ? Et puis, pour manquer de tendresse, s'ensuit-il fatalement qu'on soit... l'homme que Divine avait dit, celui dont sa tante Célanie avait parlé avec tant d'amertume et surtout avec tant de haine ? C'était la situation de Divine, c'était la haine de Célanie qui enlevaient toute autorité à leurs paroles.

Elle aurait dû comprendre cela et ne pas se laisser aller à une peur enfantine.

Mais c'était justement là son malheur de n'être encore, par bien des côtés, qu'une enfant. Quand elle avait perdu sa mère, l'un de ses vieux amis lui avait dit : « Maintenant, ma pauvre petite, te voilà mûre pour la vie ; » et elle l'avait cru. Mais l'expérience ne s'acquiert que par l'expérience. Elle savait tout ce qu'elle avait perdu par la mort de sa mère ; elle ne voyait nullement ce qu'elle avait acquis. Par cela que, du jour au lendemain, alors qu'elle n'était encore qu'une petite fille, elle s'était trouvée seule au monde, il n'en était pas résulté qu'elle était devenue une femme. De là son ignorance, ses maladresses, ses craintes vaines ; elle ne savait pas ; et avec son imagination de pauvre misérable qui voit partout des menaces elle allait au delà de la réalité.

Quelle honte si son cousin avait pu deviner ce qui se passait en elle ! et même quelle honte qu'elle se rappelât maintenant ce qui l'avait si follement bouleversée !

Elle ne pensa qu'à cela tant que dura la journée, et plus d'une fois elle sentit des bouffées de rougeur lui brûler le front et les joues.

Maintenant qu'elle remplaçait Divine, elle ne pouvait plus rester au bureau jusqu'au moment où Paulin rentrerait. Quand elle crut l'heure venue de s'occuper du dîner, elle passa dans la cuisine.

C'était là pour elle une grosse affaire et une lourde responsabilité. Comme elle l'avait dit, elle ne savait pas faire la cuisine. Ne se fâcherait-il point ? Sans doute il n'était pas difficile, et elle l'avait vu bien de fois se contenter de peu. Mais enfin l'embarras n'en était pas moins grand. Quoi lui donner à manger ? Comment préparer ce qu'elle se déciderait à choisir ? Dans le logement qu'avait occupé sa mère, depuis leur ruine, il n'y avait même pas de cuisine, et pour leurs repas elles se contentaient de ce qu'une apprentie allait chercher chez le charcutier ou chez le rôtisseur, une assiette assortie, une côtelette de porc frais, une portion quelconque ; et ce n'était pas de cette façon qu'elle avait pu apprendre à faire un roux, un rôti ou même une soupe. Et précisément c'était pour la soupe que son cousin était le plus exigeant, sinon quant à la qualité, au moins quant à la quantité ; il fallait qu'elle fût copieuse, solide, et qu'au besoin elle pût tenir lieu de tous les autres plats.

Quelle soupe pouvait-elle faire qui réunît tous ces conditions?

En la voyant se diriger vers la cuisine, Benjamin l'avait suivie, et pendant qu'elle nouait par-dessus sa robe un grand tablier en grosse toile bleue, il restait à la regarder.

— Alors, mademoiselle Marichette, dit-il, c'est donc nous qui allons faire le dîner ?

— Oui.

— C'est drôle tout de même : M. Bellocq m'a dit de vous aider ; me voilà.

Elle n'avait pas besoin qu'il s'annonçât, elle le voyait bien.

— A quoi voulez-vous que je vous aide ? Si j'allumais le feu?

— C'est cela, allumez le feu.

Pendant le temps qu'il faudrait pour cet allumage, elle espérait trouver. Mais le fagot que Benjamin avait été chercher flambait dans la cheminée, qu'elle en était encore à se demander quelle soupe elle pouvait choisir.

— Qu'est-ce que vous avez pour dîner? dit Benjamin.

— Rien.

— Alors il faut aller acheter quelque chose? Qu'est-ce que vous voulez?

— C'est ce que je cherche. Ce qui pourrait être agréable à mon cousin. Qu'est-ce qu'il aime le mieux, savez-vous?

— Pardi! je lui ai entendu dire plus de cent fois, que ce qu'il y avait de meilleur au monde était une bonne garbure, la soupe de son pays. Je l'ai vu en manger, je vous assure qu'il n'en laisse pas dans son assiette.

Marichette avait souvent entendu parler de garbure et même elle en avait souvent mangé en son enfance, mais cela ne suffisait pas.

— Il faut du lard, dit-elle, des choux, des pois; nous n'avons pas tout cela, et puis le temps nous manquerait.

— Peut-être bien. Il y a une autre soupe que je trouve tout aussi bonne et qui se fait vite.

— Laquelle?

— C'est une soupe au lait avec deux ou trois poireaux dedans. Le lait, c'est fade; les poireaux, ça lui donne un bon petit goût.

— Et comment se fait-elle, cette bonne soupe?

— C'est facile : on coupe ses poireaux en petits morceaux, le vert et le blanc, et on les mêle au lait dans la marmite ; quand le lait bout, la soupe est faite ; il n'y a qu'à la verser sur le pain taillé dans la soupière ; le poireau craque sous la dent, il n'y a rien de meilleur.

Marichette n'était pas trop convaincue qu'il n'y avait rien de meilleur que le poireau craquant sous la dent ; cependant cette leçon lui arrivait trop à propos pour qu'elle ne la mît pas à profit.

— Nous allons faire cette soupe, dit-elle.
— Et avec ça ? demanda Benjamin.
— Avec ça ?

L'embarras recommençait.

— Voulez-vous de la viande ou du poisson ?
— Quelle viande ?
— Ou des légumes ?

C'était vrai, il y avait aussi des légumes.

— Le carrelet donne en ce moment, continua Benjamin ; ce matin il y en avait des tas à la pierre à poisson : et un beau carrelet coupé en morceaux, cuit à la poêle dans le beurre, c'est fameux.

— Eh bien, vous allez aller chercher du lait, des poireaux et un carrelet.

— Tout de suite, mademoiselle Marichette ; vous verrez que M. Bellocq s'en lèchera les doigts ; je ne vous dis que ça ; entretenez le feu.

Tout en entretenant le feu, Marichette mit le couvert avec un soin que n'avait pas Divine, frottant les cuillers et les fourchettes, essuyant les verres ; si son cousin ne se léchait pas les doigts comme disait Benjamin, peut-être serait-il sensible aux efforts qu'elle mettait à le satisfaire, et pour elle ce serait un soulagement, elle aurait racheté jusqu'à un certain point son ingratitude de la matinée.

Contrairement à son habitude, Benjamin revint au plus vite, rapportant le lait, les poireaux et deux carrelets.

— Maintenant, mademoiselle, commençons le feu, dit-il en riant.

Cet entrain acheva de dissiper le froncement de sourcils de Marichette, et ce fut presque gaiement qu'elle travailla avec Benjamin à la préparation de son dîner, — qui, pour elle, devint une sorte de dînette.

— Vous ne mettez pas assez de sel, mademoiselle.

— Croyez-vous?

Et elle ajoutait du sel.

— Vous en mettez trop.

Ce n'était pas seulement pour les choses graves qu'elle était restée une enfant, c'était pour tout, et cette cuisine elle s'imaginait presque que c'était un jeu, comme lorsqu'elle était toute petite et qu'elle jouait au ménage avec ses camarades.

Quand Bellocq rentra, le dîner était prêt, et elle eut la satisfaction de lui annoncer qu'il pouvait se mettre à table ; ce n'était plus son embarras et sa confusion du matin, elle lui parlait les yeux franchement levés, sans crainte comme sans défi.

— Voilà une soupe qui est parfaite, dit Bellocq.

Il s'en servit une seconde assiettée.

Puis remarquant qu'un sourire avait passé sur le visage rose de Marichette :

— Pourquoi souris-tu ? dit-il.

— C'est de satisfaction, mon cousin ; je suis contente que vous trouviez cette soupe bonne ; je serais si heureuse de faire quelque chose qui pût vous plaire !

Et longuement il la regarda en souriant aussi.

— Ah ! vraiment.

Mais la persistance de son regard et l'expression de son sourire troublèrent Marichette qui, se levant de table, alla chercher le poisson dans la cuisine.

— Ton dîner est excellent, dit Bellocq quand il eut fini de manger, et nous pouvons attendre pour remplacer Divine.

— Tant que vous voudrez.

XX

Soit que Bellocq ne se pressât point de chercher une servante ; soit que celles qui auraient pu avoir l'idée de se présenter chez lui en fussent empêchées par le nouvel exemple dont tout le monde parlait dans la contrée, Divine n'avait point été remplacée et Marichette continuait de faire la cuisine, aidée par Benjamin.

C'était avec bonne humeur et même avec complaisance que Benjamin s'était mis à sa disposition, et toujours elle le trouvait prêt lorsqu'elle avait besoin de lui. Comme tous ceux qui boivent beaucoup et à chaque instant de la journée, il était petit mangeur ; un morceau de pain le matin, une assiette de soupe le soir lui suffisaient. Ce morceau de pain, cette assiette de soupe, Marichette les lui donnait, de sorte qu'il pouvait employer en eau-de-vie ce qu'il dépensait naguère en nourriture. Et pour sa soif de plus en plus exigeante, il y avait là de quoi le mettre de belle humeur ; quand il lavait la vaisselle il savait qu'aussitôt qu'il aurait fini il pourrait rejoindre son ami Lichet au *Joyeux Matelot* et se payer de larges lichettes jusqu'à onze heures ou minuit ; cela méritait qu'on se donnât un peu de peine, sans doute.

Son cousin ne parlant pas de servante nouvelle, Marichette n'en avait pas parlé non plus, et jamais elle n'avait laissé paraître que cette besogne de la cuisine pouvait lui déplaire, bien qu'il lui fût dur de quitter le bureau justement au moment où Paulin, presque toujours, rentrait de ses courses.

Mais ce qu'elle n'avait pas dit, d'autres le disaient pour elle, et dans Saint-Maclou ce n'était qu'une clameur.

— Vous savez que Bellocq a fait de sa cousine sa servante ?

— Quelle avarice !

— N'est-ce que de l'avarice ?

— Que voulez-vous que ce soit ?

Quand c'était entre hommes que ces propos s'échangeaient, on en restait là ; avec un personnage comme Simon Bellocq, il était bon de ne pas aller trop loin. Son service d'espionnage était si bien organisé, que jamais on ne pouvait être sûr que ce qui se disait entre amis ne lui serait pas rapporté. Et comme tout le monde savait de quelle façon il se vengeait, on se tenait sur ses gardes. L'accuser d'avarice, ce n'était pas grave, et d'ailleurs il ne s'en fâcherait pas, au contraire. Mais formuler nettement d'autres accusations, on ne l'osait, s'en tenant prudemment à des insinuations vagues, à des clignements d'œil qui avaient ce double avantage d'être suffisamment précis entre initiés et de pouvoir être niés au besoin.

Mais entre femmes, au moins entre certaines femmes qui croyaient avoir gagné le droit de parler librement de Bellocq, il en était autrement, et madame de la Broquerie ne se gênait nullement pour dire que c'était là un scandale abominable.

— La petite a remplacé Divine en tout et pour tout, c'est bien simple. Ne me dites pas que si cela était, il aurait pris une servante pour que la jeune fille ne se fatigue pas aux soins du ménage. Ce qu'elle fait de ménage ne la fatigue pas beaucoup, puisqu'elle a Benjamin pour l'aider. Et à n'avoir pas de servante ils trouvent l'avantage d'être seuls dans la maison toute la nuit.

C'était la jalousie et l'exaspération d'une femme délaissée qui inspiraient les accusations de madame de la Broquerie ; c'était le soupçon d'une femme inquiète qui dictait les interrogations que madame Voisard adressait à tout propos à Marichette.

— Pourquoi donc votre cousin ne prend-il pas une servante?

— Sans doute il ne trouve pas celle qu'il voudrait.

— Il ne doit pas se montrer trop difficile, et il le serait moins assurément s'il ne vous avait pas.

— Je ne me permets pas de me mêler de ce choix.

— Je veux dire que si vous mettiez moins de complaisance à lui préparer ses repas, Divine serait remplacée depuis longtemps.

— Mais c'est un devoir pour moi de tâcher de faire ce qui m'est possible pour qu'il ne s'aperçoive pas que Divine lui manque.

16.

— Encore y a-t-il certaines choses qu'une jeune fille comme vous ne peut pas faire par complaisance.

Cela dit en l'enveloppant d'un regard qui la déshabillait.

— Lesquelles donc, madame? demanda Marichette avec une sérénité parfaite, sans rien comprendre à ce regard et encore moins à ces paroles.

— Mais... la cuisine. Croyez-vous que ce soit un attrait pour une jeune fille à marier qu'on dise d'elle qu'elle fait la cuisine?

— Justement je ne suis pas une fille à marier. D'ailleurs, si je me marie jamais, mon mari ne pourra pas être fâché que je sache faire un peu la cuisine, car ce ne serait pas avec la dot que je lui apporterais que nous pourrions nous offrir une cuisinière.

— Vous perdrez la blancheur et la douceur de vos mains.

— Elles auront le temps de blanchir et de s'adoucir à nouveau avant mon mariage.

Évidemment cette petite intrigante ne voulait pas de servante, et son jeu n'était que trop facile à deviner : elle manœuvrait pour se rendre indispensable; quand elle aurait réussi cette première partie de son plan, elle manœuvrerait pour se faire épouser. C'était bien de la rouerie à son âge, mais c'était encore plus d'audace imprudente, car avant d'arriver à son but elle rencontrerait des résistances qu'elle n'avait pas prévues à coup sûr.

— Si vous voulez, mon enfant, j'avertirai votre

cousin qu'il ne doit pas vous abaisser à ce rôle de servante.

— Mais je ne me trouve pas abaissée de faire ce qui m'est possible pour lui être agréable ; aussi je vous prie de ne pas l'avertir, il pourrait croire que je me plains, et rien ne serait moins vrai.

Ordinairement Marichette n'intervenait jamais dans la marche des choses, de même qu'elle ne prenait les devants à propos de rien ; mais dans cette circonstance elle manqua à cette règle : le lendemain du jour où elle avait eu cet entretien avec madame Voisard, elle le raconta à son cousin.

— T'es-tu plainte à quelqu'un ? demanda Bellocq durement.

— Non, à personne ; et même je n'ai jamais eu la pensée de me plaindre, car jamais je n'ai trouvé ce que je fais désagréable ou pénible : c'est sincèrement que je vous ai dit que vous pouviez prendre tout le temps nécessaire pour remplacer Divine ; je tiens à vous le redire.

Marichette croyait que désormais personne n'aurait plus l'idée de venir à son secours ; mais elle avait compté sans Célanie.

Pour avoir quitté Saint-Maclou, madame Bellocq n'avait pas rompu toutes relations avec son pays natal, où elle avait encore des parents du côté maternel et des camarades de jeunesse ; aussi deux ou trois fois par an, à de certaines fêtes, revenait-elle voir ses amis, et surtout se montrer dans la gloire d'une toilette neuve qu'elle croyait propre à produire de l'effet. Ce fut ainsi qu'un jour de fête patronale, où tout Saint-Maclou était à l'église, Marichette la vit arriver à la messe dans une toilette « retour au pays natal », la tête emplumée, le cou et les poignets cerclés de bijoux clinquants. Au bruissement de sa jupe de soie et de son jupon raide et sonore comme une feuille de métal, tout le monde tourna la tête lorsqu'elle traversa l'église pour aller prendre sa place tout près du chœur. En passant à côté de Marichette, elle s'arrêta un court instant et, se penchant vers elle, elle lui dit :

— Je vous verrai après la messe.

Il fallut donc qu'après la messe, au lieu de rentrer en compagnie de madame Morot, Marichette attendît sous le porche.

— C'est pour vous que je suis venue aujourd'hui à Saint-Maclou, dit Célanie en emmenant Marichette dans la partie du cimetière où personne ne passait.

— Pour moi ?

— Et comme je ne peux pas entrer dans la maison de M. Bellocq aîné, je suis obligée de vous entretenir ici, les pieds dans l'herbe, au milieu de ces tombes. Si ce n'est pas une honte ! Mais laissons cela, il s'agit malheureusement de choses plus graves.

Elle regarda autour d'elle ; on ne pouvait pas les entendre ; ceux qui sortaient encore de l'église passaient en se hâtant, le livre de messe sous le bras ; cependant elle baissa la voix.

— Nous avons appris que M. Bellocq aîné vous imposait le métier d'une servante, et c'est pour nous un si grand chagrin, que nous avons décidé d'intervenir afin d'empêcher cette honte. Que voulez-vous que nous fassions pour vous ?

— Rien, je vous remercie ; je ne demande rien.

— Vous ne demandez rien parce que vous êtes fière ; mais nous qui sommes fiers aussi, nous ne pouvons pas tolérer plus longtemps que notre parente soit une servante ; je vous ai demandé tout à l'heure ce que vous vouliez que nous fassions pour vous ; mais mon mari et moi nous avions prévu votre réponse, et nous avions décidé de n'en pas tenir compte. Nous devons vous arracher à ce misérable ; nous accomplirons notre devoir. Je vais aller avec vous chez M. Bellocq, ou sans vous si vous n'osez pas affronter sa colère, et je lui dirai que je vous emmène à Criquefleur.

— Mais je ne me plains pas de travailler, j'en suis même heureuse puisque je m'acquitte ainsi de ce qu'on fait pour moi, et je ne peux pas accepter ce que vous me proposez.

— Vous n'avez donc pas de cœur, malheureuse enfant ?

— Ce serait en quittant M. Bellocq parce qu'il me fait travailler que je n'aurais pas de cœur.

— Vous, une fille comme vous, vous seriez servante ! Pensez donc qu'après vous avoir prise pour remplacer sa servante à la cuisine, il vous prendra pour la remplacer dans son lit.

— Oh ! madame !

— Il faut dire les choses telles qu'elles sont... telles qu'elles seront demain peut-être. Que faut-il pour cela ? Tout simplement qu'il vous trouve sous sa main un soir en rentrant.

Si Marichette avait entendu ces paroles le matin du départ de Divine, elle aurait aussitôt quitté Saint-Maclou pour Criquefleur et se fût jetée dans les bras qu'on lui ouvrait.

Mais les craintes qui l'avaient alors bouleversée s'étaient changées en remords, et ce n'était pas maintenant qu'elle pouvait avoir la pensée de s'enfuir. Ces accusations n'étaient pas nouvelles ; elle les avait déjà entendues lors de sa visite à Criquefleur ; si elles ne l'avaient pas alors décidée, il n'y avait pas de raisons pour qu'elles eussent plus d'influence maintenant ; au contraire, il s'en était petit à petit établi une pour qu'elles en eussent moins — l'expérience de chaque jour. Quand on lui avait dit : « Voilà ce qu'il sera », elle n'avait pu répondre ; mais quand aujourd'hui on lui répétait encore : « Voilà ce qu'il sera demain », c'était son devoir de répondre : « Voilà ce qu'il a été depuis que je demeure chez lui. »

Ce fut, en effet, ce qu'elle dit ; mais cette réponse exaspéra madame Belloquet, qui, perdant toute prudence, s'écria à pleine voix :

— Êtes-vous folle ?

A ce moment passait près d'elle une vieille femme, enveloppée dans sa cape, voûtée, marchant lentement, que ce cri surprit au point qu'elle en laissa tomber à terre le petit morceau de pain bénit qu'elle portait dans le creux de sa main. La mine effarée avec laquelle elle les regarda, allant de l'une à l'autre, rappela Célanie à la raison. Ce ne serait pas par l'emportement qu'elle agirait sur cette sotte.

Mais la douceur et l'adresse ne produisirent pas plus d'effet.

A tous les arguments Marichette opposait la même réponse :

— Je ne me plains pas de travailler.

Ou bien :

— Je ne peux voir dans mon cousin que ce qu'il a été depuis que je demeure chez lui.

Que faire contre cette placidité obstinée ?

Célanie était déroutée ; elle avait compté sur l'exaspération d'une fille humiliée et c'était de la résignation qu'elle trouvait, — plus que de la résignation même, une sorte de satisfaction.

Cela était tellement extraordinaire pour elle que ses soupçons lui revinrent plus pressants qu'ils ne l'avaient jamais été : n'était-ce pas l'intérêt et le calcul qui inspiraient cette résignation ? n'était-ce pas pour s'emparer petit à petit du Corsaire, l'enjôler avec ses grands yeux noirs, le dominer et se faire faire un testament ou se faire épouser, que Marichette acceptait cette domesticité, servante aujourd'hui, pour être maîtresse demain ?

Il fallut cependant qu'elle renonçât à l'exécution du plan qu'elle avait combiné et imposé à son mari : comment entrer chez le Corsaire et lui enlever Marichette à la force du poignet, si celle-ci ne se prêtait pas à cet enlèvement.

Mais ce n'était pas son habitude de pousser les choses à l'extrême, et lorsqu'elle en était réduite à une rupture, elle s'arrangeait toujours en partant pour se garder une porte ouverte : sait-on jamais ce qui peut arriver?

— Vous n'oublierez pas, mon enfant, dit-elle au moment de la séparation, que j'ai tout fait pour vous sauver; si, par malheur, ce que mon mari et moi nous avons prévu, nous qui savons quel homme est M. Bellocq aîné et qui avons l'expérience de la vie, si par malheur cela se réalise, ou si simplement, comme je veux encore l'espérer, vous vous voyiez en danger, souvenez-vous que notre maison vous est ouverte, accourez auprès de nous; nous vous défendrons ou nous vous consolerons. Nous sommes vos amis, vos seuls, vos vrais amis.

Et ce fut avec les démonstrations de l'amitié la plus sincère qu'elle serra les mains de Marichette.

— Souvenez-vous de mes paroles; le cœur de mon mari, le mien sont tout à vous; un jour viendra où vous serez heureuse de vous le dire, et ce jour-là ce ne seront point des reproches que vous trouverez près de nous, ce sera un soutien; dans une famille il n'y a pas que des coquins, Dieu merci!

Quand Marichette rentra en se hâtant, elle trouva son cousin qui se promenait devant le bureau des voitures, les mains dans les poches de sa blouse, le chapeau en arrière, les sourcils froncés et les lèvres serrées, de cet air fâché que les employés appelaient « le coup de vent ».

Sans parler, il fit un signe à Marichette pour qu'elle le suivît.

— D'où viens-tu? demanda-t-il, lorsqu'ils furent seuls.

— De l'église.

— Tu es bien en retard; tout le monde est passé depuis longtemps déjà.

Marichette ne savait pas mentir; elle n'aurait rien dit à son cousin s'il ne l'avait pas interrogée; il la questionnait, elle devait répondre. N'avait-il pas déjà appris, d'ailleurs, la présence de Célanie à Saint-Maclou, et même n'avait-il pas appris aussi leur entretien? Tout le monde les avait vues causant sous les pommiers du cimetière.

— J'ai été retenue par ma cousine Célanie, dit-elle.

Bellocq eut un geste de colère, un de ces gestes à poing crispé que Marichette connaissait bien et qui, quoique contenu, faisait trembler les gens avec qui il avait une discussion. Mais si violent que fût son premier mouvement, il savait toujours l'arrêter à temps lorsqu'il avait intérêt à ne pas se laisser emporter, et ce n'était que lorsqu'elles ne devaient pas être dangereuses pour lui qu'il se livrait à toutes les fureurs de ses colères. Évidemment, s'il effrayait Marichette, il n'apprendrait rien de ce qu'il voulait savoir; avec elle, ce n'était pas par l'intimidation qu'il fallait procéder.

— Célanie! dit-il presque doucement, et que te voulait-elle?

— Elle est venue à la messe, et après la messe nous avons parlé.

— Et qu'avez-vous dit?

Cette fois encore elle devait répondre puisqu'une

question précise lui était posée; il n'y avait pas à craindre qu'une parole imprudente fâchât son oncle et sa tante plus qu'ils n'étaient déjà fâchés.

— Les propos dont je vous ai déjà entretenu, dit-elle, ont couru jusqu'à Criquefleur, et ma tante voulait faire une démarche auprès de vous pour vous demander de ne pas m'employer aux travaux de la cuisine.

— Elle aurait été bien reçue.

— Je l'ai priée de renoncer à cette démarche.

— Tu as eu tort; j'aurais eu un moment de bon sang.

— Je ne voulais pas que vous pussiez croire que c'était sur ma demande qu'elle intervenait.

— Elle n'a pas besoin d'être poussée à se mêler de ce qui ne la regarde pas.

— Enfin dans cette circonstance elle a agi spontanément.

— Tu crois peut-être que c'est dans ton intérêt et par amitié pour toi?

— Je ne crois rien.

— Tu as tort : il faut croire que Célanie n'a jamais eu que son propre intérêt en vue, comme elle n'a jamais eu d'amitié que pour elle-même. Elle a voulu t'exciter contre moi, voilà tout.

— Je vous assure que si telle était son intention elle n'a pas réussi; c'est en toute sincérité que je vous ai dit que vous pouviez ne pas vous presser pour remplacer Divine, et je suis fâchée que ma cousine, comme madame Voisard, veuillent me protéger quand je ne demande pas leur protection.

— C'est vrai ?

— Très vrai ; je vous assure que cela me blesse qu'on me plaigne quand moi je ne me plains pas. Je serais malheureuse et même, je l'avoue, je serais humiliée d'en être réduite par la misère à me faire servante. Mais je ne me sens pas du tout malheureuse de préparer vos repas, et il ne m'était pas venu à l'esprit qu'il pouvait y avoir à cela quelque chose d'humiliant. Vous avez bien voulu m'accueillir quand j'étais abandonnée, vous m'avez admise auprès de vous, vous m'avez traitée en membre de votre famille ; j'ai pour vous les soins que j'aurais pour mon père.

Jamais Marichette n'avait adressé un pareil discours à son cousin, se bornant ordinairement à quelques mots brefs et indispensables, polis et respectueux, rien de plus ; mais puisque l'occasion s'en présentait elle voulait la mettre à profit, malgré l'émotion qui lui serrait la gorge. On lui avait tant rabattu les oreilles qu'il ne voyait pas en elle une parente, qu'elle tenait à dire hautement qu'elle voyait en lui le chef de la famille, un père. C'était sa réponse aux insinuations de madame Voisard, en même temps qu'aux accusations de Célanie et aux sinistres prédictions de Divine. Il fallait qu'il sût ce qu'il était pour elle, et s'il ne le savait point encore, il fallait qu'elle le lui dît, si difficile, si délicat que cela fût pour une timide. Tant bien que mal elle était arrivée au bout de son discours, et si elle ne s'applaudissait point d'avoir si bien parlé, au moins s'étonnait-elle d'avoir pu en dire si long.

Quel effet avait-elle produit?

Elle eut le courage de lever les yeux sur lui et de le regarder; elle vit qu'il souriait vaguement en l'examinant, et cela la troubla si complètement qu'elle ne trouva pas un mot à ajouter. Elle aurait voulu qu'il ne sourît point, mais au contraire qu'il l'écoutât sérieusement comme elle avait parlé.

Cependant elle continuait à sentir courir sur elle ces yeux noirs qu'elle avait osé affronter quelques secondes auparavant, mais qui maintenant l'anéantissaient.

— Alors tu ne te trouves pas mal ici? demanda-t-il.

— Assurément non.

— Je ne te fais pas peur?

A cette question elle répondit moins vite et d'un ton moins ferme; cependant elle répondit :

— Non.

— Tu n'as pas envie de t'en aller?

— J'ai envie de rester près de vous tant que vous voudrez bien me garder.

— Eh bien! je te garderai, sois tranquille, et, si tu sais être fine, tu n'auras pas à t'en repentir... plus tard.

XXI

En répondant à Célanie comme elle l'avait fait, Marichette avait obéi au premier mouvement de sa conscience : c'était son devoir de rester près de son cousin, elle n'écoutait que son devoir.

Mais lorsqu'elle avait été seule, elle avait écouté la raison et pesé la responsabilité dont elle s'était chargée.

Quand madame de la Broquerie ou madame Voisard la harcelaient de questions et d'insinuations, elle n'en disait rien à Paulin. A quoi bon ? Mais dans la démarche de sa tante, il y avait autre chose que des questions curieuses et des insinuations malveillantes, — une proposition grave que Paulin devait connaître, lui semblait-il. Ne devait-elle pas tout lui dire ? Et quand elle avait pris une résolution de cette importance, ne devait-elle pas en partager la responsabilité avec lui ?

Elle eût voulu l'avoir là, près d'elle, pour se confesser tout de suite; mais c'était dimanche, et elle dut attendre au lendemain; encore ne pût-elle être seule avec lui que dans l'après-midi.

— Vous savez que j'ai vu ma cousine Célanie hier, dit-elle lorsqu'il revint.

— C'est ce que ma mère m'a raconté. Elle voulait vous parler?

— Devinez-vous ce qu'elle voulait me proposer?

— Pas du tout. Je vous assure que ma mère et moi nous avons agité cette question et que nous n'avons rien trouvé de satisfaisant; de là mon tourment en voyant le regard inquiet que vous avez attaché sur moi plusieurs fois depuis ce matin.

— Ma cousine m'a proposé de quitter Saint-Maclou pour aller chez elle à Criquefleur.

— Pourquoi?

— Parce qu'elle est indignée que mon cousin Simon me fasse faire la cuisine; elle trouve que cela est dégradant.

— Vous avez répondu?

— Que je n'étais pas humiliée de rendre ce service à mon cousin, que mon devoir était de rester près de lui, et que j'obéissais à mon devoir.

— Chère Marichette!

— Vous m'approuvez?

— Pouviez-vous quitter cette maison? Que serais-je devenu?

— Si vous saviez comme j'étais impatiente de vous parler de cela! J'ai fait cette réponse sans réflexion. Mais depuis je me suis demandé si de votre côté vous ne pensiez pas, comme ma cousine, qu'il était dégradant pour votre fiancée de faire la cuisine.

— Rien de ce que vous faites ne peut être dégradant. Assurément je suis malheureux que M. Bellocq ait eu cette idée de vous demander de lui préparer ses repas; mais jamais je n'ai trouvé cela humiliant pour vous.

— C'est justement ce que j'ai dit. Que je suis heureuse de trouver ma réponse dans votre bouche! C'était mon angoisse de savoir si vous m'approuveriez; j'ai donc parlé comme si je vous avais consulté.

— Comment ne vous approuverais-je pas? Cependant j'avoue que je serais bien aise de voir M. Bellocq se décider à remplacer Divine.

L'approbation de Paulin avait dissipé l'inquiétude de Marichette.

— Bah! dit-elle en riant, plus je ferai longtemps la cuisine, mieux j'apprendrai à la faire pour nous quand nous serons mariés. Vous verrez. Dites-moi les plats que vous préférez, je les travaillerai dès maintenant.

Quand nous serons mariés! Ce mot jeté dans cet entretien qui avait commencé pour tous les deux d'une façon pénible fut un rayon de soleil au milieu d'un ciel gris; les tristesses, les inquiétudes de l'heure présente s'évanouirent; ils ne virent plus que l'avenir radieux qui s'ouvrait devant eux : quand nous serons mariés!

Ils avaient encore l'un et l'autre bien des choses à se dire sur ce sujet, et qu'ils retardaient depuis longtemps précisément parce qu'elles étaient difficiles, mais ce n'était plus le moment de les aborder et de descendre des hauteurs sérieuses où ce mot les avait transportés : quand nous serons mariés!

Plus tard.

Et tous deux en même temps avaient la même pensée :

— Quand Marichette m'ouvrira la bouche, je parlerai, se disait Paulin.

— Quand Paulin m'ouvrira la bouche, je parlerai, se disait Marichette.

D'ailleurs, ils ne tardèrent pas à être interrompus par l'arrivée de Bellocq, et ils durent reprendre chacun de son côté leur besogne de tous les jours.

C'était le mauvais temps qui obligeait Bellocq à rentrer; un violent coup de vent du nord-ouest s'était élevé dans la matinée, et depuis une heure ses rafales étaient accompagnées de torrents de pluie qui noyaient tout; les nuages traînant jusqu'à terre passaient emportés par l'ouragan, et par moments ils étaient si noirs, si épais, que l'obscurité se faisait comme si la nuit avait approché; dans les cheminées, dans les corridors, la bourrasque hurlait lamentablement; quand elle s'apaisait pour quelques minutes, on entendait au loin le fracas de la mer démontée. C'était un homme fort que Bellocq et à la poigne solide; cependant, lorsqu'il ouvrit la porte du bureau, précisément exposée au nord-ouest, elle l'entraîna bien qu'il la retînt à deux mains, et un flot d'eau s'engouffra avec lui jusqu'au milieu de la pièce.

Depuis dix mois que Marichette était à Saint-Maclou, elle avait appris ce qu'est un coup de vent de nord-ouest sur ces côtes; mais elle n'en avait pas encore vu un aussi violent, surtout aussi mouillé, et en regardant la pluie s'écraser et rouler sur les

vitres il lui venait une idée qui la faisait sourire :
Si la bourrasque continuait ainsi, son oncle comprendrait sans doute que Paulin ne pouvait pas sous cette pluie diluvienne monter la côte de Criquefleur, et il le garderait à dîner.

De peur que cette idée ne se présentât pas à l'esprit de son oncle comme elle s'était présentée au sien, elle eut l'audace d'essayer de la lui suggérer.

— C'est M. Paulin qui va être mouillé en rentrant pour dîner! dit-elle.

— Ça lui fera un bain, répondit Bellocq qui ne comprit pas ou ne voulut pas comprendre l'invite qui lui arrivait.

Au moment du coucher du soleil, il y eut une accalmie; si le vent ne faiblit guère, la pluie au moins cessa de tomber et le ciel s'éclaira d'une grande lueur jaune sur laquelle continuaient de passer les nuages noirs.

Paulin put alors partir.

Et après le dîner Bellocq sortit aussi. Quand Benjamin eut fini son ménage, Marichette resta seule dans cette grande maison déserte. Ce n'était pas la première fois que cela arrivait; mais jamais elle ne lui avait trouvé le caractère sinistre que lui donnaient sans doute ce soir-là les secousses de la tempête, les plaintes du vent et les rafales qui par instants soulevaient la flamme de sa lampe et jetaient çà et là dans les ombres des lueurs fantastiques.

Elle monta à sa chambre et resta à sa fenêtre à regarder les nuages passer sur la face de la lune, qui ne se montrait de temps en temps que pour disparaître aussitôt dans leurs tourbillons. Mais bientôt la pluie reprenant et brouillant tout, Marichette qui n'avait plus rien à regarder se coucha.

Ordinairement le vent la berçait et l'endormait assez vite ; mais ce soir-là ce n'était plus un bercement, c'étaient de brusques secousses, des heurts, des gémissements, des hurlements, des craquements à croire que la maison allait être emportée.

Cependant elle avait fini par s'endormir, lorsque des coups frappés à sa porte la réveillèrent en sursaut. Elle crut que c'était le vent qui avait secoué sa porte un peu plus fort, mais deux coups furent frappés de nouveau, nets et distincts.

— Qu'est-ce qu'il y a? demanda-t-elle.

— Ouvre, dit la voix de son cousin, c'est moi.

— Tout de suite.

Sautant à bas de son lit, sans bien savoir ce qu'elle faisait, à moitié endormie, elle passa un jupon, éclairée par la lumière de la lune qui glissait entre deux nuages, et elle ouvrit sa porte.

Vivement Bellocq entra et referma la porte en faisant tourner le pêne.

Toute surprise, elle recula de deux pas.

— Vous avez besoin de moi? murmura-t-elle instinctivement.

Sans répondre, il continuait de marcher sur elle, et comme à ce moment la lumière de la lune qui entrait librement par les fenêtres sans volets et sans rideaux le frappait en plein, elle vit dans son visage pâle ses yeux qui lançaient des éclairs.

La peur la glaça, et elle se jeta en arrière du côté des fenêtres.

Il continuait d'avancer, les bras étendus, sans parler.

— Mon cousin ! s'écria-t-elle !

— Eh bien, quoi ? ne vas-tu pas avoir peur !

Et il allongea les bras pour la prendre ; mais elle se baissa vivement et lui glissa entre les mains.

A ce moment la lune fut voilée par les nuages et, instantanément, l'obscurité se fit dans la chambre comme si on venait d'éteindre brusquement une lampe. Cependant cette obscurité n'était pas si opaque qu'ils ne se vissent pas l'un et l'autre confusément ; c'était maintenant son cousin qui était adossé à la fenêtre et elle qui lui faisait face.

— Ne fais donc pas la sotte ! dit-il.

Elle était éperdue, et l'épouvante, l'horreur l'affolaient. Elle jetait autour d'elle des regards désespérés, cherchant où fuir, où se cacher ; mais dans cette chambre nue il n'y avait même pas de meubles derrière lesquels elle pût se réfugier.

— Mon cousin ! s'écria-t-elle ; **mon cousin, ayez pitié de moi !**...

Et elle reculait toujours tandis qu'il avançait toujours, les bras étendus.

C'était miracle qu'il ne l'eût pas encore saisie de ses mains puissantes ; par moment elle sentait son souffle la brûler.

Alors le souvenir des paroles de Divine lui revint :

— Si vous approchez, dit-elle, je crie au secours ; **on viendra.**

Mais comment sa faible voix eût-elle été entendue au milieu du hurlement de la tempête; où étaient-ils ceux qui dans la ville déserte et endormie pouvaient venir à son secours?

Il l'avait enfin atteinte, et sans souci de ses menaces, de ses cris, comme de ses supplications, il l'avait étreinte dans ses deux bras, sans qu'elle pût se débattre et résister.

XXII

Le lendemain matin elle ne descendit au bureau que lorsqu'elle eut vu Paulin partir pour aller surveiller aux environs les travaux des maisons en construction. Comment aurait-elle osé paraître devant lui? Qu'eût-il pensé s'il l'eût vue le visage convulsé, les yeux noyés, les lèvres crispées, la respiration haletante et désordonnée.

Il eût voulu savoir; il se serait arrangé pour rester seul avec elle et pour l'interroger.

Elle serait morte de honte.

D'ailleurs qu'eût-elle dit? Que s'était-il donc passé? Elle n'en avait pas conscience. Ce qui lui était resté de cette scène terrible c'était une sensation confuse d'horreur et de douleur, un mélange de craintes et de doutes dans lesquels son ignorance et son innocence se perdaient.

Qu'elle avouât l'outrage dont elle avait été victime, et il fallait quitter cette maison, se séparer de Paulin. C'était cette pensée qui dans cette affreuse nuit l'avait retenue, lorsque, échappée aux bras qui l'enchaînaient, son premier mouvement de délivrance avait été de s'enfuir. La fuite, c'était l'aveu. Et quel aveu pouvait-elle faire? Était-elle vraiment indigne de lui? Elle n'en savait rien.

C'était sa faute, si cet homme avait pu s'introduire dans sa chambre, celle de sa folle confiance, de son imprudence. Mais ce qui était arrivé cette nuit ne se répèterait jamais. Maintenant elle saurait se défendre et à l'avance se mettre à l'abri d'une surprise.

D'ailleurs, elle était dans un tel désarroi, dans un tel trouble, si profondément bouleversée, qu'elle se sentait incapable de prendre une résolution raisonnable : ce qu'elle ferait en ce moment serait fou, puisqu'elle était folle. Quand elle aurait retrouvé un peu de calme, elle déciderait ce qu'elle devrait faire.

En descendant au bureau pour prendre sa besogne de tous les jours, elle vit aux premiers mots que Victor lui adressa qu'elle avait été prudente de n'oser pas affronter le regard de Paulin.

— Est-ce que vous êtes malade, mademoiselle?

Elle détourna la tête et balbutia quelques mots inintelligibles.

— Je vous demande ça, continua Victor, parce que vous, qui êtes le modèle de l'exactitude, vous êtes descendue en retard ce matin. Et puis vous êtes toute pâle.

Elle ne répondit rien.

— Vous n'aurez pas dormi. C'est la tempête. Quel vent! Ainsi, moi qui vous parle...

Et il raconta une histoire personnelle complètement insignifiante dont Marichette n'entendit pas un mot ; mais au moins pendant qu'il parlait elle ne pouvait pas penser, et pour elle c'était du soulagement, un repos, de ne pas toujours tourner et retourner dans sa tête vacillante la même idée.

Quand l'heure de préparer le déjeuner arriva, elle passa dans la cuisine, et là Benjamin lui adressa la même observation que Victor.

— On voit que vous avez mal dormi, mademoiselle Marichette ; franchement il y avait de quoi, quel coup de vent ! Ce n'est pas le jour d'acheter du poisson. Heureusement le voilà bien calmé.

Ainsi tout le monde lisait sur son visage les traces de la lutte de cette nuit, de ses larmes, de ses angoisses et de sa honte. Il fallait donc que Paulin ne la vît pas, car lui ne se contenterait pas comme ces indifférents de l'explication de la tempête et du coup de vent.

Quand Benjamin eut achevé ce qu'elle lui avait donné à faire, il s'en alla et elle resta seule, attendant ; mais elle ne sentait plus dans son cœur les craintes vagues qui tant de fois l'avaient agitée lorsqu'elle pensait à son oncle ; au lieu de la peur, c'était une résolution farouche qui la soutenait, un sentiment de haine, de dégoût, de mépris.

A son heure habituelle, il arriva et s'assit à sa place comme tous les jours.

Alors elle apporta sur la table le plat de saucisses et de choux qu'elle avait préparé.

— J'espère, dit-il en la regardant avec son sourire, que tu es plus calme, ce matin ?

Et il lui tendit la main.

Elle allongea le bras sur la table et prit un grand coutelas de cuisine fraîchement aiguisé qui servait à découper.

— Monsieur, dit-elle d'une voix rauque, si vous me touchez, je m'enfonce ce couteau dans la gorge.

Il se mit à rire :

— Allons, je te croyais plus fine que ça.

Ce fut tout ; tandis qu'elle rentrait dans la cuisine, il se servit tranquillement une saucisse avec un tas de choux, et elle l'entendit broyer avec sa forte mâchoire la croûte de son pain brié.

Après le déjeuner elle ne retourna point au bureau comme d'habitude, mais elle monta à sa chambre ; il ne fallait pas que Paulin la trouvât au travail.

Cachée dans l'angle de la fenêtre, elle le suivit des yeux lorsqu'il sortit, et deux fois elle le vit lever la tête vers la chambre ; comme il avait l'air inquiet et malheureux ! Alors, tandis qu'il s'éloignait, elle eut une crise de larmes et de désespérance.

— Oh ! maman ! s'écria-t-elle.

En était-ce donc fait de son amour et de son bonheur ? Ne pourrait-il plus l'aimer ? Ne pourrait-elle plus être sa femme ?

Comment ne se serait-elle pas abandonnée ? Était-il situation plus misérable que la sienne ? Tant d'espérances pour aboutir à cette chute effroyable !

Alors le cri que Divine avait poussé à cette même place lui revint, et elle le répéta avec la même désolation :

— Qu'est-ce que j'ai donc fait au bon Dieu ?

Quel crime avait-elle commis? Quelle faute devait-elle expier? Ce n'était ni une faute ni un crime d'aimer Paulin. Elle avait entendu dire que le bonheur se paie tôt ou tard et qu'il y a une justice qui tient la bascule des choses humaines, abaissant les heureux, relevant les malheureux. Où était-il, le bonheur qu'elle devait payer? Les tranquilles années de son enfance méritaient-elles un enchaînement de coups aussi impitoyables? son père qu'elle perdait, puis sa mère, maintenant son amant, son mari. Pourquoi les coups tombaient-ils ainsi sur elle, et toujours sur elle?

Il n'y avait pas de réponse à ce pourquoi, comme il n'y avait pas de consolation à ces plaintes : c'était ainsi.

Ce fut seulement quand approcha l'heure du dîner qu'elle descendit à la cuisine; Paulin, bien certainement, n'oserait pas venir la chercher là.

S'il n'y vint pas franchement, au moins tourna-t-il aux environs, sinon pour lui parler, en tout cas pour l'apercevoir.

A un certain moment elle le vit, par sa porte, passer dans la cour, la tête tournée vers la cuisine. Justement elle était seule. Elle ne put pas résister à l'élan qui la soulevait. A la distance où il se trouvait il ne pouvait pas remarquer si elle avait les yeux noyés de larmes et le visage convulsé. Elle courut à la porte et, appuyant ses deux mains sur ses lèvres, elle lui envoya un baiser, — le plus ardent, le plus passionné qu'elle eût jamais donné.

— Je t'aime! Je t'aime!

Il fit deux pas pour venir à elle ; mais d'un geste suppliant elle l'arrêta.

— Pas aujourd'hui, demain.

Il eut un court moment d'hésitation, puis il continua son chemin. Il l'avait vue, elle lui avait envoyé un baiser dans lequel elle avait mis son âme, qu'importait le reste ? Il avait la foi. Le lendemain, elle lui expliquerait ce qu'il ne comprenait pas. Quelques heures ne sont rien pour qui est sûr de l'avenir, et il était sûr de l'avenir, puisqu'ils s'aimaient. Toutes les exigences, toutes les duretés, toutes les méchancetés de Bellocq ne pouvaient rien contre leur amour qui planait à des hauteurs où les misères de la terre ne l'atteindraient jamais.

A l'heure du dîner, Bellocq entra dans la salle à manger et aussitôt elle apporta la soupe ; mais comme le matin, au lieu de prendre place à table, elle revint dans la cuisine.

Il ne fit pas d'observation. Quand il eut fini de dîner, il s'en alla sans rien dire.

Avec l'aide de Benjamin, elle mit tout en ordre dans la maison ; puis elle monta à sa chambre, emportant le coutelas de la cuisine.

Ce n'était cependant pas autant en lui qu'en la solidité de la porte de sa chambre qu'elle mettait sa confiance pour se défendre. Cette porte en chêne avait été faite avec le soin spécial d'un entrepreneur qui travaille pour lui, et bien fermée à clef, avec la clef dans la serrure, il n'y avait pas à craindre qu'on l'ouvrît ou qu'on l'enfonçât. Si elle avait été coupable d'imprudence, elle était décidée maintenant à ne négliger aucune précaution.

Quelque bien défendue qu'elle se crût par la solidité de la porte et de la serrure, elle ne voulut pourtant pas se coucher avant d'avoir entendu son cousin rentrer, et, sa lumière éteinte, elle resta sur une chaise devant sa fenêtre, attendant. La pluie avait cessé ; mais de temps en temps passaient encore des rafales qui secouaient les vitres. Les heures s'écoulèrent d'autant plus longues pour Marichette que ses pensées étaient plus tristes et plus écrasantes. Elle s'imaginait que lorsqu'il serait rentré, elle serait plus tranquille, et c'était avec impatience qu'elle écoutait l'horloge de la ville et celle de l'église sonner les heures dans le silence de la ville déjà endormie.

Ne rentrerait-il donc point ? N'était-il pas étrange, vraiment, qu'elle en fût venue à désirer son retour ? C'est que ce retour était pour elle la tranquillité, la sécurité pour quelques heures. Si elle ne s'endormait point sous le poids de la fatigue, elle pourrait réfléchir plus raisonnablement que dans l'impatience fiévreuse qui l'agitait.

Enfin, vers minuit, elle entendit un bruit de pas dans l'escalier : c'était lui.

Son cœur s'arrêta de battre, et elle sentit qu'une sueur glacée lui inondait les mains.

Il approchait dans le corridor ; son pas se ralentit et s'arrêta.

Deux coups furent frappés à la porte. Elle ne répondit point et retint sa respiration haletante. La porte fut poussée assez fortement, mais elle ne céda point.

Il y eut un moment de silence, puis les pas s'éloignèrent.

Elle était sauvée.

XXIII

Elle avait poussé un soupir de délivrance ; et elle allait quitter sa chaise, quand elle crut entendre un bruit de pas dans la chambre voisine.

Vivement elle colla son oreille au mur; on marchait dans cette chambre.

Elle fut prise d'une frayeur folle, mais ce ne fut qu'un éclair. Qu'avait-elle à craindre ? Il n'y avait pas de porte de communication entre cette chambre et la sienne; on ne passe pas à travers les murs.

Cependant un bruit éclata sur lequel elle ne pouvait pas se tromper : on avait ouvert une fenêtre.

Instantanément, elle eut la sensation qu'elle était perdue. A chacune des fenêtres de cet étage il y avait un balcon, et ils étaient assez rapprochés pour qu'un homme souple et résolu pût enjamber de l'un sur l'autre, de celui de la chambre voisine sur le sien. A la vérité, sa fenêtre était fermée; mais une vitre n'a pas la solidité d'une porte en chêne.

Que faire s'il apparaissait à la fenêtre ?

Elle n'eut pas le temps d'examiner cette question; au moment même où elle se la posait, une grande ombre se montra derrière les vitres, se découpant en noir sur la pâle clarté du ciel.

Qu'il cassât un carreau et tournât la poignée de la crémone, elle était perdue.

Si elle ne se tuait pas, il n'y avait pour elle qu'un moyen de salut : la fuite; assurément elle pouvait descendre l'escalier plus vite que lui; une fois dans la rue, elle appellerait à son secours : il faudrait bien qu'il la lâchât s'il avait osé la poursuivre.

D'un bond elle fut à sa porte qu'elle put ouvrir, et d'autant plus vite que la clef était dans la serrure; au même instant une vitre de la fenêtre tombait avec fracas dans sa chambre.

Au risque de se tuer, elle se jeta dans l'escalier noir comme une cave, et elle le descendit autant en se laissant glisser sur la rampe qu'en dégringolant les marches. Arrivée au bas, elle entendit des pas précipités au-dessus d'elle. Il la poursuivait donc? Heureusement elle avait de l'avance ; il ne descendrait pas l'escalier aussi vite qu'elle, lui que la peur ne portait point.

Si vite qu'elle courût, elle avait pu arranger l'itinéraire de sa fuite : cependant au lieu d'essayer d'ouvrir la porte du vestibule, ce qui pourrait lui prendre du temps et ce qu'elle ne réussirait peut-être pas, elle passerait par la salle à manger dont elle refermerait la porte au verrou, et avant qu'il eût fait un détour par le salon, elle sortirait par la cuisine.

Ce plan se réalisa comme elle l'avait conçu; à la vérité, elle se heurta dans la salle à manger contre un meuble qui lui donna un coup si violent à la tête qu'elle resta quelques secondes étourdie et chancelante ; mais elle se remit et gagna la rue.

Arrivée là, elle se mit à courir à toutes jambes, follement, comme si elle avait le feu derrière elle. Ce fut seulement quand le souffle lui manqua qu'elle s'arrêta en se blottissant dans l'encoignure d'une porte.

Elle écouta : la rue était déserte ; on n'entendait que le bruit du vent et le fracas de la mer ; elle pouvait donc croire qu'il avait renoncé à la pousuivre.

Cependant elle attendit sans sortir de son abri, car, dans la nuit, elle ne voyait pas assez loin pour avoir la certitude qu'il n'était pas là quelque part embusqué, la guettant. Et puis elle avait besoin de réfléchir et de chercher ce qu'elle allait faire : elle était sauvée ; mais tout n'était pas fini ; où aller ?

Maintenant l'heure présente n'était plus rien ; le lendemain était tout.

Il n'y avait plus à se dire comme la veille que la fuite c'était l'aveu ; elle s'était imposée cette fuite, et si implacablement qu'il n'y avait à choisir qu'entre elle, la mort ou la honte. Elle n'avait pas fui de propos délibéré, mais d'instinct, poussée irrésistiblement par la main de la fatalité.

Revenir en arrière, rentrer dans cette maison était désormais impossible, et le seul homme qui pût la défendre, le seul qui pût empêcher son tuteur de la reprendre et de la ramener chez lui le lendemain, c'était Sylvain son subrogé-tuteur.

Paulin ne pouvait rien. Sylvain, subrogé-tuteur,

pouvait sans doute, au nom de la loi, opposer de la résistance au tuteur.

C'était donc auprès de son cousin Sylvain qu'elle devait chercher un refuge.

A ce moment elle entendit un bruit de voix que la boisson avait épaissies et de pas lourds qu'elle avait rendus titubants, — des matelots attardés qui rentraient chez eux en discourant comme des ivrognes qu'ils étaient.

Devait-elle se sauver devant eux ? Devait-elle les laisser passer en s'effaçant dans l'embrasure de la porte et en comptant sur ses vêtements noirs pour la cacher ? A deux ne la rejoindraient-ils pas ? Elle était à bout d'haleine. Cela la décida à rester immobile en se faisant aussi petite que possible. Déjà ils arrivaient.

— Vois-tu, disait l'un, écoute-moi bien. Quand le matelot est dans la mâture par un coup de vent, il doit se rappeler qu'il a deux mains : — une pour l'armateur, — et l'autre pour lui, la bonne.

L'attention avec laquelle cette leçon pratique était donnée et reçue avait sauvé Marichette, ils passèrent devant elle sans la voir.

Malgré le moment de frayeur qu'elle venait d'éprouver elle n'avait pas cessé de suivre sa pensée et le souvenir des paroles de Célanie s'était présenté à son esprit.

« Rappelez-vous que notre maison vous est ouverte ; accourez près de nous, nous vous défendrons, nous vous consolerons, dans une famille il n'y a pas que des coquins. »

Qu'on pût la consoler, ce n'était pas ce qui la touchait ; dans l'angoisse de cette crise il ne pouvait pas être question de consolation pour elle ; mais qu'on pût la défendre, c'était cela précisément ce qu'il fallait, cela seul qu'elle devait avoir en vue.

Arrivée à cette conclusion, elle ne s'attarda pas à l'examiner à nouveau ; la place n'était point favorable aux réflexions et elle ne pouvait pas rester là blottie dans son coin jusqu'au petit jour. Des gens pouvaient passer qui ne seraient pas ivres et qui la verraient : les gendarmes faisant leur ronde ; l'appariteur de police ; des amis de son oncle qui la connaissaient. Que répondrait-elle s'ils lui adressaient la parole ? Comment expliquerait-elle sa présence en cet endroit ? On s'inquiète de ceux qui se cachent ; on laisse passer ceux qui marchent et semblent aller quelque part.

Elle quitta son abri, et sans courir, mais en tournant la tête derrière elle à chaque pas, elle se mit en route vers la côte de Criquefleur.

La rue était toujours déserte et silencieuse ; on n'entendait que le clapotement de l'eau sur les galets du ruisseau et le gémissement du vent dans les arbres des jardins ; la lune haute dans le ciel nuageux n'éclairait de sa blanche lumière qu'un côté de la rue, laissant l'autre dans l'ombre ; c'était de ce côté-là qu'elle marchait, rasant les maisons et les murs, l'oreille aux aguets, sondant de l'œil les profondeurs sombres, toujours prête à se blottir dans l'embrasure d'une porte ou à se cacher derrière un angle.

C'était la première fois qu'elle se trouvait seule dans les rues au milieu de la nuit; mais l'horrible frayeur qui venait de la jeter dehors faisait qu'elle ne pensait pas à avoir peur de tout ce qui, en un autre moment, l'eût épouvantée : le silence, les bruits inexpliqués qui la frappaient parfois tout à coup, l'ombre noire des nuages courant sur la blancheur de la chaussée, le mystère, le fantastique vague de minuit.

Comme elle marchait vite, elle ne tarda pas à sortir du village et à se trouver en pleine campagne dans cette côte de Criquefleur qu'elle connaissait si bien; mais au lieu d'en être troublée et effrayée, elle se rassura; elle avait moins peur du bruissement des branches que du bruit des portes et des volets; les ombres changeantes et vivantes des arbres agités par le vent l'inquiétaient moins que celles des maisons sinistres dans leurs durs contours.

Certaine de n'être pas poursuivie, elle avait ralenti le pas, et l'angoisse du danger immédiat ne pesait plus sur sa respiration.

De temps en temps cependant, elle s'arrêtait pour écouter et regarder derrière elle; mais elle n'entendait rien et ne voyait rien sur la route; partout le silence du sommeil; au loin seulement la lumière d'un phare veillait, jetant, à des intervalles réguliers, des éclats de couleur changeante.

Elle n'avait pas à se presser puisqu'elle ne voulait arriver chez son cousin qu'au matin; et comme une heure venait de sonner à l'église, elle avait trois fois le temps de parcourir la distance de Saint-Maclou à Criquefleur, même en suivant la grande route au lieu de prendre le chemin de la falaise.

Elle ne tarda pas à arriver à la cavée qui conduisait à la maison de Paulin, et elle n'eut pas la force de passer devant sans jeter un regard, le dernier peut-être, à cette maison où elle avait été si heureuse et où dormait, sans se douter qu'elle était là, celui qu'elle aimait.

Elle descendit dans le trou noir de la cavée, et après avoir marché quelques instants en pleine obscurité sans voir à deux pas devant elle, elle arriva devant la maison dont la façade blanche, éclairée en plein par la lune, lui apparut lumineuse et gaie.

A ce moment, un aboiement joyeux éclata dans le silence, puis elle entendit retentir sur la terre le galop d'un chien qu'accompagnaient quelques petits cris étouffés, — Psit qui accourait à elle, et qui, en quelques secondes, fut dans ses bras.

Tout en le caressant et en l'embrassant, elle regardait la maison avec une émotion poignante; allait-elle donc voir Paulin paraître?

Mais aucune porte ne s'ouvrit ; Psit, avec ses habitudes vagabondes, n'était point rentré le soir à l'heure de la fermeture de la porte, et c'était parce qu'il couchait dehors cette nuit-là qu'il avait pu accourir à elle.

XXIV

Ce n'était que pour donner un dernier regard à cette maison que Marichette s'était détournée de son chemin; mais maintenant elle ne pouvait plus se décider à partir.

Si elle entrait, si elle frappait à la porte, elle était dans les bras de Paulin. Quelle joie dans son désespoir! Quelle consolation!

Plusieurs fois elle allongea la main pour ouvrir la barrière, et alors Psit s'élançait devant elle, tout joyeux.

— Viens donc.

Mais elle résistait.

Ce n'était pas à elle qu'il devait penser, c'était à lui. Que lui dire?

— Je me sauve.

— Pourquoi?

Si elle n'avait pas osé affronter son regard dans la journée, l'oserait-elle maintenant?

Et puis l'horrible question qui l'oppressait, qui l'affolait depuis la veille, s'imposait à ce moment plus poignante que jamais : — Était-elle encore digne de lui ?

Qu'elle lui dît qu'elle n'en savait rien, n'était-ce pas le plus écrasant des aveux, la plus effroyable des douleurs pour lui comme pour elle, leur bonheur perdu à jamais, leur amour égorgé de sa propre main ?

A cette pensée, une lâcheté l'anéantissait ; accablée comme elle l'était, la tête perdue, la volonté chancelante, elle n'aurait jamais ce courage désespéré.

Il fallait donc résister à cette impulsion instinctive qui la poussait en avant et, revenant en arrière, reprendre son chemin.

Mais ce ne fut pas sans luttes, sans déchirements ; il était là à quelques pas, elle n'avait qu'une barrière à pousser, elle n'avait qu'à frapper à un volet, et chaque fois qu'elle allongeait la main, Psit sautait devant elle.

— Viens, viens donc ; tu me feras ouvrir la porte et tu m'empêcheras d'être grondé, si tu savais...

Il avait toutes sortes de choses à dire, le pauvre Psit, pour expliquer comment il se trouvait dehors à pareille heure :

— Ce n'est pas ma faute...

Et il s'ingéniait à se faire comprendre, surpris qu'elle ne fût pas plus attentive à ses discours. Était-elle donc fâchée contre lui ?

— Si tu savais...

Mais elle ne l'écoutait point ; il le voyait bien. Et il se demandait pourquoi elle se tordait ainsi les mains en regardant, les yeux noyés de larmes, cette maison où ordinairement elle entrait si joyeuse, si heureuse ? Qu'avait-elle donc ! Pourquoi poussait-elle ces soupirs et prononçait-elle à mi-voix des mots à lui inconnus ?

Il la vit se jeter à genoux sur le gazon et tendre les deux bras vers la maison, les mains jointes, en s'écriant :

— Paulin ! Paulin :

Il le connaissait, cet accent déchirant et navré : c'était celui avec lequel elle s'était jetée sur le cadavre de sa mère en s'écriant aussi :

— Maman ! maman !

Il se serra contre elle et il se mit à lui lécher la main ; mais brusquement elle se leva et presque en courant, sans se retourner, elle s'élança dans la cavée sombre.

Alors il la suivit ; si on partait en promenade cela faisait encore mieux son affaire que de rentrer à la maison, car la promenade était ce qu'il aimait par-dessus tout ; pour la promenade il n'y avait rien qu'il n'abandonnât ; quand il était question de promenade il était fou de joie, il poussait des cris, et se roulait à terre avec des convulsions : deux années de domesticité n'avaient point affaibli ses souvenirs de vagabond ; s'il s'était rencontré avec le loup de la fable, c'eût été lui qui lui eût dit : « Enchaîné, vous ne courez donc point où vous voulez ? De vos festins je ne veux d'aucune sorte. »

Elle dut le faire taire, car il poussait des aboiements à réveiller le château de la Belle au bois dormant; d'autres chiens lui répondaient au loin, mêlant leurs appels aux chants des coqs du voisinage ; en un instant, la nuit, si complètement silencieuse, s'était faite aussi bruyante qu'un matin.

Mais ç'avait toujours été un indépendant que Psit ; on n'arrivait pas plus facilement à imposer silence à ses transports de joie qu'à calmer ses gémissements, lorsqu'il s'était mis à pleurer. Tout à coup, une fenêtre s'ouvrit, une voix cria :

— Psit, ici donc, viens ici.

Marichette eut une défaillance.

— Lui !

Il était là, elle n'avait qu'un mot à dire, elle n'avait que son nom à prononcer pour qu'il accourût.

Mais elle se raidit contre l'impulsion qui l'entraînait, elle ne devait pas le voir, elle ne le verrait pas.

A voix étouffée, elle appela près d'elle, Psit, qui continuait à sonner la fanfare de la promenade, et marchant sur l'herbe du bas côté de la route pour assourdir le bruit de ses pas, elle se sauva le cœur haletant.

Pendant assez longtemps elle marcha vite suivie de Psit qui s'était enfin décidé à se taire, puis quand elle jugea qu'il n'était plus à craindre qu'elle fût entendue, elle ralentit.

Elle était à bout ; ce dernier sacrifice l'avait achevée.

Jamais elle n'avait senti comme en ce moment, où elle s'éloignait de lui volontairement, combien profondément elle l'aimait ; jamais elle n'avait imaginé un avenir plus rempli de tendresse et de bonheur qu'en ce moment où elle se demandait s'il était encore un avenir pour elle.

Pendant longtemps elle marcha accablée dans son désespoir, insensible à ce qui l'entourait, ne pensant pas qu'elle était seule en pleine nuit sur cette route déserte, que depuis la cavée elle connaissait à peine puisqu'elle ne l'avait parcourue qu'une fois, ne sentant pas le vent qui soufflait, ne voyant pas les invites de Psit qui tournait autour d'elle, s'ingéniant de toutes les manières à dire sa joie.

Mais bientôt un bruit de voiture qu'elle entendit derrière elle la tira de son accablement. Sans réfléchir, follement, elle s'imagina qu'on la poursuivait. Le bruit augmentait avec rapidité; on entendait les grelots des chevaux et le roulement des roues. Elle se trouvait en ce moment au sommet de la colline qui sépare Saint-Maclou de Criquefleur, sur un plateau nu, cultivé en terre de labour, sans un arbre, sans un buisson qui pût lui offrir un abri. Sous le vent de mer, les champs de trèfle et de blé en herbe ondulaient avec des vagues sombres, sur lesquelles tombait la lumière de la lune assez claire pour qu'on ne pût pas se cacher en se couchant dans leurs sillons.

Le bruit devenait de plus en plus fort, et Marichette jetait des regards éperdus autour d'elle, sans rien trouver quand, dans la berge même de la route, elle aperçut un de ces trous que se creusent les cantonniers pour se mettre à couvert de la pluie lorsque le mauvais temps les surprend. D'un bond elle sauta le fossé et se blottit dans ce trou, que la lune n'éclairait pas ; Psit qu'elle avait appelé, y tombait en même temps qu'elle, et elle lui prenait le nez entre ses deux mains pour l'empêcher d'aboyer.

Il était temps : la voiture arrivait ou plutôt les voitures arrivaient, car il y en avait trois qui se suivaient et qui, avec leurs grelots et leurs bruits de ferrailles, avaient épouvanté Marichette. Elles passèrent grand train, et Marichette vit combien elle avait été folle de perdre ainsi la tête : c'étaient des mareyeux qui s'en allaient à vide pour charger du poisson à Quevreville et à Criquefleur.

Ce trou n'était pas aussi inhospitalier qu'on pouvait le croire du dehors, et le cantonnier qui l'avait construit s'était arrangé pour s'y trouver à l'abri de l'humidité et du vent ; contre la paroi de terre il avait appliqué des branches de genêt, et dans un enfoncement il avait établi un siège garni d'une bonne couche de varech.

Si l'angoisse et les émotions avaient jusque-là empêché Marichette de sentir la fatigue, elle n'en était pas moins brisée ; la fièvre la soutenait et la poussait, mais sous le poids du corps les jambes fléchissaient ; c'était la deuxième nuit qu'elle passait ; depuis l'avant-veille elle n'avait pas mangé ; quand elle fut assise sur le tas de varech, elle éprouva un soulagement physique, une détente ; elle respira.

Pourquoi se remettrait-elle tout de suite en marche ? Il ne lui fallait pas plus d'une heure maintenant pour arriver à Criquefleur. Si elle continuait, elle trouverait la maison close et tout le monde endormi.

Pourquoi ne resterait-elle pas dans cette hutte jusqu'au lever du soleil ? Elle y était à l'abri du vent et du froid. Personne ne viendrait la chercher là. Elle avait Psit pour l'avertir : couché près d'elle, il avait allongé sa tête sur les genoux de sa maîtresse et déjà il dormait avec béatitude, heureux de sentir sur son cou la main qu'il aimait, plus heureux encore de retrouver la place qu'il avait perdue depuis si longtemps.

Comme elle songeait ainsi, le regard attaché sur le phare qui tout au loin perçait de ses éclats les profondeurs sombres du ciel et de la mer, ses paupières se fermèrent à plusieurs reprises, puis tout à coup brusquement elle s'endormit, serrant un peu plus fort le cou de son chien, l'appuyant contre elle, autant pour le caresser que pour lui demander protection.

Ce fut une sensation de froid, un frisson qui la réveilla ; l'aube emplissait le ciel du côté de l'orient, et couvrait la mer d'une grande lueur blanche, sur laquelle çà et là des barques de pêche formaient de petites taches noires. Un vent frais soufflait du large, et couchait avec des mouvements de houle les moissons du plateau. Au silence morne de la nuit avait succédé le joyeux tapage des alouettes qui s'appelaient et se répondaient.

Au mouvement qu'elle fit, Psit, qui dormait toujours sur son genou, s'éveilla aussi, et doucement il lui lécha la main.

Elle avait été tout d'abord désorientée, ne se rendant pas compte de ce qu'elle voyait, ni de ce qu'elle entendait, ni de l'endroit où elle se trouvait, engourdie dans une immense lassitude, le corps anéanti, l'esprit lourd ; cette tendre caresse la rappela à la réalité des choses : elle était dans une hutte sur les grands chemins, pauvre vagabonde ; ce n'était pas pour elle que riait le matin qui la glaçait, ni pour elle que les oiseaux chantaient ; avec ce seul ami, ce seul appui, elle allait à l'aventure ; derrière elle, la honte ; devant, l'inconnu.

Et cependant il fallait se lever maintenant, il fallait reprendre sa marche.

En route !

XXV

La panique qu'elle avait eue en entendant les charrettes des mareyeurs ne l'avait pas guérie de la peur d'être poursuivie et rejointe. Si ce danger existait au milieu de la nuit, il était bien plus réel et plus grand en plein jour. Les voitures n'allaient pas tarder à circuler. Comment savoir si dans celle qui arrivait, son oncle ne se trouvait pas ? Où se cacher maintenant que la vue s'étendait librement au loin sur ce plateau nu ? Comment lui résister, s'il voulait l'emmener de force ? N'avait-elle que lui à craindre, d'ailleurs ? Ne pouvait-il pas avoir envoyé les gendarmes à sa poursuite ? Il en avait le droit et le pouvoir.

Les raisons qui lui avaient fait prendre la grand'-route en sortant de Saint-Maclou n'existaient plus, maintenant qu'elle voyait à se conduire ; tout au contraire, il y en avait d'impérieuses pour qu'elle prît les sentiers de la falaise et du rivage, où les voitures ne passent pas.

En sortant de sa hutte, elle chercha un chemin de traverse, et, en ayant trouvé un plein d'ornières bourbeuses et de flaques d'eau qui, par places, devenaient des petites mares, elle n'hésita pas à le prendre : plus il serait impraticable, plus elle aurait de chances de n'y point faire de mauvaises rencontres.

Jusqu'au moment où elle approcha des falaises, elle n'en fit pas une seule, les paysans n'avaient pas encore quitté le village pour aller aux champs ; mais à l'endroit où son chemin débouchait dans la lande rase, elle aperçut, se profilant en noir sur le rose du ciel, un homme enveloppé dans un manteau qui la regardait venir. Elle eut une secousse d'émoi. Mais, au fusil qu'il portait en bandoulière, elle le reconnut pour un douanier en faction, et elle se rassura : il n'était point là pour elle. Elle continua donc d'avancer, en appuyant sur la gauche pour éviter de passer à côté du douanier. Si celui-ci était resté immobile, elle aurait réussi dans sa manœuvre ; mais il se mit en marche de façon à la couper et ils ne tardèrent pas à se joindre.

— Pour une personne matineuse, voilà une personne matineuse, dit le douanier en l'examinant curieusement ; bonjour, mademoiselle.

— Bonjour, monsieur.

Mais elle n'en fut pas quitte ainsi ; le douanier, se mettant à marcher près d'elle, continua :

— C'est-y que vous vous seriez égarée cette nuit ? Vous êtes de Saint-Maclou ou de Criquefleur ?

— Je vais à Criquefleur.

— Vous êtes dans le vrai chemin ; seulement si vous venez de la grand'route, vous auriez mieux fait de la continuer, ça ne vous raccourcit pas. Frais qu'il fait, ce matin.

— Oui.

— Quand le soleil levant *rémouque* la marée, ça donne toujours une plus forte fraîcheur.

Malheureusement, Marichette n'était pas en situation de s'intéresser à cette observation et d'en profiter, elle ne répondit rien.

— Vous avez un joli chien, poursuivit le douanier qui cherchait manifestement des sujets de conversation, heureux de se délier la langue après un long silence.

Et il continua ainsi, passant d'un sujet à l'autre jusqu'à un poste où il s'arrêta :

— Fâché de ne pas pouvoir vous tenir compagnie plus loin ; mais vous savez, le service ; le sentier de droite descend sur la grève, celui de gauche va dret au village.

— Merci.

Ce fut le sentier de droite que Marichette prit ; elle n'était pas pressée d'arriver vite au village, tout au contraire ; si le froid qui la pénétrait la poussait à hâter le pas pour se réchauffer un peu, la peur de trouver porte close l'arrêtait à chaque instant : mieux valait attendre en pleine campagne que dans la rue devant la maison fermée de son oncle.

Elle ne tarda pas à descendre dans une petite crique, abritée du vent et exposée aux premiers rayons du soleil levant. Comme le disait le douanier, le soleil *rémouquait* la marée, et à mesure qu'il s'élevait dans le ciel, elle s'avançait sur le sable de la grève qu'elle frangeait d'une longue ligne d'écume.

Assise sur un quartier de rocher, Marichette resta là, attendant, comptant les heures qui sonnaient au clocher de Criquefleur. Personne ne la dérangeait, car c'est à la marée baissante que ceux qui vivent de la mer descendent sur le rivage, et à cette heure matinale la grève était aussi déserte qu'en pleine nuit; au loin quelques barques tiraient des bordées en attendant le moment d'accoster.

Cinq heures sonnèrent, puis six heures. A la demie seulement Marichette abandonna son abri et se mit en marche en suivant le pied des falaises pour ne plus s'arrêter qu'à la maison de son oncle.

Comment allait-on l'accueillir?

Poignante question qui ne la lâchait plus et qui, à chaque pas, lui serrait le cœur un peu plus fort. Sa cousine Célanie avait-elle été sincère? Allait-elle trouver des bras ouverts pour la recevoir? des cœurs attendris pour la consoler? des résolutions courageuses pour la défendre?

Elle arriva bientôt devant la maison de son cousin; les volets étaient ouverts et la cour était pleine de mouvement; des palefreniers lavaient des voitures, des tonneliers roulaient des futailles; cependant elle n'aperçut pas son cousin Sylvain, et dans le bureau qu'un garçon balayait, elle ne vit pas sa cousine. Alors elle continua son chemin lentement, se disant qu'ils n'étaient pas encore levés, qu'il était sans doute trop tôt.

C'était un embarras, une honte pour elle de se

promener ainsi dans la grand'rue et de sentir les yeux curieux qui la suivaient. Évidemment elle faisait sensation et l'on se demandait quelle était cette vagabonde en robe noire sans chapeau sur la tête, mal peignée, les pieds hourdés de boue, suivie d'un chien crotté. Où allait-elle ? Que voulait-elle ?

Quand elle dut revenir sur ses pas, ce fut bien pis ; ce n'était plus de la curiosité qu'elle lisait dans les regards qui la poursuivaient, c'était de l'inquiétude et de la malveillance : il n'y a qu'une voleuse cherchant un mauvais coup à faire qui rôde dans les rues à pareille heure et dans cette tenue.

Comment errer ainsi plus longtemps en rasant les boutiques, si sa cousine ne se trouvait pas encore cette fois dans le bureau ?

Heureusement, en approchant, elle l'aperçut à sa place habituelle, et elle entra.

Célanie était en train de lire son journal ; le bruit des pas lui fit lever les yeux, mais sa surprise fut si vive en reconnaissant Marichette qu'elle eut un mouvement de stupéfaction.

— Marichette !

Tremblante de confusion, Marichette s'était arrêtée, baissant la tête.

Déjà Célanie était près d'elle.

— A cette heure ici ! Qu'est-ce qu'il y a ?

Elle la regarda de la tête aux pieds.

— Dans cette tenue, crottée, mouillée, sans chapeau !

A chaque mot qu'elle prononçait sa voix prenait un accent de joie.

— Vous vous êtes sauvée !

Cette fois ce fut un cri de triomphe qu'elle poussa.

Et dans son transport elle saisit Marichette à pleins bras pour l'embrasser.

— La chère fille ! La brave fille !

Au milieu de sa honte, la brave fille restait stupéfaite : elle avait tout prévu, excepté cet accueil auquel elle ne comprenait absolument rien. Etait-il possible que sa cousine l'aimât si passionnément ?

Mais Célanie ne lui laissa pas le temps de réfléchir ; la prenant par la main, elle l'entraîna dans la salle à manger dont elle ferma la porte.

— Maintenant causons, dites-moi tout : qu'est-ce qui s'est passé ?

Mais au lieu de répondre, Marichette se cacha la tête dans ses deux mains.

Alors Célanie la regarda de nouveau longuement, et si Marichette avait pu l'examiner elle aurait vu qu'à l'expression de triomphe qui éclatait quelques instants auparavant sur son visage avait succédé celle de l'inquiétude.

— Parlez donc, s'écria Célanie, que s'est-il passé ?

— Oh !... ma cousine ! murmura Marichette.

— Vous ne comprenez donc pas que vous me faites mourir d'angoisse. Il faut tout me dire. Entre femmes, on n'a pas ces pudeurs bêtes. Ce que je prévoyais s'est-il réalisé ?

Ce fut d'une voix que l'émotion rendait tremblante qu'elle posa cette dernière question et en dévorant Marichette du regard.

Comme Marichette ne répondait pas, elle voulut l'aider.

— Quand vous êtes-vous sauvée ?
— Cette nuit.
— Pourquoi ?
— Il a cassé un carreau pour entrer dans ma chambre par le balcon ; alors, épouvantée, je me suis jetée dans le vestibule, j'ai descendu l'escalier je ne sais comment...
— Il vous poursuivait ?
— Oui.
— Il ne vous a pas rejointe ?
— Non. Une fois que j'ai été dans la rue, j'ai couru tant que j'ai eu d'haleine, et je ne sais pas s'il a continué à me poursuivre ; je ne le crois pas ; il y avait des matelots ivres qui passaient dans la rue. Alors vos paroles me sont revenues, et j'ai décidé de me réfugier près de vous pour vous demander la protection que vous m'aviez offerte. J'ai marché une partie de la nuit, et je me suis cachée dans la hutte d'un cantonnier.

A mesure que Marichette parlait, l'inquiétude disparaissait du visage de Célanie, et le triomphe y reparaissait de nouveau.

— La brave fille, la chère fille ! s'écria-t-elle. Viens dans mes bras, viens sur mon cœur. Oui, nous te défendrons ; oui, nous te protègerons comme notre fille, ton cousin et moi. Et tu la seras, notre fille ; désormais tu l'es. Comment, tu as passé la nuit dans une hutte, au vent et à la pluie ? Mais tu dois être morte de froid? Viens avec moi. Je vais t'installer dans ta chambre, celle que je te destinais, la belle. Pendant que tu te coucheras, on te préparera une tasse de café qui te réchauffera, et je ferai chercher ton cousin pour qu'il vienne t'embrasser.

FIN DE LA DEUXIÈME PARTIE
ET DU PREMIER VOLUME

ÉMILE COLIN. — IMPRIMERIE DE LAGNY.

www.ingramcontent.com/pod-product-compliance
Lightning Source LLC
Chambersburg PA
CBHW060512170426
43199CB00011B/1420